中宣部2022年主题出版重点出版物

"十四五"国家重点图书出版规划项目

纪录小康工程

全面建成小康社会
云南奋斗者
YUNNAN FENDOUZHE

本书编写组 编著

云南出版集团
云南人民出版社

责任编辑：黄　灿
封面设计：石笑梦　马　滨
版式设计：汪　阳　马　滨

图书在版编目（CIP）数据

全面建成小康社会云南奋斗者 / 本书编写组编著 . —昆明：云南人民出版社，
　　2022.10
（"纪录小康工程"地方丛书）
ISBN 978 - 7 - 222 - 21070 - 7

Ⅰ . ①全… Ⅱ . ①本… Ⅲ . ①先进工作者 - 先进事迹 - 云南 Ⅳ . ① K820.874

中国版本图书馆 CIP 数据核字（2022）第 093937 号

全面建成小康社会云南奋斗者
QUANMIAN JIANCHENG XIAOKANG SHEHUI YUNNAN FENDOUZHE

本书编写组

云南出版集团　云南人民出版社　出版发行
（650034　昆明市环城西路 609 号）

昆明瑆煋印务有限公司印刷　新华书店经销

2022 年 10 月第 1 版　2022 年 10 月昆明第 1 次印刷
开本：710 毫米 ×1000 毫米 1/16　印张：25
字数：320 千字

ISBN 978 - 7 - 222 - 21070 - 7　定价：88.00 元

邮购地址 650034　昆明市环城西路 609 号
图书销售中心　电话：（0871）64108507

版权所有·侵权必究
凡购买本社图书，如有印制质量问题，我社负责调换。
服务电话：（0871）64191534

总　序
为民族复兴修史　为伟大时代立传

小康，是中华民族孜孜以求的梦想和夙愿。千百年来，中国人民一直对小康怀有割舍不断的情愫，祖祖辈辈为过上幸福美好生活劳苦奋斗。"民亦劳止，汔可小康""久困于穷，冀以小康""安得广厦千万间，大庇天下寒士俱欢颜"……都寄托着中国人民对小康社会的恒久期盼。然而，这些朴素而美好的愿望在历史上却从来没有变成现实。中国共产党自成立那天起，就把为中国人民谋幸福、为中华民族谋复兴作为初心使命，团结带领亿万中国人民拼搏奋斗，为过上幸福生活胼手胝足、砥砺前行。夺取新民主主义革命伟大胜利，完成社会主义革命和推进社会主义建设，进行改革开放和社会主义现代化建设，开创中国特色社会主义新时代，经过百年不懈奋斗，无数中国人摆脱贫困，过上衣食无忧的好日子。

特别是党的十八大以来，以习近平同志为核心的党中央统揽中华民族伟大复兴战略全局和世界百年未有之大变局，团结带领全党全国各族人民统筹推进"五位一体"总体布局、协调推进"四个全面"战略布局，万众一心战贫困、促改革、抗疫情、谋发展，党和国家事业取得历史性成就、发生历史性变革。在庆祝中国共产党成立100周年大会上，习近平总书记庄严宣告："经过全党全国各族人民持续奋斗，我们实现了第一个百年奋斗目标，在中华大地上全面建成了小康社会，历史性地解决了绝对贫困问题，正在意气风发向着全面建成社会主义现代化强国的第二个百年奋斗目标迈进。"

这是中华民族、中国人民、中国共产党的伟大光荣！这是百姓的福祉、国家的进步、民族的骄傲！

全面小康，让梦想的阳光照进现实、照亮生活。从推翻"三座大山"到"人民当家作主"，从"小康之家"到"小康社会"，从"总体小康"到"全面小康"，从"全面建设"到"全面建成"，中国人民牢牢把命运掌握在自己手上，人民群众的生活越来越红火。"人民对美好生活的向往，就是我们的奋斗目标。"在习近平总书记坚强领导、亲自指挥下，我国脱贫攻坚取得重大历史性成就，现行标准下9899万农村贫困人口全部脱贫，建成世界上规模最大的社会保障体系，居民人均预期寿命提高到78.2岁，人民精神文化生活极大丰富，生态环境得到明显改善，公平正义的阳光普照大地。今天的中国人民，生活殷实、安居乐业，获得感、幸福感、安全感显著增强，道路自信、理论自信、制度自信、文化自信更加坚定，对创造更加美好的生活充满信心。

全面小康，让社会主义中国焕发出蓬勃生机活力。经过长期努力特别是党的十八大以来伟大实践，我国经济实力、科技实力、国防实力、综合国力跃上新的大台阶，成为世界第二大经济体、第一大工业国、第一大货物贸易国、第一大外汇储备国，国内生产总值从1952年的679亿元跃升至2021年的114万亿元，人均国内生产总值从1952年的几十美元跃升至2021年的超过1.2万美元。把握新发展阶段、贯彻新发展理念、构建新发展格局、推动高质量发展，全面建设社会主义现代化国家，我们的物质基础、制度基础更加坚实、更加牢靠。全面建成小康社会的伟大成就充分说明，在中华大地上生气勃勃的创造性的社会主义实践造福了人民、改变了中国、影响了时代，世界范围内社会主义和资本主义两种社会制度的历史演进及其较量发生了有利于社会主义的重大转变，社会主义制度优势得到极大彰显，中国特色社会主义道路越走越宽广。

全面小康，让中华民族自信自强屹立于世界民族之林。中华民族有五千多年的文明历史，创造了灿烂的中华文明，为人类文明进步作出了卓越贡献。近代以来，中华民族遭受的苦难之重、付出的牺牲之大，世所罕见。中国共产党带领中国人民从沉沦中觉醒、从灾难中奋起，前赴后继、百折不挠，战胜各种艰难险阻，取得一个个伟大胜利，创造一个个发展奇迹，用鲜血和汗水书写了中华民族几千年历史上最恢宏的史诗。全面建成小康社会，见证了中华民族强大的创造力、坚韧力、爆发力，见证了中华民族自信自强、守正创新精神气质的锻造与激扬，实现中华民族伟大复兴有了更为主动的精神力量，进入不可逆转的历史进程。今天，我们比历史上任何时期都更接近、更有信心和能力实现中华民族伟大复兴的目标，中国人民的志气、骨气、底气极大增强，奋进新征程、建功新时代有着前所未有的历史主动精神、历史创造精神。

全面小康，在人类社会发展史上写就了不可磨灭的光辉篇章。中华民族素有和合共生、兼济天下的价值追求，中国共产党立志于为人类谋进步、为世界谋大同。中国的发展，使世界五分之一的人口整体摆脱贫困，提前十年实现联合国2030年可持续发展议程确定的目标，谱写了彪炳世界发展史的减贫奇迹，创造了中国式现代化道路与人类文明新形态。这份光荣的胜利，属于中国，也属于世界。事实雄辩地证明，人类通往美好生活的道路不止一条，各国实现现代化的道路不止一条。全面建成小康社会的中国，始终站在历史正确的一边，站在人类进步的一边，国际影响力、感召力、塑造力显著提升，负责任大国形象充分彰显，以更加开放包容的姿态拥抱世界，必将为推动构建人类命运共同体、弘扬全人类共同价值、建设更加美好的世界作出新的更大贡献。

回望全面建成小康社会的历史，伟大历程何其艰苦卓绝，伟大胜利何其光辉炳耀，伟大精神何其气壮山河！

这是中华民族发展史上矗立起的又一座历史丰碑、精神丰碑！这座丰碑，凝结着中国共产党人矢志不渝的坚持坚守、博大深沉的情怀胸襟，辉映着科学理论的思想穿透力、时代引领力、实践推动力，镌刻着中国人民的奋发奋斗、牺牲奉献，彰显着中国特色社会主义制度的强大生命力、显著优越性。

因为感动，所以纪录；因为壮丽，所以丰厚。恢宏的历史伟业，必将留下深沉的历史印记，竖起闪耀的历史地标。

中央宣传部牵头，中央有关部门和宣传文化单位，省、市、县各级宣传部门共同参与组织实施"纪录小康工程"，以为民族复兴修史、为伟大时代立传为宗旨，以"存史资政、教化育人"为目的，形成了数据库、大事记、系列丛书和主题纪录片4方面主要成果。目前已建成内容全面、分类有序的4级数据库，编纂完成各级各类全面小康、脱贫攻坚大事记，出版"纪录小康工程"丛书，摄制完成纪录片《纪录小康》。

"纪录小康工程"丛书包括中央系列和地方系列。中央系列分为"擘画领航""经天纬地""航海梯山""踔厉奋发""彪炳史册"5个主题，由中央有关部门精选内容组织编撰；地方系列分为"全景录""大事记""变迁志""奋斗者""影像记"5个板块，由各省（区、市）和新疆生产建设兵团结合各地实际情况推出主题图书。丛书忠实纪录习近平总书记的小康情怀、扶贫足迹，反映党中央关于全面建成小康社会重大决策、重大部署的历史过程，展现通过不懈奋斗取得全面建成小康社会伟大胜利的光辉历程，讲述在决战脱贫攻坚、决胜全面小康进程中涌现的先进个人、先进集体和典型事迹，揭示辉煌成就和历史巨变背后的制度优势和经验启示。这是对全面建成小康社会伟大成就的历史巡礼，是对中国共产党和中国人民奋斗精神的深情礼赞。

历史昭示未来，明天更加美好。全面建成小康社会，带给中国人民的是温暖、是力量、是坚定、是信心。让我们时时回望小康历程，深入学习贯彻习近平新时代中国特色社会主义思想，深刻理解中国共产党为什么能、马克思主义为什么行、中国特色社会主义为什么好，深刻把握"两个确立"的决定性意义，增强"四个意识"、坚定"四个自信"、做到"两个维护"，以坚如磐石的定力、敢打必胜的信念，集中精力办好自己的事情，向着实现第二个百年奋斗目标、创造中国人民更加幸福美好生活勇毅前行。

目　录

一、百年砺初心——"七一勋章"获得者 1
　　张桂梅——用坚守托起大山的希望 3

二、赤诚为人民——"人民楷模"国家荣誉称号获得者 11
　　高德荣——独龙族全面小康"领头雁" 13

三、敢为天下先——"改革先锋"获得者 21
　　杨善洲——公仆情怀筑起精神丰碑 23

四、奋进立标杆——"时代楷模"获得者 31
　　杜富国——雷场又见老山兰　意气相期共生死 33
　　朱有勇——"农民院士"的百姓情怀 40

五、德为世典范——"全国道德模范"获得者 47
　　罗映珍——16年爱的坚守，让"植物人"警察丈夫重生 49
　　尼玛拉木——一名邮递员的坚守和期待 55
　　杨继斌——为了青春的承诺 58
　　邓前堆——真情守护山区群众健康 69

霜福伟——只想做最真实的自己 75
杜正云——三代人守护红军墓 78
农加贵——扎根山村潜心教书育人 80
吴建智——双手托起两个人的未来 83
张顺东、李国秀——"一只手+两条腿"拼出幸福生活 86

六、撸起袖子干——"最美奋斗者"获得者 91

史光柱——黑暗中的追梦人生 93
郑垧靖——牢记使命 丹心为民 99
铁飞燕——奋斗是青春最美的姿态 105

七、苦干创伟业——"全国脱贫攻坚先进个人"获得者 111

吴国良——奋勇争先精神的模范践行者 113
王秋婷——生命定格在扶贫路上 119
吴长碧——真心帮扶 情系乡亲 123
谭德才——身残志更坚的致富带头人 126
杨增山——生命定格在脱贫攻坚战场上 131
王瑞清——脱贫攻坚路上的"老黄牛" 136
段定华——用生命诠释使命 141
郭彩廷——永不谢幕的扶贫英雄 144
李文芝——用生命兑现庄严承诺 149
罗文慧——扶贫路上步步丈量印证初心 152
许海清——当好群众的"跑腿人" 154
王敦伟——为了"稳稳的幸福" 157
卢安魁——用勤劳双手创造幸福 160

目 录

李华明——谋新路的"当代愚公" ······ 163

李德顺——脱贫思路"理得顺" ······ 166

周亚玲——致富路上的"领头雁" ······ 169

罗志华——巧施妙手山寨"回春" ······ 172

刘平——生命定格在脱贫攻坚路上 ······ 177

杨福才——搬出深山挪穷窝　奔向幸福新生活 ······ 182

梁昌才——脱贫攻坚为阿昌族带来福音 ······ 187

谢良忠——建设"又美又乐"的傈僳新家园 ······ 190

王世荣——"一周三活动"提升乡村文明 ······ 193

和银光——啃下最硬的骨头 ······ 196

扎史尼玛——用实实在在的帮扶措施帮助困难群众 ······ 200

毕起美——用真心真情书写扶贫故事 ······ 203

罗宇鹏——山水田园写忠诚 ······ 208

王思泽——推动脱贫攻坚政策精准有效落地生根 ······ 213

龙建平——用心守护路畅人安 ······ 215

尼章光——"芒果尼"的新愿景 ······ 217

杜敏——"新兵"变身活地图 ······ 220

李寿——倾尽全力提高群众满意度 ······ 225

李定海——真情润雨碌　担当促脱贫 ······ 228

和晓宏——为群众脱贫铺就网络通达路 ······ 232

都吉——扶贫使命扛在肩　康巴汉子显担当 ······ 236

徐波——一人扶贫　全家上阵 ······ 241

徐以民——用自己"脱皮"换群众"脱贫" ······ 244

程坤——在云南脱贫攻坚"头号工程"中发挥作用 ······ 247

八、担当争先锋——"全国优秀共产党员"获得者·················251

  陈耀武——勇担使命攀高地·················253

  白凡——把初心和使命写在足迹里·················259

  普玉忠——负重前行践初心·················265

  肖之东——机要密码"守护者"·················267

  李娜倮——唱响拉祜幸福生活·················270

  陈景——赤子之心　科研报国·················273

  郑兆瑞——扎根边疆的"缉毒兵王"·················276

  李桂科——让"麻风村"变成了"幸福村"·················279

  周全国——扎根基层服务边疆群众·················282

  代建荣——情定"特殊"孩子　恪守"特教"使命·················285

  董永山——冲锋在前的"逆行者"·················288

  桑南才——傈僳群众信任的送信人·················291

九、云岭铸丰碑——"云岭楷模"获得者·················295

  陆良八老——镌刻在青山上的丰碑·················297

  陈家顺——为民奔波不停歇·················302

  朱兆云——云药创新的"领舞者"·················305

  李亚威——最美彝家"阿表妹"·················310

  香九妹——梅里雪山下的"好门巴"·················314

  谢樵——忠诚战士青春不朽·················319

  李伯藩——救死扶伤是我的信仰·················322

  大理州洱源县三营镇郑家庄——六看郑家庄生动样本·················327

  召存信——"老州长"的故事说不完·················334

  耿家盛——敢于创新的"一把刀"·················336

王展飞——老骥伏枥　志在马列 ……………………………… 339

丁莲——"好人记者"的大爱人生 …………………………… 344

陈桂仙——"五心"社区好管家 ……………………………… 347

迪庆州德钦县羊拉派出所——薪火相传　历久弥新 ……… 352

张从顺、张子权——一门两忠烈　英雄父子兵 …………… 358

怒江州脱贫攻坚"背包工作队"
——传承"背包"精神　筑梦全面小康 ………………… 364

吴志宏——坚守初心　绽放生命光彩 ……………………… 369

怒江州独龙江边境派出所
——峡谷深处铸忠诚　独龙江畔党旗红 ………………… 373

王昌群——初心如磐　无悔一生 …………………………… 376

蔡晓东——警魂不朽　浩气长存 …………………………… 381

▍后　记 ……………………………………………………… 386

一、百年砺初心
——"七一勋章"获得者

"七一勋章"是中共中央用于表彰全国优秀共产党员、全国优秀党务工作者和全国先进基层党组织的荣誉，是党内最高荣誉。一百年来，我们党始终坚守为中国人民谋幸福、为中华民族谋复兴的初心和使命，团结带领全国各族人民开辟了伟大道路，建立了伟大功业，铸就了伟大精神，积累了宝贵经验，创造了中华民族发展史、人类社会进步史上令人刮目相看的奇迹。

　　为隆重表彰在中国革命、建设、改革各个历史时期，为党和人民事业一辈子孜孜以求、默默奉献，贡献突出、品德高尚的功勋模范党员，激励全党坚守初心使命、忠诚干净担当。2021年2月，中共中央办公厅印发《关于做好"七一勋章"提名和全国"两优一先"推荐工作的通知》，在中国共产党成立100周年之际，以中共中央名义首次颁授"七一勋章"。2021年6月29日10时，"七一勋章"颁授仪式在人民大会堂隆重举行，授予全党29名同志这一崇高荣誉，云南省华坪县女子高级中学校长张桂梅同志获得这一荣誉。

张桂梅
——用坚守托起大山的希望

张桂梅简介

云南省丽江市华坪县女子高级中学党支部书记、校长,华坪县儿童福利院(华坪儿童之家)院长。曾获"云岭楷模""全国脱贫攻坚楷模""全国优秀共产党员""全国先进工作者""全国十佳师德标兵""中国十大女杰""全国精神文明十佳人物""全国五一劳动奖章""全国十佳知识女性""中国十大教育年度人物""全国百名优秀母亲""全国最美乡村教师""全国优秀教师""全国三八红旗手""全国教书育人楷模""时代楷模""全国脱贫攻坚楷模""七一勋章"等荣誉。

丽江市华坪女子高级中学党支部书记、校长,华坪县儿童福利院院长张桂梅扎根山区教育40年来,始终牢记初心使命,全身心投入深度贫困山区教育扶贫主战场,推动建立中国第一所免费女子高中,把立德树人作为立校之本,把理想信念作为育人之基,用红色教育树人铸魂,用教育阻断贫困代际传递。

是她,让1804名贫困山区女学生走出大山、走进大学;是她,用爱心和智慧点亮了贫困山区女孩子的人生梦想;是她,用坚守托起大山的未来和希望。

张桂梅心里装满孩子们,从来没有她自己,长时间带病超负荷工作让她的身体越来越差,所有关节贴满了止痛膏药,走三步就得歇一歇,可她关爱、记挂贫困山区孩子的心却从未歇一歇。

无儿无女 却是136个孩子的"妈妈"

每天下午六点半,华坪县儿童福利院的孩子们都会在屋里乖乖等待"妈妈"回来,只要听见张桂梅"妈妈"推开大铁门的声音,大家就争先恐后地从屋里跑出来迎接。

"妈妈回来就给我讲故事,这是我一天里最开心的时候了。"福利院孩子丁晓付说,"妈妈最疼我,每次我生病都会给我买玩具。"

创办女高后,张桂梅每天都得在女高处理校务和管理学生,不可能像以前一样照看福利院的孩子,所以每天下午六点她都会挤出两个小时回福利院看看。

"办了女高后,和福利院的孩子在一起的时间少了,每天只有下午可以回来陪孩子吃饭,管管孩子的作业。"张桂梅一脸愧疚地说。

爱人早年病故,张桂梅膝下没有儿女,她把母爱全部奉献给了华坪福利院136个孩子。

张桂梅出生在黑龙江省牡丹江市。1972年,她跟着姐姐来到云南参与"三线建设"。20世纪80年代,她认识了在中甸林场子弟学

张桂梅深夜仍在批改作业

校当校长的爱人,为了他,张桂梅也申请当了老师。随后花了3年时间到丽江教育学院学习,毕业后回大理教书。

好景不长,1995年,张桂梅的丈夫突然查出患了胃癌且已到晚期。张桂梅花光所有积蓄,依然没能挽留住丈夫的生命。丈夫去世后,为缓解心里的悲痛,张桂梅申请调动工作,前往丽江市华坪县任教。

来到华坪后,张桂梅用拼命上课来化解心理创伤。在教书的过程中,她看到有的孩子只打饭不吃菜;有的孩子的早点是头一天把米泡进热水瓶里的稀饭;有的孩子为了省钱两三个月都不回一次家;有的孩子床上垫的是包装箱的硬纸壳……孩子们的境遇深深地震撼着张桂梅,她开始缩减自己的伙食费,少吃肉,甚至不吃肉来接济孩子。

由于工作出色,对孩子充满爱心,2001年,华坪县儿童福利院找到张桂梅,希望她能担任福利院的负责人,张桂梅答应了下来,从此成为36个孩子的妈妈。

从担任福利院负责人的第一天起,张桂梅每天下课后就跑回福利院,忙里忙外照顾孩子,教他们读书识字,引导他们养成良好的卫生习惯、正确的人生观。在华坪民族中学的工作又不能落下，于是张桂梅就带着四五个福利院的娃娃去上课。

"想想那个时候，都不知道是怎么过来的，有的孩子太小，还不能走路，就只能背着。"张桂梅说。学校老师见到后，主动提出在她上课期间帮她带孩子。

2003年，华坪儿童福利院面临资金短缺的难题。为缓解窘境，张桂梅领着孩子们卖鞋、卖花。暑假，张桂梅还领着大家去昆明筹钱。当时受到很多质疑，甚至被别人当作骗子，经常挨骂。张桂梅说，那是她内心最为纠结的时候，曾想过放弃，可是看到孩子们的笑脸，她还是坚持了下来。

"每个孩子背后都有一个不幸的故事，每个孩子心里都揣着一块冰。"说起华坪儿童福利院孩子们的身世，张桂梅一脸难过地说，"所以我要加倍对这些孩子好，要用爱去融化孩子们心中的寒冰，让他们找到光明、温暖和希望。"

目前，张桂梅已经先后收养了136个孩子，其中50多个已经走上了工作岗位。

8个月大就被送到华坪儿童福利院的姚华宇，如今已经到外地去读书。他告诉记者，张桂梅最疼他，去哪儿都带着他，还带他到天安门广场看过升国旗。"她虽不是我的亲生母亲，可她却比亲生母亲还关心我、还爱我。"姚华宇说道，"每次看到张桂梅妈妈为我们忙碌，我感到又温暖又心疼。"

无权无势　创办全国第一所免费女子高中

张桂梅担任华坪县儿童福利院的院长时，每次听到接收孩子的悲惨身世，心里都会一阵阵地疼。

"孩子们和学生身上的故事，直到现在都让我一阵阵心痛，他们为了求学读书、改变自己的命运，付出了很大的代价。"说到创办华坪女子高中的初衷，张桂梅面色凝重。山区孩子读书难，山区女孩子读书难上加难。"贫困山区的落后主要是教育落后，女孩的受教育程度更低，形成了低素质女孩—低素质母亲—低素质下一代的恶性循环。要从根本上解决山区贫困问题，就必须从提高妇女素质入手。"张桂梅萌发了创办一所女子高中的想法。

当她说出自己的想法时，却引来许多人的质疑。为筹集资金，张桂梅四处募捐。在募捐过程中，有人把口水吐在她脸上，有人放狗追咬她……奔波整整5年，她只筹到1万元。

2007年，作为党的十七大代表，张桂梅前往北京开会，机缘巧

张桂梅与孩子们在一起

合，她在媒体上讲述了自己想要建一所全免费的贫困女子高中的梦想，向全社会呼吁，向全社会募捐。访谈节目播出后，引起广泛关注，各级党委、政府高度重视、支持，社会各界纷纷慷慨解囊。

2008年，全国第一所全免费的女子高中——丽江华坪女子高级中学开学了，第一年招收了100个贫困家庭的女学生。

学校创办初期，各方面都很艰难，整个学校只有一栋教学楼，没有食堂、厕所，学生和女教师挤在教室里睡觉，男教师睡在楼梯间。由于学校的院坝没有硬化，风一吹，校园里全是灰尘，老师每天下午五点半必须清扫校园。

恶劣的环境让部分老师打了退堂鼓。"说实在话，在女子高中初建的时候，我内心不是没有动摇过，但有一件事给我的触动特别大，让我决定留下来和张老师一起干。"华坪女子高中老师杨晓东说。有一天，他吃过中午饭去找张桂梅交材料，到办公室后，发现张桂梅左手扶着口缸，右手拿着勺子，脑袋耷拉在键盘上，就这样睡着了。

张桂梅在高考进场前，给学生们加油鼓劲

"她年纪那么大,身体又都是病,可依旧为了贫困女孩子走出大山在努力着,看着她累得睡着的样子,我的心好痛。那一瞬间,我彻底被张老师感动、折服了。"杨晓东说,"看到张老师这样,退缩的事实在没脸干,便留了下来和张老师一起为孩子们努力。"

无我无私　她创造了贫困山区教育奇迹

建校初期,由于长期超负荷工作,张桂梅的身体出现了很大的问题。她身上长了骨瘤,额头、后脑、手臂上鼓起很多小包;肺上有结节,经常出现呼吸困难及剧痛,可她每天仍旧强忍着身体的不适,为学校正常运转而努力着。

第一学期考试成绩出来了,不尽如人意的成绩让一些年轻教师失望了,纷纷选择了离职,部分学生也转学了。

身体的剧痛没能让张桂梅哭泣,可面对学校可能办不下去的困境,她再也坚持不下去了,在学校旗杆下放声哭泣。"怎么办?学校是不是办不下去了?"张桂梅的脑海里一直萦绕着这个问题。

孑然一身,没有子女;亲人不理解;学校又可能办不下去了……当时,张桂梅觉得自己心里空空的,就像秋天的落叶,随风飘零。

哭完后还得继续工作,张桂梅心灰意冷地回办公室去整理学校的档案。她发现,留下的8名教师中,有6名是党员。她心中暗想,只要有党员在,就没有办不成的事。

经过思考,她提出了"革命传统立校　红色文化育人"的教育理念,开创了"党员一律佩戴党徽上班、每周重温一次入党誓词、每周唱一支革命经典歌曲、每周一次理论学习、每周观看一部具有教育意义的影片并写观后感交流"的"五个一"党性常规活动。随后,学校党支部成立了，张桂梅任支部书记，"五个一"党性常规活动得到认真落实。

现在，除了"五个一"党性常规活动外，学校还紧紧依托马克思主义哲学、中共党史等学科改进课堂教学，将红色文化教育融入思政教育的各个环节，广泛开展读原著、听专题报告、谈心得体会、看影像资料等活动，并定期举办"重温入党誓词，缅怀伟人功绩""演绎红色经典"课间操等主题教育活动，使红色文化教育内化为一种文化自觉。

在张桂梅的努力下，12年来，华坪女子高中连续10年高考综合上线率保持100%，本科上线率一直在全市名列前茅，1804名山区贫困家庭女孩从这里走进全国各所大学，彻底改变了自身命运。张桂梅以瘦弱的身躯托起了她们的梦想，实现了自己当初"一定要把大山里的女孩送入大学"的铿锵誓言，创造了丽江贫困山区教育的奇迹。张桂梅也先后荣获"全国十佳师德标兵""全国优秀教师""全国十大女杰""全国五一劳动奖章""全国百名优秀母亲""全国最美乡村教师""全国优秀教师""全国三八红旗手标兵""全国教书育人楷模""全国优秀共产党员""时代楷模"等多项荣誉称号。

面对众多荣誉，张桂梅只是淡淡地说，没有党、没有政府，这些事是做不了的，她只是党派来的服务员，其实她并没有做什么。

离开华坪女子高中时，张桂梅静静地坐在学校的大门前，一言不发，静静地看着学校里的一切。那一刻，她的内心一定是无比欣慰的。

穿越几十年的时空，红色的种子已开枝散叶、硕果满眼。

而她，用一生传承了这红色的薪火。

（原载《云南日报》2020年12月12日，记者：和茜、何嵘）

二、赤诚为人民

——"人民楷模"国家荣誉称号获得者

2019年是中华人民共和国成立70周年。为了庆祝中华人民共和国成立70周年，隆重表彰为新中国建设和发展作出杰出贡献的功勋模范人物，弘扬民族精神和时代精神，党中央决定开展国家勋章和国家荣誉称号集中评选颁授，隆重表彰一批为新中国建设和发展作出杰出贡献的功勋模范人物。国家主席习近平于2019年9月17日签署主席令，授予42人国家勋章、国家荣誉称号。

国家荣誉称号授予在各领域各行业作出重大贡献、享有崇高声誉，道德品质高尚、群众公认的杰出人士。国家荣誉称号的名称冠以"人民"，如"人民科学家""人民教育家""人民艺术家""人民英雄""人民楷模"等。云南省怒江傈僳族自治州贡山怒族独龙族自治县"老县长"高德荣同志获得"人民楷模"国家荣誉称号。

高德荣
——独龙族全面小康"领头雁"

高德荣简介

云南省贡山独龙族怒族自治县县长,怒江傈僳族自治州人大常委会副主任。曾荣获"全国优秀共产党员""全国民族团结进步模范个人""全国脱贫攻坚奖""全国道德模范""时代楷模""最美奋斗者""人民楷模"等荣誉。

初冬时节,红彤彤的草果映红了独龙江峡谷。怒江傈僳族自治州人大常委会原副主任高德荣一个村一个村地走访。钻草果地看长势、挂果情况;入农户家中问销售、收入情况;与村干部、驻村工作队交流座谈。"草果丰收,但价格上不去,这是一个问题。党员干部要在主题教育活动中学本领,为民办实事,先想一步,先行一步,让群众实现丰产增收。"

"独龙江脱贫根基还非常薄弱,公路通畅、产业建设、群众素质提升等工作还要做，乡村振兴工程才刚开始，全面小康的路上，还有很多工作等着我们。"高德荣说，共产党员、干部，要在帮助独龙族群众实现全面小康的征程中，努力学习，拼命工作，践行初心使命。

共产党把独龙族致富天梯竖起来了

在独龙江乡，高德荣喜欢往乡村路、产业基地、学校和边远村组走，与群众拉拉家常，说说心里话。他把独龙江发展状况、存在的短板、群众的愿望，今后要干什么，都装在心里。

9月18日，献九当村委会小学建成投入使用。崭新靓丽的楼房，宽敞明亮的教室，30多名独龙族学生琅琅的读书声，让高德荣感慨万千。"现在的孩子真幸福，走几步就能在家门口读书。共产党的政策，真没的说。"

千百年来，独龙族群众居住的独龙江与世隔绝，庄稼靠点种、过江靠溜索、穿衣靠纺麻、看病开占卜，过着结绳计数、刻木记事、衣不蔽体、食不果腹的艰难生活。

1954年，高德荣出生在独龙江畔，家境贫寒。儿时，父亲经常给他讲独龙族的历史，耳濡目染，独龙族群众的艰苦岁月，深深印在高德荣的心底深处。12岁时，高德荣才入学，靠着勤奋努力，完成了小学、初中学业，考上了怒江师范学校。

"那时候，独龙族人民真苦啊。"回忆往事，高德荣眉头紧锁。读小学时，他每天早晚要走近3个小时的山路往返于家和学校。上初中，到县城得爬雪山、过密林，走七八天。18岁，到当时的怒江州府所在地知子罗读书，从独龙江到学校得走整整10天。

从回乡当老师，到独龙江乡任乡长、贡山县长、怒江州人大常委

高德荣——独龙族全面小康"领头雁"

会副主任,高德荣一心想的是如何把独龙江通往山外的路修通,让独龙族人民有一条脱贫致富的天梯。多少年来,为了这条天梯,高德荣地图不离身,昆明、北京不知跑了多少趟。

独龙族群众说,老县长一生都离不开路,修筑通往大山外界的公路,带领独龙族脱贫致富的发展之路。

2014年4月,全长6.68公里的高黎贡山独龙江公路隧道全线贯通,千年宁静的独龙江,叩响了山外世界的大门,踏上了从落后走向进步、从贫穷走向富裕的伟大征程。

如今,县城至独龙江乡通行时长由原来的4个小时缩短至2个小时。6个行政村39个村小组全部通硬化路。碧蓝的独龙江上空,4座永久性桥梁如彩虹般飞跃。独龙族群众出山难、行路难、过江难已成

高德荣亲自搬石开路

为历史。

高德荣仍然地图不离身。独龙江乡境内国边公路孔当至迪布里路段改造工程正在建设,他隔三差五就到项目建设现场看看,督促进度,留意项目施工人员在建设中是否注重生态保护。"这条路建成后,独龙江又多一条出界路,沿线3个村农产品出山路通畅了。"

从溜索、人马驿道,到简易公路、柏油路,道路的每一次变化、每一次延伸,带给独龙江的都是巨大的改变。

独龙江有一个传说。很早以前,独龙族有一把通向山外的天梯,由于老鼠与人争食咬断天梯,独龙族便与世隔绝。现在,共产党和人民政府把独龙族的致富"天梯"竖起来了。

高德荣说:"大河有水小河满。没有党的好政策,没有国家的富强,就没有现在独龙江的繁荣发展。"党的恩情,国家的帮扶,在独龙江触手可及:新公路、新房子、新学校、新医院……

过上更幸福的日子,就是对党最好的报答

"这里海拔高,土质不好。要多问技术人员怎么施肥?怎么管理?才能提高收成。"献九当村委会葛根种植基地,高德荣细细查看葛根苗长势,询问日常管理情况。

独龙江北部龙元、献九当、迪政当3个村增收产业少,一直让高德荣忧心。今年,献九当村试种了200亩葛根,高德荣常跑去看。"葛根种植成功了,献九当短期增收就有保障了。"高德荣说,龙元村沿江台地和沟箐已种上了草果,迪政当羊肚菌、重楼也在不断发展。

"没有产业支撑,独龙族长远致富奔小康就是一句空话。"在产业建设上,高德荣非常执着,身体力行,说给群众听,带着群众干。苦

干换来甘甜，奋斗换来幸福。这句话，高德荣时时挂在嘴上。

趁着雨天，孔当村村民布晓英与十几个村民抓紧时间翻土清沟，准备种羊肚菌。2017年，在珠海市对口帮扶项目支持下，布晓英租了23亩地种植羊肚菌。2019年4月，羊肚菌喜获丰收，卖了17万元。高德荣非常高兴，到处推荐独龙江的羊肚菌。

"独龙江山好水好，不缺好东西，就缺想法和技术。"高德荣四处奔跑，与乡村干部和驻村工作队一个村一个村地看，一块地一块地勘察，寻找适宜种植羊肚菌的地块。

"羊肚菌已有663亩，产量是在12万斤左右，一年可收入400万元左右。"独龙江乡党委书记余金成说，乡里正全力推进养蜂、养猪、养牛、养羊、中药材种植及乡村特色旅游业。今年已完成葛根种植734.45亩，黄精690亩，蔬菜90亩，独龙族群众增收来源逐渐多元化。

高德荣率队查看路况

"脱贫成果怎么巩固,群众素质怎么提升,乡村振兴怎么开展……"独龙族脱贫了,高德荣想的事却更多了,要做的事也更多了。从北京领奖回来,他走完6个村委会,给独龙族群众讲自己在北京的所见所闻。党的十九届四中全会一结束,他与乡、村干部一起学习全会精神。

"现在是我们国家最好的发展时期,得抓住机遇,做好自己的事。"高德荣说,奋进前行的独龙江喜事连连,迈上高速发展的"快车道"。最边远的迪布里生产区通移动通信了;龙元村致富能手和晓永的新农家乐和养殖专业合作社挂牌了;孔当村快递代办业务又多了一个;迪政当村又有几个妇女学会网上卖独龙毯了……

"现在的日子,比蜂蜜还要甜。"文面女李文仕70多岁了,还下地干活,教村里的妇女织独龙毯。"没有共产党和国家的帮扶,就没有独龙族人民现在的幸福生活。我们把自己的事办好,让所有独龙族群众过上幸福的日子,就是对党、对国家最好的报答。"亲自经历和见证了独龙江一跃跨千年历史性巨变的高德荣如今年事已高、疾病缠身,"人民楷模""最美奋斗者"等诸多荣誉集于一身,仍然初心不改,壮心不已,一直在路上……

永远跟随共产党,齐心奋进奔小康

走进巴坡村村民孔兰花家里,竹子做的篱笆墙、树桩做的花盆,随风飘荡的竹子"风铃",让小院春意盎然。

"道路环境每天一扫,室内卫生每日'一晒'。老县长经常教育我们不要'房子是新的,人是脏的、环境是差的。'"孔兰花对现在的生活非常满意,草果让她富起来,环境提升工程让村寨、家里美起

高德荣（中）在农家火塘边家访

来。"只有山美水美，村美人美，独龙江才是真正的人间天堂。"巍峨高山，林木森森，一直庇护着独龙族繁衍生息。感恩自然，保护自然，则为本心。高德荣时常拿着摄像机，到村道、庭院、江边走一走，看一看。保护好独龙江、守护好青山绿水是高德荣毕生的理念和追求。

40多年的坚守，独龙族群众植一棵树，增一片绿的理念已根深蒂固。草果、花椒、核桃、重楼、葛根等绿色生态产业遍地开花。独龙江地增绿，人增收，鸟语花香，万物欣荣。

从孔当村逆江北上，花木扶疏间，一幢幢漂亮的安居房沿江而立，一面面鲜艳的五星红旗迎风招展，一片片草果地郁郁葱葱，一块块花椒田青翠叠绿。

2019年，独龙江乡党委、政府倡导开展以"感恩共产党、奋斗新时代"为主题的基层党建创新，人居环境提升，文明素质提升"一周三活动""每月一评比"工作，提振精气神，美化绿化村容村貌，打造幸福美丽独龙江。

每周一为6个行政村、28个安置点环境卫生活动日。升国旗、唱国歌，整理家务、打扫房间。每周三晚为6个行政村讲习活动日，开展"幸福不忘共产党"讲习活动，讲身边的故事、感党恩、文明卫生、健康生活、村规民约。周五晚上为6个行政村和26个安置点的文体活动日，独龙族群众走出火塘到广场唱歌跳舞，歌颂美好新生活。

"一亩5000元，你们两口子今年收入得有3万元吧？"暖阳下，马库村村民江仕明和妻子背着竹篮采摘草果。看到两口子正忙碌着，高德荣关切地询问草果生长情况，帮着算一家人的收入。

在孔当村，村民们正给黄精苗圃地除草。身旁，深绿的黄精长得非常旺盛。孔当村黄精种植合作社负责人罗清春和高德荣拉家常，重楼和黄精都是可持续发展产业，只要群众懂技术、勤管理，经济效益很可观。

"脱贫只是第一步，更好的日子在后头。"高德荣说，"小康生活不是喊出来的，是干出来的。独龙族人民要把习近平总书记的嘱托一代一代地传下去，苦干实干，接续奋斗，过上好日子，建设好独龙江，守护好边疆。"

（原载《云南日报》2019年11月14日，记者：李寿华）

三、敢为天下先

——"改革先锋"获得者

1978年12月,党的十一届三中全会作出把党和国家工作中心转移到经济建设上来、实行改革开放的历史性决策。改革开放以来,我们党团结带领人民,艰苦奋斗、顽强拼搏,坚决破除阻碍国家和民族发展的思想束缚和体制障碍,开辟了中国道路,释放了中国活力,凝聚了中国力量,实现了从赶上时代到引领时代的伟大跨越,书写了国家和民族发展的壮丽史诗,党的面貌、国家的面貌、人民的面貌、军队的面貌、中华民族的面貌发生了前所未有的变化。

　　2018年是我国改革开放40周年。党中央决定,以党中央、国务院名义表彰一批为改革开放作出杰出贡献的个人。对受表彰个人授予改革先锋称号,颁授改革先锋奖章,对受表彰的外籍人士颁授中国改革友谊奖章。云南省保山市施甸县"草鞋书记"杨善洲同志获得这一荣誉。

杨善洲
——公仆情怀筑起精神丰碑

杨善洲简介

原云南省保山地委书记。曾获得"全国绿化十大标兵""全国绿化奖章""全国老有所为先进个人""环境保护杰出贡献者""全国优秀共产党员""感动中国人物""最美奋斗者""改革先锋"等荣誉。

深秋的大亮山，云雾缭绕，郁郁葱葱。在位于施甸县善洲林场的杨善洲事迹陈列室里，"人民公仆杨善洲"几个红色大字格外显眼，前来开展第二批"不忘初心、牢记使命"主题教育现场教学的党员干部络绎不绝。

他30岁起担任县级领导，39岁担任地委副书记，50岁担任地委书记，几十年如一日，头戴竹叶帽，身披蓑衣，脚踏草鞋，一身泥巴一身土，走遍每一个村庄、踏遍每一道山梁。退休后，他谢绝到省会

全面建成小康社会 云南奋斗者

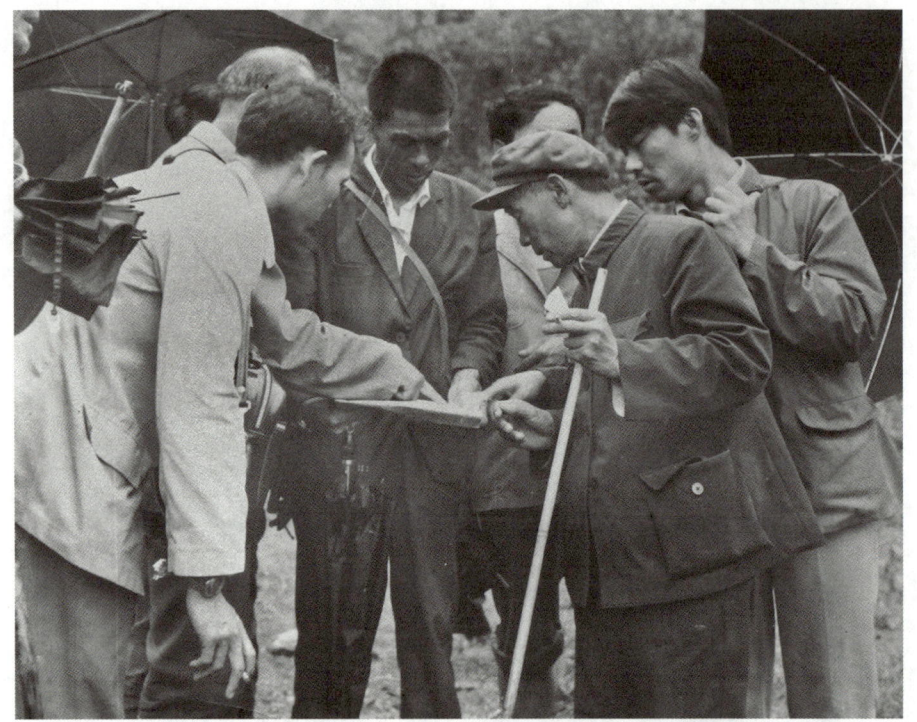

1987年，杨善洲（右二）与考察组分析论证林场建设条件

昆明养老的机会，回到家乡专心植树造林，一干就是22年，在光秃秃的荒山上建起了5.6万亩莽莽林海。

他就是杨善洲，原保山地委书记。作为一名共产党员，杨善洲60年如一日，时时处处以共产党员的标准来衡量和要求自己。

甘当"草鞋书记"，永葆公仆本色

下乡经常随身携带锄头，还喜欢戴草帽、穿草鞋……杨善洲1951年参加工作，先后任施甸县委书记、保山地委副书记、保山地委书记等职，始终保持着淳朴的农民本色，被群众亲切地称为"草鞋书记"。

面色黝黑、双手长满老茧的杨善洲，喜欢下乡和农民一起锄田、栽秧，走家串户体察农民疾苦。一辈子爱和农民一起劳动的他，把与群众一起劳动当作了解基层的重要方式。"和农民在一起，了解到的情况最真实。"他常说。

在20世纪70年代末，农村家庭联产承包制改革像星星之火，短短几年就从局部地区扩展至全国。短短几年间，就解决了困扰多年的亿万农民的"吃饭"问题。

然而，保山在实行农村家庭联产承包制改革初期，由于土壤贫瘠、耕作方式落后、农田水利设施薄弱，农业产量十分低下。"一人种三亩，三亩不够吃"成了改革开放初期保山的真实写照。

作为保山地委书记，杨善洲看在眼里，急在心上。于是，他亲自上阵，与地委班子一道带着全区各族群众，坚持每年冬春大搞农田水利基础建设，每天上阵的劳动力占到农村总劳力的60%以上。如今，保山市5县（市、区）的坝区，到处河道畅通、沟渠纵横、田块整齐，无不凝聚着杨善洲当年的心血和汗水。

为引导群众改变传统种植模式，推广良种良法，杨善洲带头转变观念，先行先试，在施甸县水长乡种了半亩粳稻试验田，试验"三岔九垄"插秧法，使亩产提高了三四百斤。

在担任地县领导32年里，杨善洲的身影总是出现在田间地头，亲自给群众示范推广。1978年至1981年，保山的水稻单产在全省一直排名第一。1980年，全国农业会议在保山召开，保山因此获得"滇西粮仓"的美誉，杨善洲则被人们亲切地称作"粮书记"。

"每次看到村民们在田间劳动，杨善洲老书记总是二话不说，卷起裤腿就下田，给群众做示范。"原隆阳区板桥镇北汉庄大队大队长刘绍解至今记忆犹新。

20世纪80年代初,作为改革开放初期的保山领导者、指挥长、拓荒者和建设者,杨善洲与广大干部群众并肩战斗,迎难而上,开启了一系列改革开放的生动实践,使保山的工业、建筑业等从无到有快速发展。

杨善洲率先提出了加快全区小集镇建设步伐的思路,并亲自带队,调研总结了一批加快小集镇建设、发展"五小"乡镇企业等典型经验,广泛宣传他们的先进经验、先进事迹,为深化改革、搞活经营鸣锣开道,同时在贷款、税收和经营等方面,制定灵活的政策,营造宽松的发展环境。

"当时,保山涌现出新华肥皂厂、新华皮鞋厂等一批有影响力的企业,培育出'保山工农肥皂''金龙面条'等多个知名品牌,也培育了大批建筑公司、'万元户'等。"保山市委党校副调研员庄朝义回忆。

到1986年底,保山建成了以农副产品加工为主的地方工业体系和一大批特色鲜明、经济活跃的小集镇。如今,当年发展较快的隆阳区板桥镇被列入国家新型城镇化综合试点。

践行朴实诺言,播种绿色希望

"我要回到家乡施甸种树,为百姓造一片绿洲。"为了践行这一句朴实的诺言,1988年退休后,杨善洲回到家乡的大亮山植树造林22载,绿了荒山,白了头发,造福百姓,奉献到生命最后一天。

"绿水青山就是金山银山"。眼下,施甸县善洲林场的生态效益、社会效益已经显现。杨善洲精神教育基地管委会副主任周波介绍:"林场现在承担着3个乡镇11个村委会70个村民小组近3万人的饮水供给和两个糖厂的蔗区灌溉任务。"

施甸县姚关镇雷打树村紧邻善洲林场，在5.6万亩林海的覆盖下，享受着林场带来的生态红利。村民们依托良好的生态环境，积极发展林下重楼、龙胆草、续断等中草药种植，采集果松、野生食用菌。

"很多游客非常喜欢雷打树的骨头鲊、火腿、果松、蜂蜜等土特产品，最多的一天能销售50多公斤火腿和骨头鲊。"在杨善洲精神教育基地接待中心，负责雷打树村农特产品销售的村民李复香介绍。

"好个大亮山，半年雨水半年霜；前面烤着栗炭火，后面积起马牙霜。"在极度恶劣的环境中，杨善洲领着林场职工一边造林、一边

杨善洲与大亮山

建房，花了 7000 元修建起 40 间油毛毡房。

山里风大、雨多、潮湿，杨善洲在油毛毡房一住就是 9 年多。吃饭、办公的桌椅、床铺，大家因陋就简，就地解决。没有肥料，大家提着粪箕到村寨路上捡牛马猪粪作底肥。没有资金，杨善洲多次到省、市相关部门跑项目……终于，杨善洲带领林场职工和当地群众，把不可能变成了可能。

走进善洲林场，最让人震撼的是，30 多年前杨善洲从街上捡回来的果核，如今在杨善洲墓园北侧已经成长为一大片繁茂的果园。

"当时没钱买苗木，怎么办呢？只好去街上捡果核。"在资金极其短缺的创业之初，捡果核育苗栽种成为杨善洲破解苗木困局的主要途径。每次回到城里，他就到马路上捡别人随意扔掉的果核，然后放到家里用麻袋装好，积少成多后，便用马驮到山上。

地委书记到大街上捡别人扔掉的果核，这在当时成为轰动保山的新闻。可是杨善洲不在乎，林场资金紧张，省一个是一个。"可你是地委书记啊，在大街上捡别人吃剩的果核，大家会怎么想？"有人开导他。"那是他们的事，不花钱就能弄到种子，我觉得没有什么不好。"他说。

直到现在，原大亮山林场场长自学洪都还记得杨善洲初上大亮山时的情景。那时杨善洲老书记住在用树杈搭起的窝棚里，脚上穿着草鞋，俨然是一个放牧的老人。

施甸县善洲林场的老职工都记得，1999 年 11 月，手提砍刀给树修枝时，杨善洲不幸踩着青苔滑倒，左腿粉碎性骨折，但半年后他又执意爬上了大亮山。从此，他再也离不开拐杖了。

2009 年 4 月，杨善洲将价值 3 亿元的 5.6 万亩大亮山林场经营管理权无偿移交给国家，并谢绝了当地政府的奖励。

有人曾问杨善洲，放着好日子不过，何必自讨苦吃？他说："入党时我们都向党宣过誓，干革命要干到脚直眼闭，现在任务还没完成，我怎么能歇下来？如果说共产党人有职业病，这个病就是'自讨苦吃'。"

2010年7月，杨善洲最后一次上大亮山，病重的他喘得很厉害，每走几步就要停下来歇歇。望着自己种下的树，老人笑得很开心。"我现在来得少了，你们要记住，树木成材后一定要按合同给老百姓分成。"他特意叮嘱林场负责人。

2010年10月10日，83岁的杨善洲告别人世，留下一片绿洲。为纪念老书记，大亮山林场此后更名为"善洲林场"。

2014年12月，杨善洲干部学院挂牌成立。如今，这里的课堂上坐满了来自全国各地的学员。

已是惠泽在，犹有余香存。曾经山秃水枯的大亮山林木葱郁、溪流淙淙。大亮山的森林覆盖率也从1988年的不足17%升至如今的97.17%。

杨善洲用一生守护着这片绿地

"从杨善洲身上,我们看到了一代代共产党人的初心和使命。"保山市广大党员干部表示,要以杨善洲老书记为榜样,守初心、担使命,找差距、抓落实。

施甸县委常委、县委宣传部部长、木老元乡党委书记王冰凌说,要让杨善洲精神留在心底"一辈子",坚决打赢脱贫攻坚战。

精神的丰碑,永远的传承。杨善洲的公仆情怀是不朽的精神丰碑,是激励保山市各级党员干部前进的动力,杨善洲精神在保山大地永放光芒。

(原载《云南日报》2019年11月20日,记者:李建国)

四、奋进立标杆

——"时代楷模"获得者

"时代楷模"是由中央宣传部集中组织宣传的全国重大先进典型，这一荣誉充分体现"爱国、敬业、诚信、友善"的价值准则，充分体现中华传统美德，是具有很强先进性、代表性、时代性和典型性的先进人物。时代楷模事迹厚重感人、道德情操高尚、影响广泛深远，是值得人们学习、尊敬、传颂的重大典型人物。

他们体现了当代社会的道德高度，不愧为当今中国的"时代楷模"。他们的先进事迹和高尚品德，植根于中华民族深厚的道德积淀，植根于中国特色社会主义伟大事业的实践沃土，是雷锋精神的接力传承，是社会主义核心价值观的生动诠释，是中国社会思想道德主流的真实写照。云南省有高德荣、杜富国、朱有勇、张桂梅4人获得这一殊荣。

杜富国
——雷场又见老山兰　意气相期共生死

杜富国简介

南部战区陆军某大队士官。曾获得"感动中国 2018 年度人物""全国自强模范""排雷英雄战士""最美奋斗者""时代楷模"等荣誉。

残酷凶险的雷场，挡不住英雄的战士以死赴之。

2018 年 10 月 11 日 14 时 39 分许，老山西侧，坝子雷场，一位战士正在小心翼翼地清理浮土，面前很可能是一颗手榴弹。

突然，这颗深藏地下 30 多年的手榴弹爆炸了，瞬间将这位战士的双手炸飞、眼球震碎。

这位战士叫杜富国——中国人民解放军陆军某扫雷排爆大队战士，1991 年 11 月出生，中共党员，2010 年 12 月入伍，贵州湄潭人。

近日，我们再次走进神圣的老山，踏入血染的雷场，探寻排雷英雄杜富国的故事。此时，距离杜富国负伤已过去6个月。

请战书上的切切真情，入党时的铮铮誓言，雷场上的惊天一挡，这位正值芳华岁月的战士为自己的人生作出了一次次抉择，每一次都是那么毅然决然，这到底是一位怎样的战士呢？

长地村民圆了梦

颠簸3个多小时，从麻栗坡县城跋涉到老山主峰西侧，再经过一段尘土飞扬的土路，我们来到了坝子雷场的坡底。

这段连接老山至扣林山的土路所经过的地方原本也是雷区，直到扫雷部队的到来。

沿着扫雷队挖掘出来的入场通道，记者们小心翼翼地按照警戒要求缓慢行进，爬到了坡度有六七十度的坝子雷场坡顶。看着裸露的树根、竹根，焦土里散落的弹片，大家还是不由得一阵紧张。看见老乡们在地里活动，大家悬着的心才逐渐放松下来。

"爷爷栽下的茶树，30多年了，都不能动，不敢进去！"在雷场坡顶的一个土埂上，李运忠一边说着自己的苦恼，一边半倚着土埂撸起了右腿裤管，露出一条肉色的塑料假肢。他揉着膝盖说："走的路长一点，假肢与膝盖接头处就会疼，天阴下雨，更是折磨得够呛。"

2006年，李运忠在位于坝子雷场对面的草果地里干活时不幸踩到地雷，失去了右小腿，年仅26岁的他从此不能再干重体力活。10多年过去，这雷场上的土地依然是他一家人生活的主要来源，尽管害怕，他还是把这片土地看作命根子。不久前，他专门带两个孩子到坝子雷场杜富国负伤之处，给他们讲述扫雷战士的故事。

和李运忠同在一个村的盘金良更加不幸，他在地里干活时曾两次触雷，一次炸掉了右腿，一次又炸掉了左腿。

"我们就是希望早点把雷清出来，不再让小辈们受害。"扫雷队在此作业时，盘金良常常静坐在雷场附近看着，有时候还和战士们一起吃干粮。"看着这群年轻人趴在地里，我的心也悬着。"

说起杜富国的事，盘金良一边用拐杖戳脚下的土，一边说："这么好的娃，为了我们，成了今天这个样子，我们会永远记住他。"

李运忠和盘金良所在的麻栗坡县猛硐瑶族乡坝子村委会长地村民小组有40来户人家，30年来有6人被地雷炸死，8人被炸残。把雷清干净，是村里人的夙愿。如今，村民们圆了这个梦。

"全乡两万多亩茶园有8000亩在雷区，如今有5000多亩可以复耕了，相当于给全乡5000多抵边居住的农民人均1亩土地。"猛硐乡乡长盘院华告诉记者，他们将把这些土地再次栽满茶树、种满草果……

长地村的改变，大家看在眼里，唯独只有在这里洒过汗、流过血，与村民们有着相同愿望的杜富国，却看不到这番景致了。

"我常常梦到雷场，看到战友们唱着嘹亮的军歌，踏入雷场，那个场面，我感到无比自豪。"正在陆军军医大学西南医院康复中的杜富国依然惦记着雷场，惦记着生活在雷区附近的群众。

一个声音呼唤我

战火硝烟早已散去，但中越边境云南段中方一侧土地里遗留的上百万枚地雷和其他爆炸物，却成为雷区附近5万余名村民挥之不去的噩梦。

这里曾随处可见的标有骷髅头图案的雷区禁入警示牌，令人毛骨悚然。

潜伏在地下的雷魔改变了很多人的命运。

麻栗坡县天保镇天保村委会八里河村,几乎户户有假肢,家家有拐杖;有的村民被炸后身体里残存了弹片,坐火车过安检都会报警;有的家庭妻离子散,贫穷代代延续。

富宁县田蓬镇有个"地雷村",名叫沙仁寨,87个人78条腿的惨痛过往,让当地人苦不堪言。

在杜富国负伤的猛硐乡,也有上百人被地雷炸死、炸残,有的村民被炸死后,亲人都不敢去收尸安葬。

雷患不除,边境不宁。1992年至1994年、1997年至1999年,我国先后进行过两次中越边境云南段大面积扫雷。2015年夏,根据国务院和中央军委命令,来自云南省军区、原14集团军、原13集团军、西藏军区的400余名勇士纷纷请缨出战,迅速集结奔赴云南,横跨文山、红河两州6个边境县的中越边境云南段第三次大面积扫雷行

杜富国搜排出1枚炮弹

动随之启动。

杜富国就是其中的勇士之一,当时他刚满24岁,入伍5年。

尽管身边的战友和家人纷纷劝他慎重考虑,但他毅然向组织提交了请战书。

"当我了解到生活在雷区的村民10年被炸3次的惨痛事件时,我的心难以平静,我感到冥冥之中这就是我的使命,一个声音告诉我,我要去扫雷!"杜富国在请战书里写道。

2015年夏,杜富国从云南省军区原某边防团来到扫雷大队,第一次见到了生活在雷区附近身体残缺的老乡们,那一刻,他读懂了"为人民扫雷,为军旗增辉"的誓言,暗暗下定决心:"一定要把这片片雷场清除,还边境人民一片净土。"

扫雷作战3年,杜富国出入雷场千余次,累计排除爆炸物2400余枚。

惊天一挡成壮举

在扫雷大队有个不成文的规矩,那就是新同志第一次进雷场,必须由党员干部走在前面带队,他们的命令就是"跟着我的脚印走"。大队长这样教会了中队长,中队长教会了分队长,分队长教会了班长,班长又教会了战士……

"入了党,我就能走在雷场最前,排除更危险的雷。"时任扫雷四队队长的龙泉回忆,在3年前,面对为什么要入党的提问时,杜富国说了这么一句话。这也意味着,杜富国有了进入最复杂的雷区、处置最难排的雷的资格。

2018年10月11日下午,坝子雷场一如往常。

爆破排雷后，山体表层的土壤已被翻松了半尺多，但战士们仍不敢有丝毫松懈，各作业组屏气凝神搜索着面前的每一寸土地。

扫雷作业时，一般两人一组。在扫雷爆破作业深翻过一遍的陡坡上，杜富国和他的搭档艾岩，身穿22斤重的防爆服，脚踏5斤重的防爆鞋，头戴4斤重的防爆头盔，弯着身子向前搜排。

这是中越边境云南段第三次大面积扫雷行动的最后一块任务雷场。如果一切顺利，按计划还有10天就能完成任务。

"嘀呜，嘀呜……"杜富国手中的探雷器响了。他用对讲机报告："发现少部分露于地表的一个弹体，初步判断是一颗加重手榴弹。"

在接到"查明有无诡计设置"的指示后，杜富国对同组作业的艾岩说："你退后，再退后一点，让我来。"

正当杜富国按照作业规程，小心翼翼地清除弹体周围的浮土时，意外发生了，"轰"的一声巨响，时间定格在14时39分许。

巨大的冲击波让刚刚转身走出两三米外的艾岩整个人都呆住了，头盔被掀翻了，想叫人怎么都喊不出声……

这一次，面对危险，杜富国又一次作出抉择，以血肉之躯挡住危险，把生的希望留给战友。随后的三天三夜，历经5次大手术后，杜富国终于从死亡线上挣扎回来。年仅27岁的他永远失去了双手和双眼。

中央电视台2018年度感动中国节目组委会在给杜富国的颁奖词中写道："你退后，让我来，六个字铁骨铮铮，以血肉挡住危险，哪怕自己坠入深渊……"

临危不惧，他的惊天一挡，感动无数人。

杜富国负伤10多天后，他的战友们含悲带泪，再次向坝子雷场挺进。

2018年11月16日下午，中越边境云南段已扫雷场移交仪式在

杜富国——雷场又见老山兰　意气相期共生死

杜富国与战友一起祭奠革命先烈，并向烈士们行军礼

坝子雷场举行，数十名扫雷官兵，一边高唱军歌，一边手牵着手蹚过雷场。

这也标志着持续3年多的中越边境云南段第三次大面积扫雷行动圆满结束。

半年后，我们来到这片曾经的雷场，只见去年冬天移栽的一棵棵南洋杉正在拔节生长，一蓬蓬老山兰静静舒展。

"这不就是我们的英雄之花吗？纯洁的灵魂，坚定的信念，顽强的意志。"同行的一位年长军人看到老山兰，触景生情，"我们的排雷英雄富国同志，不也像这老山兰吗？"

"顽强的生命备受了摧残，墨绿的叶片熏满了硝烟，芬芳的花朵开得更鲜艳……无私无畏装点边关。"站在老山主峰，20世纪80年代唱响中华大地的《我爱老山兰》，悲怆而又坚毅的旋律仿佛回荡在耳畔。

（原载《云南日报》2019年5月19日，记者：左超）

朱有勇
——"农民院士"的百姓情怀

朱有勇简介

植物病理学专家,中国工程院院士,云南农业大学名誉校长。曾获得"全国优秀共产党员""全国杰出专业技术人才""全国模范教师""全国教学名师""全国脱贫攻坚先进个人""时代楷模"等荣誉。

阳光明媚,碧空如洗。2019年11月23日上午10点,澜沧拉祜族自治县竹塘乡云山村蒿枝坝的冬季马铃薯种植田地里,农民们忙着培土、挖沟、下种。

这时,身穿迷彩服的中国工程院院士、云南农业大学名誉校长朱有勇带着科技扶贫团队来到地里查看种植情况。"你的种薯切得很好""这个种植沟还要再深一点"……一块地接着一块地看,一户挨着一户指导,很快两个多小时过去了。

4 年前，也是这个季节，蒿枝坝这片 300 多亩的田地长满荒草；也是这个时间点，大部分村民还坐在家门口晒太阳聊家常。

100 亩、200 亩……朱有勇的冬季马铃薯技术示范项目从蒿枝坝起步。示范、培训、推广，澜沧县的冬季马铃薯种植从 1 个乡（镇）100 亩，发展到现在的 17 个乡（镇）15000 亩。

科技扶贫的星星之火，点亮了村村寨寨。田野里，朱有勇看着乡亲们忙碌的身影，脸上露出欣慰的笑容。

他说自己是共产党员，是党培养的知识分子，党旗所指就是奋斗方向。扎根脱贫攻坚一线，他用满腔热忱诠释初心使命。

2015 年，中国工程院开始定点帮扶澜沧县，召集在云南的工程院院士开会商议由谁来牵头担当这一重任。会上，60 岁的朱有勇坚定地表示："我最年轻，我来干！"

"工程院定点帮扶澜沧，我在院士里算年轻的，这个事情我责无旁贷。另外，我也想实实在在把科技成果带给农民。"朱有勇说。

几天后，朱有勇来到距昆明 600 多公里的澜沧县调研。

澜沧，全国唯一的拉祜族自治县，贫困面广、贫困人口多，是云南省脱贫攻坚的主战场。2015 年，澜沧县有 13.93 万农村建档立卡贫困人口（其中拉祜族、佤族和布朗族 3 个"直过民族"贫困人口达11.1 万），贫困人口数量位列云南省第 4 位。

现场走访调研，当地群众的贫困状况深深刺痛了朱有勇的心。"当时的蒿枝坝二组，有的农户家里除了一张床、一口锅、几件衣服，再没有什么值钱的家当。一些村寨的农民甚至还住着茅草屋。"朱有勇回忆。

"做农业科技的人，应该在边疆、少数民族地区做些什么？"朱有勇一边调研，一边自问。

"扎根脱贫攻坚一线，用更好的科技成果，用更大的干劲去造福贫困群众。"朱有勇毅然做出决定。

这是一个60岁的共产党员的铮铮誓言和庄严承诺。

蒿枝坝二组有座二层小楼,楼下有间教室,楼上是两间宿舍和一个小会议室。这便是朱有勇在蒿枝坝的"家",老乡们亲切地称这里为"科技小院"。有人统计过,2017年5月澜沧景迈机场通航后的两年多时间,朱有勇乘坐航班进出多达150次以上。

白天上山下田,晚上分析讨论,每年有200多天的时间,朱有勇都在科技小院里忙碌着。

这里,是朱有勇和他的科技扶贫团队的"一线作战室",研讨方案、部署任务、督促落实。

这里,汇聚着推动脱贫攻坚的强大科技力量。一大批院士专家并肩奋战,扎根在边疆的田间地头,忠实履行着科技扶贫的光荣职责。

这里,确定了澜沧科技扶贫的目标定位和发力方向。推广一批创新技术、培养一批乡土人才、示范一批技术样板、培引一批扶贫企业、促进一批村寨脱贫的"五个一批"科技扶贫工作方法路径,为澜沧县如期脱贫摘帽作出了重要贡献。

他与贫困群众同吃同住同劳动,深入群众,融入群众。他一心为民,被村民亲切地称为"农民院士"。

环绕着蒿枝坝二组有条石板路,长1.3公里。清晨6时,朱有勇走出小院,沿着环村路跑步,每天至少5圈。刚开始,村子里的狗听到跑步声就狂叫不止,渐渐地,狗叫声不见了,偶尔还有小狗跟随着他跑上一段。

"朱院士人最好了,他还教我做过菜。"张克秀的"拉祜秀情"农家乐是蒿枝坝的第一家农家乐,朱有勇住进科技小院后,不时到这里吃饭。朱有勇爱吃洋芋,就教张克秀做腌菜洋芋汤和油炸洋芋。如今,这道"院士洋芋汤"成了张克秀的看家菜。"有的时候,朱院士

朱有勇（右）与当地群众一起庆丰收

和村里的人一起吃饭，他大碗吃饭、大碗喝酒，还会说一些拉祜话，像我们寨子里的人一样。"张克秀说。

大碗吃饭，大碗喝酒，学说当地少数民族语言，这是出身于农村的朱有勇的习惯，更是他走的"群众路线"。

2016年，朱有勇科技扶贫团队准备建设100亩的冬季马铃薯示范基地。大多数群众不理解，观望等待。蒿枝坝二组的刘金保有7亩地，扶贫团队找他商量租地，刘金保头天答应，第二天又反悔了，偷偷跑到地里种上了油菜。

"要让群众看到示范效果，从心里自觉接受科技成果。"在朱有勇的带领下，冬季马铃薯示范项目第一年就大获成功，平均亩产3.3吨，按每公斤3元的订单价格，每亩收入9200元。

看到了实实在在的成效，2017 年冬季，刘金保主动种了 2 亩马铃薯，其余 5 亩地出租用于示范项目。2018 年和 2019 年，刘金保的 7 亩地都种上了马铃薯。

与群众近了，科技小院更热闹了。朱有勇每次回到蒿枝坝，小院里一下子就人气满满，村民遇到技术问题会来请教他，遇到各种纠纷会来找他调解。总之，大家有什么困难都会想到朱有勇，一颗真心赢得一片真情。村民们会将煮好的鸡蛋和苞谷特意送到科技小院，悄悄地挂在门上就走了；朱有勇穿过的衣服、鞋子，村民们会趁他下地时悄悄拿去，洗干净后又送回来。在蒿枝坝，大家都亲切地称他为"农民院士"。"这个称呼很自然、亲切。农民在前，院士在后，我喜欢。"朱有勇说。

他是领路人，带着边疆少数民族贫困群众致富，"用自己的科研

朱有勇（中）在扶贫点查看土壤条件

朱有勇（右二）在帮扶点指导农户进行林下三七种植管护

成果帮助农民"是他最大的快乐。

云山村蒿枝坝，村民张小八在家门口认真地切着马铃薯种薯，朱有勇和几位教授围在一旁耐心指导。"来，我教你。"朱有勇接过菜刀作示范。"你要看有没有芽，不要管切大还是切小，切下的每一片都是要有芽的。"直到张小八基本掌握了方法，他们才走向另一户人家。

随行的一位乡干部拍拍张小八的肩问："你认得刚才那个人吗？""朱院士啊，个个都认得。"张小八边切马铃薯边回答。"院士是做什么的呢？""他是带着我们脱贫致富的嘛。"张小八抬起头乐呵呵地说。

对于当地少数民族群众来说，绝大部分人并不知道"院士"这个称号所代表的荣誉和分量。一次在田地里，有个熟识的农民壮着胆问朱有勇，他们都叫你院士，是不是级别叫小了？是不是应该叫院长？

朱有勇听后,开心地大笑起来。

"院士就是带着群众脱贫的人,老百姓有这样的认知和评价,是对我们的认可和信任。"朱有勇说。

"做给群众看,带着群众干。"朱有勇身先士卒,与科技扶贫团队一起,带领群众学科技用科技,用科技成果改变贫困面貌。

选择科技示范点,无论路多远山多陡,朱有勇必实地考察才最后决定;院士指导班办了20余期,开班的第一节课,朱有勇总是亲自授课;脚被崴伤,他拄着拐杖坚持上山查看三七长势,一趟下来,汗水浸透全身。

4年多来,随着科技扶贫的推进,"冬闲田"变成"马铃薯增收田"。未曾开发利用的人工松林下,生长出优质的有机三七。全国首创的院士指导班,培养了1000多名乡土技术人才。目前,澜沧县的贫困发生率由2015年的41.17%下降到2019年的1.48%,实现了从深度贫困的"民族直过区"到"云南省科技扶贫示范县"的跨越,为全国科技扶贫做出了有力的示范。

"在脱贫攻坚一线,和贫困群众在一起,每一天我都过得很充实。"朱有勇说。

(原载《云南日报》2019年12月1日,记者:李汉勇、沈浩、陈鑫龙)

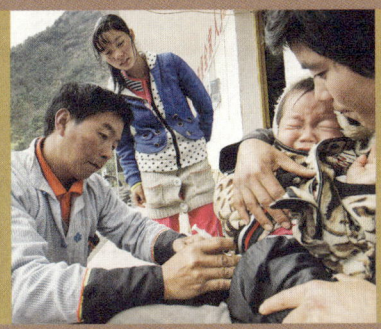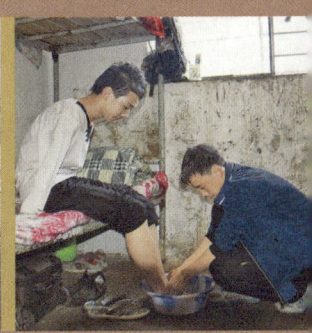

五、德为世典范

——"全国道德模范"获得者

全国道德模范是 2007 年以来，中央宣传部、中央文明办、全国总工会、共青团中央、全国妇联、中央军委政治工作部举办的评选表彰活动。全国道德模范平均每两年评选一次，分为"助人为乐""见义勇为""诚实守信""敬业奉献""孝老爱亲"5 个类型。

每一个道德模范的背后都有一个不同寻常的故事，它们或许催人泪下，或许轰轰烈烈，或许平平淡淡，或许……但每一个故事都折射了时代的光芒，书写着时代的感动。他们用自己的行动感召着社会、用自己的所为诠释着道德的真谛。他们像明灯，引领社会在道德之路上前行。截至 2021 年，云南省有罗映珍、尼玛拉木、杨继斌、杨善洲、邓前堆、霜福伟、高德荣、杜正云、农加贵、杜富国、吴建智、张桂梅、张顺东、李国秀共 13 次 14 人获得这一荣誉。

罗映珍
——16 年爱的坚守，让"植物人"警察丈夫重生

罗映珍简介

第一届全国孝老爱亲道德模范。云南省临沧市公安局民警。曾获"100 位新中国成立以来感动中国人物""全国三八红旗手""五一劳动奖章""全国模范公安民警家属"等荣誉。

7 月的一天，澜沧江畔，阳光明媚。罗映珍像往常一样，清晨 5 点就匆匆赶到临沧市人民医院康复中心，搀扶着丈夫罗金勇一步步挪到直立床和跑步机上，艰难地重复着踢腿、起坐等高强度训练。豆大的汗珠顺着她的额头滚落下来，她柔弱的后背已完全被汗水浸湿。"只要金勇不放弃，我会一直陪着他，一辈子照顾他。"罗映珍眼神里闪烁着坚定的光芒。

2005 年 10 月，云南省临沧市永德县公安局指挥中心民警罗金勇因抓捕毒贩而受伤，一度成为"植物人"，陷入长时间昏迷，妻子罗映珍 16 年来，日夜不离、悉心照顾，终于将丈夫唤醒。如今虽获重生，但罗金勇留下严重癫痫、情感认知障碍等诸多后遗症，生活无法自理。16 年风里雨里，罗映珍默默扛起照顾丈夫的责任，承受着常人无法想象的压力，用大爱和坚守续写着"最长情告白诗"。

"把爱人从沉睡中唤醒,是生命的奇迹,还是心灵的力量?她用一个传统中国女人最朴素的方法诠释了对爱人不离不弃的忠贞。""苦难磨砺爱情的坚强,爱情总因苦难而显光芒"……一时间,罗映珍用爱和坚守唤醒丈夫的感人事迹在全社会广泛流传,无数人为之动容落泪、钦佩不已。2007年8月,警嫂罗映珍光荣加入公安队伍,成为临沧市公安局警务保障处的一名民警。

勇斗毒贩　31岁的丈夫命悬一线

临沧地处祖国西南边陲,与境外毒源地"金三角"毗邻,国境线长290公里,是全国禁毒斗争的主战场之一。

罗映珍出生在临沧市永德县小勐统镇的一个农民家庭,毕业后被分配到永德县小勐统镇计生服务所工作。1999年,罗映珍与罗金勇相知相恋,结为夫妻。

2005年10月1日,那是罗映珍一辈子也忘不掉的日子。一直忙于工作有了短暂假期的丈夫陪着她乘车回家看望父母。途中,罗金勇发现三个提塑料袋的男子形迹可疑,便掏出警察证责令三人接受检查。三名毒贩见罪行败露,从地上捡起石头和木棍,对准他的头部、身体猛砸。他赤手空拳与三人搏斗,在群众的协助下,一毒贩被当场抓获,现场缴获海洛因两块,重1150克。

当时,罗映珍亲眼看见了丈夫英勇搏斗,最后倒在血泊中的整个过程。出于职业本能,她强忍泪水,快速处理完丈夫血淋淋的伤口,在送往医院的路上,罗映珍一直用瘦弱的身体紧紧呵护着满身血污的丈夫,不停在耳边呼唤着他的名字。经医院诊断,罗金勇为重度颅脑广泛性损伤,很有可能永远醒不过来。

罗映珍——16年爱的坚守，让"植物人"警察丈夫重生

600封情书　她用爱创造生命奇迹

医生的话对罗金勇家人来说，无疑是宣判了死刑，看着呼吸紊乱、随时有可能因为心力衰竭死亡的丈夫，罗映珍心如刀绞，她怎么都想不到刚刚才陪她过完25岁生日的丈夫，此刻已经在死亡边缘徘徊。

从那天起，她日夜守在罗金勇身边，不敢离开片刻。由于丈夫脑干受损，经常会抽搐不停，每次发作手脚都会因为惊厥形成奇怪的扭曲，骨头摩擦出"咯咯"的可怕响声。站在身边的罗映珍紧紧拽着丈夫的手不敢松开，尽管罗金勇无意识的行为弄得她手指生疼，但她不敢松开，生怕一个放手，丈夫就不在了。

罗金勇、罗映珍夫妇

这样的状态整整持续一年多，为了照顾丈夫，医院成了罗映珍的家。常年卧床不起的罗金勇在她的悉心照顾下，没有长过一个褥疮。在等待丈夫醒来的漫漫长夜，罗映珍写下一封封情书，一开始是小本子，写完了丈夫还是没有醒，又换成了厚厚的大本子……一段段直白简单的话，都是一个妻子对丈夫毫不遮掩的爱。

"老公，我们两地分居一直没敢要孩子。有时你问我：'老婆啊，我们家最缺什么？就是一个娃娃。'你一定要醒过来，等你好了，我们就生个孩子，一家人快乐的生活。"

"老公，我相信你对我的爱是很深很深的。你曾不止一次地对我说：'你是我一生最疼爱的女人，我永远都不会放弃你。'嫁给你，我不悔；守着你，我无怨。"

每写完一封信，罗映珍都会在丈夫耳旁轻声念给他听，怀揣终有一天能够用爱唤醒丈夫的祈盼，她写了厚厚的15本、600封情书。2007年6月，罗金勇被送到首都医科大学宣武医院治疗。当看到罗金勇在纸上歪歪斜斜地写下"老婆我爱你"这5个字时，苦熬了500多天的罗映珍忍不住号啕大哭，多年来的心酸和委屈，一时间化作奔涌而出的眼泪与激动。丈夫终于醒过来了，原来自己写的每一句话，他心里都知道。

永不言弃　陪伴是最长情的告白

2009年6月，罗金勇回到云南继续接受康复治疗。对于罗映珍来说，更为漫长的旅程开始了。"不管多苦多累多么困难，我会尽力争取时间，绝对不会放弃，因为我们是两个无法分离的人。"罗映珍说。

每天早晨6点，罗映珍要起床给丈夫做好半流食的营养餐，8点帮丈夫翻身、按摩、擦洗、喂药、喂饭。从2005年丈夫受伤住院以来，这些事都成了罗映珍每天生活的日常，都说久病床前无贤妻，但罗映珍用16年的坚守证明了——爱是这个世界上最伟大的力量。

由于受伤过重，罗金勇患有严重癫痫，病情发作起来长达半小时，脑部长时间处于缺氧状态，随时有生命危险。几年来凶险反复的病情，让罗映珍不敢有丝毫松懈。直到现在，只要离开丈夫身边她就会担惊受怕。"这样的恐惧将会永远陪伴着我，但我总在想，只要他能活着，能够坚持，我的人生就还有目标。"谈到未来，罗映珍伤感的目光中依旧饱含着希望。

2015年，历经磨难的夫妻俩终于迎来爱情的结晶。当时，身怀六甲的罗映珍每天依然要推着轮椅，带丈夫去做康复训练，治疗结束后，再将140斤的丈夫背到背上，再小心移送到床上。从怀孕那一刻起，她就明白自己不仅无法像普通妻子那样享受到百般呵护，甚至还要照顾无法自理的丈夫，坚强的她只有咬紧牙关，才能照顾好丈夫和未出生的孩子。

几个月后，女儿出生了。罗映珍和丈夫一起商量后，给孩子取名罗玉延，他们希望，女儿能够延续父母面对艰难苦痛永不放弃的精神，将来长大成为一个对社会有用的人。

两年前，罗金勇从昆明转院到临沧市人民医院继续康复治疗，罗映珍带着女儿一直陪伴着他。如今女儿已经6岁了，只要有时间都在医院陪着爸爸，对于女儿，罗映珍满是愧疚："其他孩子节假日都是爸妈陪伴出去玩，我家'宝妹'待得最多的地方就是医院。"

除了单位的工作，罗映珍的任务就是照顾丈夫和女儿。她总说："组织给了我这么周到的安排，我不能愧对这份关心。"所以，即使现在的公安工作她之前从未接触过，但是每次开会，她的笔记总是做得最认真的那一个，每次任务她都全力以赴，一丝不苟去完成，赢得身边同事的无比敬佩。

漫步在夕阳下，推着坐在轮椅上的丈夫出来散步，再低头看看正趴在爸爸腿上撒娇的女儿，就是罗映珍一天最幸福的时光。对她而言，丈夫恢复健康可能遥遥无期，只要他能够这样一辈子陪着自己和女儿，便是再满足不过的事了。

（原载云南网 2021 年 7 月 16 日，记者：杨春萍、赵岗）

尼玛拉木
——一名邮递员的坚守和期待

尼玛拉木简介

第二届全国敬业奉献道德模范。云南省迪庆藏族自治州德钦县云岭乡邮政所乡邮递员。曾获得"中国十大杰出青年""全国劳动模范"等荣誉。

"在这里，我就是一张活地图。"6月8日，迪庆藏族自治州德钦县云岭乡邮递员尼玛拉木因病刚在卫生院输完液，和记者说话时声音不大，但充满自豪。22年里，崎岖山路上布满她的足迹，茂密山林中处处有她的身影，迷宫般的大山，她了如指掌。自1999年经过严格考核成为云岭乡邮政所的一名邮递员以来，尼玛拉木扎根家乡，从未延误过一个班期，没有丢失过一封邮件，投递准确率达100%。

云岭乡大多数村寨分布在峡谷，还有的位于高寒山区，一山分四季，十里不同天。350公里的邮路，从严寒到酷热，尼玛拉木来回一趟要五六天，冰雪交融失足滑落，时常让她经历风险的考验，这里的家家户户都能讲上几段关于她的故事。

呢农小组村民此里农布的记忆里，深藏着尼玛拉木雨中远去的背影。"那天下着大雨，我打开门一看，她全身衣服都湿了。"看到尼玛拉木急着送信来，此里农布打开信件一看，是朋友帮他联系好了工

全面建成小康社会 云南奋斗者

尼玛拉木出席活动照

作,时间要求紧,要是晚一点,他就失去了一份好工作。为了这封信件,尼玛拉木早上 5 时起身出发,步行了 5 小时山路。

又到高考季,羊咱小组的鲁追说,几年前尼玛拉木连闯 3 道泥石流,整条裤子浸满泥浆,可送来的录取通知书没有半点污损。最艰难的一次高考录取通知书投递,尼玛拉木花了 6 天,最后在一个高山牧场找到了正在放羊的考生。"我最害怕也最喜欢投递高考录取通知书,看到考生收到录取通知书时高兴的样子,我特别希望考上大学的人再多一些。他们能上大学,家乡就有了希望。"尼玛拉木说。

"如今的邮路不一样了,可以说变化惊人。"望着大大小小的邮件,尼玛拉木笑着告诉记者,偏远的山区修起了路、架起了桥,老百姓的日子一天比一天好。尼玛拉木所说的惊人变化,一是村村通了公路,去投递邮件可以坐车了,二是投递的主要物品由最初的电报和挂号信变为村民网购的各类商品。随着网络购物的普及，农村的邮政物流量越来越大。"每天约有 80 件左右。"尼玛拉木从中看到了群众增收的希望，她通过"邮乐购"电商平台，打通当地农产品的销售渠道，把水果、蜂蜜、松茸等 2000 多件农产品卖向全国各地，有效解决了当地农产品销售难和物流运输难的问题，为群众增收近 20 万元。

2019 年 8 月，用尼玛拉木的名字命名的劳模创新工作室入驻迪庆州青年创业就业指导中心，这让尼玛拉木"把乡亲们带向富裕"的心愿又向前迈进了一步。2020 年，她一个人帮助乡亲们销售了 4 万多元的农产品。"今年老乡们的收入会更多。"尼玛拉木说。劳模创新工作室开辟了劳模爱心邮路，设立了 5 个爱心邮路免费收寄点，为村民上门收寄特色农产品，实现足不出户即可将产品销往各地，带动村民增收的愿望。此外，收寄点还为群众免费捎转生活用品，延伸服务内涵。

（原载《云南日报》2021 年 6 月 10 日，记者：张帆）

杨继斌
——为了青春的承诺

杨继斌简介

第二届全国见义勇为道德模范。生前系云南农业大学体育学院06级学生。曾获得"云南省优秀共青团员""见义勇为优秀大学生""全国优秀大学生"等荣誉。

"我拥有农民憨厚而朴实的传统品德，我不敢保证会像鲁迅笔下的老牛一样，但我一定会做得更好。"杨继斌说。一个敢于在群众财产受到损失时挺身而出的云南农业大学学生，在他23年的短暂生涯里，胸怀崇高而远大的理想目标，坚守服务人民的强烈社会责任感，脚踏实地履行着这一青春的庄严承诺。

带着强烈的社会责任感，他在正义与邪恶的较量中，挺身而出，绝不放弃，用青春和生命捍卫了正义。

2007年1月15日晚，那是一个寒冷的冬夜，因放寒假从昆明返回老家腾冲的省内某高校学生，与高中时的同学杨继斌在夜班车上偶然相遇。简单的问候后，他们就在颠簸行进的客车上渐入梦乡。16日凌晨1时30分左右，当车行至楚大高速公路九顶山隧道外约2公里时，迷迷糊糊的这位同学突然发现随身携带的装有笔记本电脑的包是空的。此时正巧客车停下来，有3个身影正在下车，她的本能反应就是电脑被盗了。"抓贼啊！"随即便向车外冲去。然而，就在她尚未跨出车门的同时，她感到身后有一人抢先于她而下，并向车后有人影的地方追赶。"你们把东西还给别人，你们有点同情心，我们都是学生。"听到声音，这位学生才得知，那就是同学杨继斌。

黑夜中的高速路上伸手不见五指，不时过往行驶的车辆闪烁着刺眼的灯光，过后又是一片黑暗。这位女同学胆怯地放慢了脚步，是杨继斌勇敢的步伐，让她又鼓足了勇气，直到前方的搏斗声逐渐清晰，她才发现杨继斌一只手紧紧地揪住窃贼，另一只手捂住自己的腹部。面对紧追不舍的年轻学生，凶残的窃贼已抽出锋利的尖刀向他刺去……负伤后的杨继斌仍死死抓住窃贼不放，那种不容忍危害社会行为的英雄气概，让3个窃贼胆战心惊。"把东西还给他们，不要把事情闹大了。"窃贼们慌忙从背包里拿出盗走的电脑，并企图抽身逃跑。尽管窃贼在挣扎，尽管那位女生因恐惧担心在不停地捶打，杨继斌那只手仍紧抓着窃贼不放。然而，终因受伤体力不济，窃贼挣脱逃跑，杨继斌没追几步就倒了下去。随后追赶而来的驾驶员和那位学生迅速呼叫120，同时向警方报警，并将客车倒行了约400米，把虚弱无力的杨继斌抬上车。人们这才发现，杨继斌连鞋子都没顾得上穿，袜子早已磨破。尽管车子以最快的速度驶向大理市，然而，因锐器刺伤肝脏，致肝破裂失血过多，经大理市第一人民医院全力抢救仍没能挽留住杨继斌宝贵的生命。这一天距他过完23岁生日仅15天。

杨继斌走了，走得那么匆忙，让他的老师、同学及父母亲人难以置信，更难以承受。临行前，杨继斌来向体育学院党支部书记彭云请假时，有涵养有礼貌的鲜活身影还历历在目；出事头天，他与舍友陈兴能告别时，亲密拥抱的体温仍未散尽。班主任刘志坚向全班同学发去的短信，让每一个人都不愿意相信。

临近过年，杨继斌带着这学期太多的收获和成果要向父母亲人报喜；陪伴近80岁的爷爷歇几天；帮年迈多病的父母做农活。这次回家，他特意用节省下来的70多元钱买了洗发水和保暖内衣，要让节衣缩食的父母也享受享受。下学期开学，他与足球教师张剑平有个约定，师生一块练足球，改正自己踢球时的老毛病；大学毕业前，要接父母到学校里住几天，看看美丽的校园和友善的师生。

从经历过那场噩梦般的灾难起，受杨继斌帮助挽回财产损失的那位同学，曾经为此做过种种假设。假如没有发现电脑被盗，假如不追下车，假如杨继斌跑得慢一些……因为，她不愿意失去这样一位"优秀的同学，真正的好人"。

接到儿子在回家途中出事的消息，父亲杨之正犹如晴天霹雳，瞒着杨继斌的爷爷和母亲，他来到大理市的殡仪馆，抚摸着曾经充满生机的儿子早已冰凉的身体。全家3位风烛残年、半身残疾的老人唯一的精神支柱和靠山，就这样离他们而去，他老泪纵横，跪在儿子面前痛不欲生。随后闻讯的爷爷和母亲当场昏厥，全村300多户村民无不掉泪……

1月21日是大寒节气，也是一年中最冷的日子，杨继斌的骨灰被亲人们轻轻地撒进了大盈江。"儿子今生上了大学，有远大的理想，有未了的心愿，就让他顺着潺潺的江水走向大海、走向原野。"父亲说。

杨继斌见义勇为献出了宝贵的生命，然而，他在与窃贼搏斗较量中的浩然正气，挺身而出制止危害社会的行为和大无畏精神，却将与世长存。"在正义与生命面前，杨继斌勇敢地选择了正义！只要大家都来加入捍卫者的队伍，社会将正义永存！"杨继斌的一位老师高度评价。

父母师长的言传身教，让他秉承着淳朴善良的中华美德，形成了追求进步和学无止境的理想信念。

杨继斌之所以能在关键时候挺身而出,并非是一时冲动之举,而是他多年受到的良好教育的积淀升华。以务农为生的父母,恪守"勤劳起家、兄友弟恭、忠孝仁爱"的家训,言传身教地培养儿子纯朴、善良、勤劳、仁爱、尽孝、好学的品质。

3月28日,当两位老人在学校的邀请下,来到儿子生前生活学习过的校园和宿舍时,触景生情的父母搓揉着儿子单薄的床铺失声痛哭,因为,儿子永远无法兑现自己的承诺。两位淳朴善良的老人,在得知全家的精神支柱,父母养老送终唯一依靠的儿子永远与他们离别时,精神几乎崩溃。然而,纯朴的杨之正没有忘记,把学校在大理处理后事期间打车接送他们的车钱还给老师。面对着儿子生前为之挽回被窃电脑的学生,伤心欲绝的杨继斌父母没有说过非理性的话,甚至,连她家为儿子在医院抢救期间垫付的几千元费用,杨之正都要自己承担。他相信,即便不是这个学生,只要发生了危害他人利益的事情,儿子同样会冲上去,关心帮助别人,这是自己对儿子的教育。"既然事情已无可挽回了,就让自己一家人承受痛苦吧。"杨继斌就是生长在这样一个知书达理、善良淳朴的家庭中。

"我庆幸出生在这样一个家庭,感谢父母不断地教育我,在充满爱与道德的氛围中茁壮成长。哪怕生活怎样艰辛,能有如此家庭的儿子是幸运的。""我希望爷爷在我有能力尽孝道之前,依然好好活着,让爷爷为自己的孙子骄傲和幸福。"这是杨继斌写在笔记本上,永远无法亲口说给亲人的心里话。在父母亲人眼中,杨继斌是个善良懂事的孩子。每年假期回乡,都要陪着帮人守果园的爷爷住上几天,欣赏爷爷写的那一手好书法;会帮父母做农活、做家务,而且从不以大学生自居。即使是在身负重伤,被推进手术室之前,他都不忘为亲人着想。"手机上有家里的电话号码,考虑到父母的身体都不好,还是等做完手术后再告诉他们。"他细心地叮嘱同学。"一定要去看看他的父母,让他们知道自己的儿子有多了不起,同时也力所能及帮助解决一下家里的困难。"在杨继斌不幸去世后,云南农大分管学生工作的副校长唐滢按照学校党委安排,带着学校的1万元慰问金及一台彩色电视机,来到腾冲杨继斌家中。面对陈旧的房子、简陋的家具,以及处于巨大悲痛中仍不失淳朴善良本色的两位老人,唐滢对他们为社会培养出这样一位好青年而深表谢意。

"人之所以伟大,是因为目标伟大。"在高中时,杨继斌就为自己

杨继斌生活照

确定了人生的方向,"要在社会上实现人生价值,必须不断地付出努力。"走进已有70年办学历史的云南农大后,学校铸就的"开学养正,耕读至诚"的农大精神和"启发学者、培养正道、潜心耕读、至真至诚"的办学氛围,以及班主任、任课教师和党组织的关心引导,都为杨继斌健康成长,进一步树立正确的人生观、价值观和荣辱观提供了帮助。杨继斌家境贫寒,班主任刘志坚鼓励他:"要有信念有目标,人不能为暂时的困难所吓倒。""踢足球时要尽量简化动作,用最快的动作取得最佳效果。"张剑平一针见血地指出杨继斌喜欢展示脚下技能、动作花哨的不足。"进入大学,就好比是半只脚踏进了社会,要学会与人相处。"这是篮球课老师高婕经常与杨继斌交谈的话题。高婕倡导终身体育、快乐体育,并把这种观点积极付诸教学实践中。杨继斌特别认可这种教法,"我最大的梦想就是当一名快乐的体育老师,让大家都热爱体育"。正是老师们的言传身教,引领着杨继斌茁壮成长。

"不断学习是现代青年必不可少的生活内容,离开对知识的拥有,就不可能为社会的发展与进步作出贡献。"对于这棵不断追求思想和学习进步的好苗子,学院党组织进行了及时的关心、培养。2007年7月,杨继斌向党组织递交了入党申请书。"我深信马克思主义是真理,深信只有社会主义才能救中国。"杨继斌愿意成为党员队伍中的一分子,并用"诚心诚意地为人民谋利益,掌握做好本职工作的知识和本领,坚决同危害国家的行为作斗争"的标准来要求自己。在参加了学校团校培训并推优到党校培训后,他认真写下了自己的心得,逐步完善和实践着他求学生涯中的坚定信念。杨继斌牺牲后,根据他生前意愿和表现,云南农大追认他为中国共产党党员,杨继斌用生命践行了自己的追求。

胸怀理想目标,他在10多年的求学生涯中积极上进、不懈努力,成长为有理想、有抱负、德智体全面发展的优秀学子。

腾冲腾越镇小西中学的杨德增老师记得,杨继斌从来到小西中学初106班时,就在纯厚个性中透出一股英气,被班主任指定为临时班委。初中三年,作为班上的副班长兼体育委员,杨继斌在学习上一直是尖子。他是班上最早进入教室的不多的几个男生之一,无论老师是否在课堂上,杨继斌总是认认真真地"趴在他的书堆里"。更可贵的是,"这个学生勤恳扎实,遇到学习困难不躲避,总要想方设法去克服"。杨德增说。杨继斌足球踢得好,篮球打得好,田径项目也是一流的。他不仅靠自身的体育技能为班级争光,还以自己的热情来凝聚起班级的集体荣誉感。有一次篮球赛,杨继斌所在班级的球队遇到了强劲的对手,因实力差距悬殊,比赛一开始就大比分落后。就在队员们因泄气而疲于应付时,杨继斌站了出来,大声喊叫着激励队员,并身先士卒地前后奔跑,传球、进攻、投篮,用自己的拼搏精神激起队员的斗志和信心。比赛结果虽然以两分惜败,但却获得了学校额外颁发的拼搏进取鼓励奖。据杨继斌的高中同学回忆,他曾是班上起得最早、睡得最晚的人,课堂上他积极发言,甚至与同学就某些学习方法和观点进行激烈辩论。因为家庭贫困,他没有更多钱购买学习资料,摘录阅读书籍时的励志警句,抄写常用英文习惯用语,早已成为他的学习习惯。在他大学宿舍里留下的一份《人体生理学》复习资料上,他用信笺纸整理抄写的有关名词解释、问题解答复习资料,足足有10多页纸,清秀的字体让人难以想象,这竟是出自一位体院的大男生之手。

在云南农大体育学院教学管理系统里,杨继斌大一年级两个学期的成绩记录令人刮目相看。14门必修课程总平均分达到81.76分。其中,他所酷爱的各门专业课成绩绝大多数在80分以上,游泳、田径则分别达到90多分。思想政治理论课和英语课成绩分别达到88分和 85 分。在大一结束时，他以积点 3.17 分的优势，获得了在校内自选专业的资格。"将来想当个体育老师，教出比自己强的学生"。带着这样的目标和责任感，杨继斌特别珍惜学习机会。学院开设游泳课时，按专业基础编班，杨继斌因动作不太规范被编到中级班。此后的周末或课余时间，他总会自觉约上同学去练习游泳，最终以全班第一名的成绩通过了考试。

足球老师张剑平曾经对杨继斌这个"最能吃苦、最有激情、对足球最热爱的学生"寄予厚望。张剑平说，足球课对学生身体素质和毅力要求是最高的。每节课的耐力跑、爆发力和灵敏素质训练，每学期几次万米跑训练，杨继斌总是第一个做完，而且训练的质量很高。踢一场教学比赛，在赛场上要跑 7000 米至 10000 米的距离。对此，杨继斌从不言苦。张剑平说，正是凭着他吃苦耐劳训练出的基本技术，杨继斌在班级足球赛中总是担当踢前腰或前锋的重任，成为球队队员们在足球场上的核心。对待学业的责任感，不仅仅表现在他所酷爱的体育专业中，英语等文化课，杨继斌同样认真对待。"上英语课他总是坐在最前排认真听课，每天早上 6 点半起床背单词。"同学们对此都非常佩服。"我们建立习惯，然后习惯成就我们。"杨继斌良好的习惯感染着同学。大一结束时，全年级有 6 个同学因成绩优秀可以自主转专业，杨继斌所在的班级和宿舍就分别有 5 个和 3 个。在杨继斌牺牲后，学院党支部书记彭云悉心把杨继斌存放在家中的各类获奖证书进行了整理，其中有小学参加数学竞赛、初中被评为德智体成绩优良好学生、优秀学生干部等的奖状，更有大量中小学体育运动比赛成绩优异的证书。那些经岁月风雨侵蚀的奖状虽已斑驳变色，却见证着杨继斌勤奋好学、德智体全面发展的人生。

常怀感恩之心，他会体谅珍惜亲人的不易，自觉自愿为师生排忧解难，有他的地方不会缺少温暖。

在杨继斌高中同学的眼里,他曾是出了名的"小气"。平时,同学们约着出去玩,他从不参与,因为他体谅父母,舍不得乱花钱。周末放假回家,他骑的那辆自行车"除了铃铛不响,全车上下都在响"。学校食堂开办有多种伙食任学生自选,杨继斌总是选择一家价格便宜、但饭菜数量打得多的地方用餐,甚至整月整学期在那里包餐,从不愿意换换口味。因为这样既省钱又能吃饱。"我是一个喜、怒、哀、乐俱全的男孩,但我更懂得如何去珍惜,因为我深知自己的责任和父母的不易。"杨继斌在日记里这样勉励自己。在整理杨继斌随身携带的遗物时,同学们发现,简朴的行囊中除了他的几件早已洗得变色甚至破旧的衣裤,就只有几双卷得整整齐齐失去本色的袜子。在云南农大杨继斌的宿舍里,他的床铺单薄而简朴。所有的衣物和求学书籍,小小的一格储物柜就全部装下。床底下那几双早已磨破却洗得干干净净的运动鞋,见证着他清贫而努力的求学生涯。

"尽管家庭的困难和自身条件限制,但我并不灰心气馁,不仅要克服自身困难,还要为他人解决困难。"杨继斌不仅懂得体谅父母的艰辛与不易,在同学们需要帮助时,他总是尽力而为带给别人温暖与关爱。初中班主任杨增德记得,杨继斌因家距学校10多公里远而寄宿在校,他总是帮助没车且要走远路的同学。星期天收假返校时,杨继斌的车上又载着很多米袋,都是帮助同学顺路捎带的。他从家里带来的干薯条等零食,也常常让大家一起分享。杨继斌有副热心肠,他身边的师生都曾为此受益。在云南农大羽毛球教师李少华记忆中,杨继斌就是他的好助手。"羽毛球器材损耗大,每次上课,他总是主动把器材借来,换好球,从来不要我操心。"他对各类专业课的悟性较高,使他经常以准确到位而精彩的示范,成为老师教学的好帮手。同学吴绍灵记得,她在大一上田径课时,由于习惯性脚抽筋,无法继续100米冲刺跑训练。第一个跑过来的杨继斌,丝毫不介意地把她的脚抬起来搓揉，以缓解抽筋的疼痛。当时并不熟悉杨继斌的吴绍灵，为这种亲人般的关爱而感到温暖。同学和银山军训时不慎损伤了踝关节韧带，比他个子还矮几厘米的杨继斌背起他来就往医务室跑，同行的班长要替换杨继斌，听到的是一句朴实的腾冲话："没事，在家背洋芋背惯了。"和银山在一次足球赛中崴了脚，杨继斌又一次背着他，到医院挂号、拿药忙前忙后。"我一辈子都不会忘记他，杨继斌能够见义勇为挺身而出并不奇怪。"和银山说。

进大学后，杨继斌几乎没有添置过新衣服，几件常穿的运动服，大都是他参加各类比赛免费发的。相反，对于同宿舍的贫困生，他却尽力相助。一位舍友因为家里寄出的伙食费迟迟未到，杨继斌拿出了自己的饭卡。深知杨继斌家境的同学不忍心，杨继斌朴实地说："如果你还认我这个朋友，就不要客气。"对来自农村贫困家庭的舍友陈兴能，杨继斌常把自己参加比赛发的运动服送给他穿。这位兄长式的舍友去世后，陈兴能珍惜地在那件洗得半旧的运动服上，用拼音写上杨继斌的名字留作纪念。杨继斌是个细心人，每次放假回乡，总会把自己储物柜的钥匙交给陈兴能，让他需要穿或用时尽管拿。在云南农大读书期间，杨继斌的学费来源主要靠父母种田、养猪及爷爷守果园积蓄的钱。为了减轻亲人的负担，假期或周末，他都会想方设法做一些勤工俭学的工作，自强自立完成学业。尽管生活拮据，他从没主动向班级和学院申请过助学金。相反，他通过优异的成绩和品德先后获得了国家的一等助学金和省政府奖学金。"我是一个懂得回报的人，我承担着爱，我寄托着全家人甚至几代人的希望，我不能把这样的爱变为泡沫烟影，所以，我坚持着、努力着，从不放弃。"杨继斌在日记里道出了心声。

杨继斌去世后，张剑平老师把贴着杨继斌照片的笔记本放在办公桌上，他要"永远记住这个学生"。春季开学后，他和学校足球队员们商量,杨继斌从上学期加入校队后,还没赶上配发球服,他建议,把球队中的9号,也就是杨继斌最喜欢的那个号数的队服留给他。"赛场上只有11个人参赛,但杨继斌永远都和大家在一起。"他在自己所带的足球专项班上主动交了两份钱,执意要给杨继斌买一套。他知道杨继斌因为家庭贫困,连班级足球队统一购买队服时都没有买。他相信自己的心愿,一定会捎给长眠的学生。"虽然我们在不同的世界,但是我们的心永远在一起。"杨继斌生前酷爱足球,从初中时就伴随着他到大学的一个足球,早已磨损得面目全非。这个签有全班师生名字和寄语的足球,寄托着大家对心目中的英雄的无限哀思,将与他的英灵永远相伴。

"我要给自己一片没有退路的悬崖,一个向生命制高点冲刺的机会,否则就会不思进取,生命就不会有居高临下的辉煌。"这也许只是杨继斌激励自己战胜学习生活困难的励志警句,却成为他用生命履行的承诺。他用自己短暂而辉煌的青春,树立起当代大学生追求责任、理想、事业和爱心的光辉典范,书写出一道长存彩云间的人生华彩。

(原载《云南日报》2008年4月1日,记者:罗霞、李沙青)

邓前堆
——真情守护山区群众健康

邓前堆简介

第三届全国敬业奉献道德模范。云南省福贡县石月亮乡拉马底村乡村医生。曾获"全国卫生系统先进个人""全国优秀共产党员""最美奋斗者"等荣誉。

一袭白衣，一个药箱，走山路、攀山崖、过溜索。36年如一日，坚守着"一辈子给乡亲们看病"的初心，让患者的病痛在他手中减除，生命在他手中延续。邓前堆用36年的坚守，诠释着医务工作者的医者仁心和共产党人的忠诚使命。

溜索巡诊，他坚持了28年

2010年冬天里的一个深夜，福贡县石月亮乡拉马底村委会害咱村民小组村民开扒俄老人的房屋着火，开扒俄被火烧伤。乡村医生邓前堆接到电话，背上药箱，拿起手电筒，过溜索赶到害咱村，给老人清理创伤，打针输液，一直守护在老人身旁。开扒俄年纪大，过溜索不方便，邓前堆就连续一个星期过溜索进村，给老人换药打针，将老人的烧伤治好。

害咱小组的溜索，西岸一端非常低，从江东过溜，得抓一把草在手，快到西岸时用手"刹车"，否则就会撞到固定溜索的水泥桩上。一个星期，每天过一次，邓前堆用过的"刹车草"可以装一篮子。有村民劝他别冒那么大的危险，留下一些药给老人就行。

"给烧伤病人换药需要专业技术，还要看病情确定使用的药物，还是我亲自换药治疗才放心。"老人的病情渐渐稳定后，邓前堆每隔10多天就过溜索进村复查一次，直到老人彻底康复为止。

拉马底村大部分人生活在怒江西岸，以前没有桥，两岸群众只能滑溜索过江。村卫生室在江东，邓前堆到西岸出诊，得过溜索、爬高山、进密林。

邓前堆每月巡诊一次，至少得在怒江上滑10次溜索。从1983年到2011年，邓前堆在溜索上穿行了28年，经历了无数次冒着生命危险过溜索给村民治病的险情。

妻子达付恒以前最担心邓前堆晚上过溜索出诊。"天黑，什么也看不清楚，一手拿电筒，一手抓溜梆过江，太危险了。可只要有村民打电话让他去治病。不管过溜，还是上山，他挎上药箱就走，根本不管什么危险不危险。"

2011年11月，拉马底村连心桥、幸福桥建成通车，邓前堆"让乡亲们不再靠溜索过江"的心愿实现了。现在，到西岸出诊，只需背上药箱，轻快地走上连心桥、幸福桥就可以过江了。以前要走五六个小时路程的村组，他开上车，半小时就到了。即便如此，邓前堆仍保持着一个习惯，就是随身携带药箱，一个月坚持到各小组巡诊一次。从木制药箱到皮制药箱，36年来，邓前堆背烂了4个药箱，救治了多少病人，他也记不清了。

石月亮山脚下，有一个叫阿布王的地方，有几个老人在春种秋收时节会住在这里守护草果地。阿俄老人 70 岁了，儿子已搬下山，他舍不得阿布王大片的草果地，依然在这里劳作。为了给老人们检查身体、送药品，邓前堆得走 2 个多小时的山路才能来到这里。"阿邓医生说我血压高，不能太劳累。我听他的话，今年草果收割完，就下山和儿子一起过。"

36 年的乡村行医路，邓前堆一袭白衣，背挎药箱行走山野峡谷的身影，已深深印在乡亲们的心里，大家亲切地称他为"阿邓医生"。

"阿邓医生良心好，不管多远的路，不管有没有钱付医疗费，都会给我们看病。他来了，我们就安心了。"阿俄老人这样评价邓前堆。

阿邓医生的电话，拉马底的"120"

"阿邓医生，快来看一看，阿恰的病又加重了。"11 月 11 日 20 时，从怒江西岸巡诊回到卫生室，刚脱下白大褂准备回家吃饭的邓前堆，接到村民的求医电话，立即挎上药箱，急匆匆赶往病人家。

村民恰四恒得重病很长时间了，到各地医院治疗也不见好转，只好回村里养病。邓前堆经常给恰四恒输液，说一些宽心话。

村民邓阿先说："阿邓医生的电话我们都非常熟悉，他的电话也是我们拉马底的'120'，一天 24 小时都打得通。"

邓前堆服务的对象不仅是拉马底村 1090 名群众，还有相邻的马吉乡旺基独村委会博旺小组的 100 多名村民。36 年来，邓前堆信守"24 小时上门服务"的承诺，只要接到求医电话，不管刮风下雨，不论昼夜，总是随叫随到。

"11 月 20 日到 30 日，我到县医院参加培训，需要我上门诊疗的老乡们，12 月 1 日再联系。"19 日，邓前堆在微信群里给乡亲们报告

邓前堆过溜索出诊

自己去县里培训的行程。"现在大家都有手机，有什么事在微信一说，大家都知道。"邓前堆对现代通信给边远村寨带来的便利深感欣慰。

每当有空闲，邓前堆就背上竹篮，爬山入林找草药。他曾参加过省中医院的草药和针灸培训，还在亚谷一位老草药医生那里学了两年草药知识，并一直通过书本学习中草药防治方法、农村常见中毒的诊断与救治、常见病的针灸治疗方法。

"退耕还林后，生态环境越来越好，山林里到处是草药。用草药治病，乡亲们就少花一些钱。"邓前堆说。

今年初，邻村利沙底村委会一位妇女被毒蛇咬伤，因去县城的公路塌方，就来找邓前堆医治。邓前堆让患者住在家里，自己到深山找草药，早晚敷疗，一个星期后，患者痊愈回家，邓前堆分文不收。这些年来，他已治愈了30多名被毒蛇咬伤的村民。

"这几年村里的变化太大了。"邓前堆说。许多村民从山上搬下来，住上了新房子，发展了新产业，过上了好生活。村里新的卫生室建起来了，乡村医生从最初的 1 个增加到 3 个，群众小病小痛不出村的目标基本实现了。

时代在发展，村寨在进步。邓前堆也在不断学习新的医疗技能，用心掌握草药、针灸诊疗手法，给群众减轻病痛。

村民开堆得头痛病四五年，干不了农活。邓前堆用针灸治疗了 3 次后，开堆头痛状况缓解了很多，能下地干活了。

"多一种治疗手段，群众就多一分希望，少出一些费用。"邓前堆说。

能为群众看病，人生很有价值

宽大的房间里，墙上、玻璃柜里，"全国优秀共产党员""全国十大最美乡村医生""全国卫生系统先进个人""第三届全国敬业奉献模范""最美奋斗者"等奖状、奖牌整齐排列。

"这是党和人民给我的荣誉，更是我今后工作的动力。"邓前堆说。36 年的乡村医生生涯，他虽然有当村干部、外出挣钱的机会，可他和乡亲们感情很深，乡亲们把他当亲人，需要他，离不开他，他要尽心尽力，为乡亲们服务。

"当乡村医生，不是为了赚几个钱，而是一份感情、一份责任。在这里，能够为群众看病，活得很开心，觉得人生很有价值。"邓前堆最自豪的事情就是自己的服务得到了村民的认可。

2010 年前，邓前堆每月只有 154 元补贴，现在各种补贴增加到 2000 元。因常年劳累，55 岁的邓前堆身体状况不如从前了。但他仍然奔忙在卫生室和农户家中，用瘦弱的身躯守护着一方百姓的健康。

教儿子学中医知识，为村卫生室设备四处奔走，思考如何加强群众日常健康保健知识宣传，解决好农村群众中日益高发的"三高症"难题；为怒江乡村医生改善待遇鼓与呼，希望解决好乡村医生人才难留问题……邓前堆有很多干不完的事。

今年国庆，邓前堆到北京接受"最美奋斗者"颁奖，与新时代排雷英雄、时代楷模杜富国见面长谈。杜富国在危险面前，喊出了"你退后，让我来"的战斗口号，舍生忘死救战友的铁血担当；失去双手、双眼后坚持康复训练，每天收听广播、练习写字、学唱歌曲，努力圆"播音梦"的英雄精神，让邓前堆热泪盈眶。

"我们都在努力奔跑，我们都是追梦人。""不忘来时路，继续向远方。"习近平总书记饱含激情和信心的话语，让邓前堆激情澎湃，对今后的行医路信心满满。

参加庆祝新中国成立70周年大会的第三天，邓前堆就匆匆赶回福贡，回到他工作了36年的村卫生室，回到乡亲们身边。

"与杜富国这样的英雄相比，我做的事不值一提。是党培养了我，是乡亲们的信任和支持，让我干了36年乡村医生。只要身体可以，乡亲们需要，我就一直当村医，一辈子为乡亲们服务。"邓前堆坚定地说。

（原载《云南日报》2019年12月17日，记者：李寿华）

霜福伟
——只想做最真实的自己

霜福伟简介

第四届全国见义勇为模范。云南省文山学院2012级体育教育本科二班学生。曾获"云南省见义勇为先进个人"等荣誉。

霜福伟,男,文山学院2012级体育教育本科二班学生。2012年6月30日,在江边嬉戏的3名女童不慎被突然涌来的大浪卷入江中,刚好路过的霜福伟听到落水女童的大声呼救后,急忙赶到江边,眼看江水就要将女孩吞噬。没有丝毫的犹豫和迟疑,霜福伟便纵身跃入汹涌的江中,救起了一名女童。

在文山学院体育系田径场上,我们见到了不久前获得"全国见义勇为模范"称号的霜福伟同学。见到记者,霜福伟显得有些不好意思,他觉得自己没做什么惊天动地的大事情,想不到会受到这么多的关注,获得那么高的荣誉。

"我一直觉得自己只是做了应该做的事情,却获得这么多的赞美声和这么高的荣誉度。特别是能够在首都北京得到习近平总书记的亲切接见,真是太荣幸了,像做梦一般。"霜福伟说。

"你们或充满爱心、助人为乐,或见义勇为、舍生忘死,或诚实

霜福伟着民族盛装出席活动

守信、坚守正道,或敬业奉献、虔诚勤勉,或孝老爱亲、血脉情深。你们的高尚品德,温暖了人心,感动了中国,为全社会树立了榜样。伟大时代呼唤伟大精神,崇高事业需要榜样引领。"谈到去北京接受荣誉时的所见所闻,霜福伟印象深刻,特别是习近平总书记的讲话更是牢记在心,时时刻刻鼓舞着自己。

"作为一名当代大学生,我们不仅要有真才实学,更要树立正确的世界观、人生观和价值观,自觉践行社会主义核心价值观,进一步培养自己的道德情操。"霜福伟说。

作为我省唯一获此殊荣的在校大学生,霜福伟说:"我更加感觉到了肩上沉甸甸的责任感与使命感,我将把荣誉化作前进的动力,更加坚定自己的人生理想和信念,在责任和是非面前敢于担当,认真、务实地做好每一件事,珍惜这份难得的荣誉。"

"看到有孩子溺水,就一心想着把她们救上来,其他的顾不了那么多。"回忆那天的惊心动魄,霜福伟仍心有余悸,但谈到自己舍身救人的行为,流露出的却是淡然。

1994年5月,霜福伟出生在福贡县石月亮乡拉马底村一个普通的农民家庭,从小父母就教育他要做一个诚实守信、乐于助人和敢于担当的人。

"在一次足球比赛中，我不小心摔了一跤，扭伤了脚，霜福伟马上背起我跑去医院，到了医院发现没带钱，他二话没说，扭头跑回学校，把生活费全部取出来帮我垫付了医药费。"回忆起往事，同学刘勇仍十分感动。

这样热心助人的事情，在霜福伟身上实在太多，似乎随便问任何一位同学，都能列举出一二。

不仅在学校，放假回家，霜福伟还会邀约伙伴为镇上的孤寡老人做好事，挑水施肥、修家电、补房顶。"帮助别人是对自己人生自我价值的一种升华，道德就是用心用情用力帮助别人而不求回报。"他说，"这些事情周围很多人都在做，并没什么特别，我只是做了自己该做的事，今后如还遇到类似的事，我将一如既往地坚持下去。不管走到哪里，我都只想做最真实的自己。"

霜福伟表示，其实他从来都不觉得自己有什么了不起，只是做了自己该做的事。如今有了这份荣誉，突然感到了压力，感到了更多的责任和担当。他将继续做好自己，在学习之余，把更多的精力投入到各种志愿服务、公益活动中，做力所能及的事。

"今后我会加倍努力，做好自己，要让优秀成为一种习惯。"采访结束时，霜福伟对记者道出了今后的打算。

（原载《云南日报》2013年10月27日，记者：黄鹏、张登海）

杜正云
——三代人守护红军墓

杜正云简介

第五届全国诚实守信道德模范。云南省曲靖市沾益区花山街道遵化铺社区新发村村民,是杜家第三代红军守墓人。曾获得"中国好人"等荣誉。

盛夏,曲靖市沾益区花山街道遵化铺社区新发村松柏苍翠,村外的石老虎山下,一座红军墓碑上"红军烈士永垂不朽"的红色大字格外醒目,今年68岁的新发村村民杜正云站在红军墓前拉起了小提琴,《十送红军》悠扬动听的旋律回荡在山谷……

"我是杜家第三代守墓人,每到清明节和十月初十,我和老伴都要带着孩子为小红军扫墓,给孩子们讲红军为农民革命、红军部队对杜家托付的故事,让孩子们牢牢地记住小红军就是我们的亲人,红军恩情不能忘。"杜正云讲述起一家三代信守承诺守墓的故事:1936年4月初的一天,一支红军部队经过新发村,临走前将一位大约十八九岁、躺在担架上病得不省人事的小战士托付给他的外公、爷爷和大伯等人,但由于小红军病得太重,第二天清晨就病故了,一大家人商量后,一致同意把小红军当自家人埋葬在杜家祖坟。

"10多年前的一场大雨过后,小红军墓碑倒塌了,我自己出钱买

杜正云——三代人守护红军墓

杜正云在红军墓前拉奏小提琴

来水泥和沙子,约上村民进行修复加固,我在墓边栽种了一些竹子、松柏、核桃树,有空时就到红军墓去拉拉小提琴,为墓碑上的字描红。"杜正云回忆。如今,红军墓已经成为当地著名的革命传统教育基地,经常会有学校和单位到这里开展爱国主义教育活动。凡是学生或党员干部到小红军墓前瞻仰、进行革命传统教育,杜正云都会义务当起讲解员,为大家讲述红军故事。

"我爷爷说承诺过部队的事,我们杜家人就一定要做好,一定要把小红军墓守下去,把墓保护好,代代相传,传递好诚信的接力棒。"杜正云说道,"一诺千金,80余载守候,绝不辜负红军的托付。"杜正云一家三代用80多年的守候,践行着革命老区农民的笃信与忠诚,如今,已过花甲之年的杜正云仍然一如既往地坚守着"诚实守信"这一中华民族传统美德。

近几年,杜正云的儿子杜周恩在城里有了自己的事业,把辛苦了大半辈子的父亲接到城里。每逢周末或节假日,杜正云总爱回到老家新发村,他放不下家中的几亩土地,更放心不下石老虎山的红军墓,杜正云担心他老了看不好红军墓。儿子安慰他说:"您管不动了还有我呢,我们世世代代都会管下去的。"

(原载《云南日报》2019年8月4日,记者:张明磊)

农加贵
——扎根山村潜心教书育人

农加贵简介

第六届全国道德模范敬业奉献奖。云南省文山壮族苗族自治州广南县莲城镇落松地小学教师。曾获得"全国民族团结先进个人""全国模范教师""全国师德楷模"等荣誉。

为了一句"这里的孩子需要教育",他不顾世俗偏见和家人反对,毅然走进当时大家避而远之的"麻风村",成为村里的首位教师。扎根乡村35年来,他全身心扑在教育上,成为燃烧自己、照亮他人的"红烛";他俯首甘为孺子牛,一心一意为群众;他始终坚守共产党员的初心和本色,一言一行显担当。他,就是广南县莲城镇落松地小学教师农加贵。

35年前,农加贵第一次踏进偏僻、贫困的"麻风村",就被村民们的热情和孩子们对知识的渴望所感动,成为村里的第一位外乡人、第一位教师。多年来,他是孩子们的老师、保姆、炊事员,每天在教室与厨房之间奔忙,却从未叫一声苦,也没有向上级提出要一名帮手。他探索出复式教学法,既兼顾了繁重的教学任务,又提高了教学质量。在30多年的教学中,农加贵共招收了12个教学班(每3年招生一次)110名学生,送走小学毕业生8届,共96人。历届小学六年级毕业考试中，落松地小学始终在全县名列前茅。他四处奔走想办法，消除社会对来自这个"特殊"村子的孩子们的顾虑。如今，落松地村已渐渐远离了传染病，孩子们也在他的悉心教育下，走上了工作岗位。

最让农加贵牵挂的，还有落松地村的群众。农加贵是一名共产党员，也是村里唯一的知识分子，村民读信、写信，村组长写通知、阅读农用机械使用说明书，都要请他帮忙。群众家中的电扇、电视、收音机坏了，农加贵从不因工作忙碌而推辞，总是一有时间就帮忙修理，且从不收费，配零件也是他自己掏钱。曾经，从落松地小学到县城要走17公里的羊肠小道，步行需要3个多小时，山路上时常能看见农加贵奔波为村民们服务的身影。为了提高村民的文化知识水平，他开办了一个成人技术晚班，教群众识字，并讲解种植、养殖实用技术。由于村民们十分热情，技术班的上课时间从最初的每周两次增加

农加贵认真做教案

到后来的每周四次。

  2018年，农加贵被评为云南省优秀教师，获得奖金10万元。这一年，他的孩子还在读书，村里的老屋需要改造，爱人在家盘田种地也需要开支，但他却毫不犹豫地把奖金全部捐给县教育局，用于奖励长期在边远山村教书的困难家庭教师和因家庭困难读不起书的优秀学生。"这10万元够你在县城买一套商品房的首付款，你可以在县城买一小间门面房做生意，还可以买一辆车来开啊！"在家人和朋友看来，农加贵的这个举动有些不可思议。但在坚守乡村教育一线35年的农加贵心里，他懂得边远山区教师和家庭困难学生的不易，更懂得群众对改变孩子命运的热切期盼，更懂得共产党员身上那份沉甸甸的责任。

（原载《云南日报》2021年7月9日，记者：李正雄）

吴建智
——双手托起两个人的未来

吴建智简介

第七届全国孝老爱亲道德模范。云南昭通学院学生。曾获"云南省大学生年度人物""云南青年五四奖章"等荣誉。

吴建早、吴建智两兄弟是昭通市巧家县老店镇法土南村人。2001年的一天,年幼的吴建早出于好奇,伸手去触摸变压器上的绝缘瓷片,被高压电流击中,从此失去了双臂。

愧疚的父母开始培养吴建早用脚代替手,穿衣、吃饭和洗漱。尽管父母文化程度不高,但他们知道,要让双手残疾的儿子自食其力生存下去,必须读书。为此,他们让年幼的吴建早在入学前便用脚练习写字。

2006年,8岁的吴建早和比自己小两岁的弟弟吴建智一起入学,并同班同桌。从那时起,为哥哥洗澡、洗衣服、穿鞋子……成了弟弟吴建智的"必修课"。

每天早上起床,吴建智总是用最快的速度穿好衣服、叠好被子,立即帮哥哥打来洗脸水、漱口水,并将牙膏挤好。自己穿好衣服的吴建早则坐在凳子上开始洗漱。收拾好之后,吴建智将自己和哥哥的书包往身上一挎，兄弟俩径直朝着教室的方向走去。晚上回到寝室，给吴建早洗漱完毕后，吴建智还要把哥哥换下来的脏衣服洗干净，晾起来。忙完哥哥的事情后，吴建智才开始料理自己的事。10多年来，吴建智总是寝室里最晚睡的人。

2018年高考，吴建早用脚答题，考了404分，吴建智考了480分，超过了云南省二本线50分。这意味着相差76分的兄弟俩如果还像以前那样一起上学，吴建智可能就要放弃上本科，而如果是分开上学的话，吴建早就要放弃读书。

"这么多年来，我感觉最苦恼的日子就是填报志愿前几天。如果只考虑自己，我想走出云南，报一个医学类的专业。"吴建智说，"与哥哥已经是彼此生活中的重要存在，不可能由着自己的心意去填报志愿。"

吴建智、吴建早两兄弟在学习交流

情急之下，吴建智在网上发出了一封求助信，希望社会各界能帮助他们。信中写道："我希望能和哥哥在一起，帮助他完成梦想。也许一件事，别人花十分钟就能完成，他却要花两倍甚至更多的时间。他已经超越了许多正常人，他的精神、他的毅力、他的坚持，令我为他骄傲。可是哥哥如果没有我的照顾，就无法继续上学，我不想哥哥的大学梦因此破灭。"

求助信在网上迅速被转发，好几所院校联系了兄弟俩，最终他们选择了昭通学院。哥哥吴建早填报的是计算机科学与运用专科，弟弟则填报了本科专业电气工程及自动化。学校还特意把不同专业的兄弟俩安排在一个宿舍。

由于家庭贫困，兄弟俩申请了助学贷款，还有爱心人士在资助他们完成学业。按照两兄弟的计划，他们将在学校开展勤工俭学，帮助家里减轻经济负担。

谈及未来，吴建智希望哥哥能像张海迪一样，活出不一样的人生。"一辈子的路很长，我要一直做他的双臂，帮助他完成梦想。"吴建智说。

（原载《云南日报》2019年12月5日，记者：李翕坚）

张顺东、李国秀
——"一只手 + 两条腿"拼出幸福生活

张顺东、李国秀简介

第八届全国孝老爱亲道德模范。云南省昆明市东川区乌龙镇坪子村村民。曾获"全国脱贫攻坚奖奋进奖""感动中国2021年度人物"等荣誉,其家庭被评为"全国最美家庭"。

多年来,张顺东、李国秀夫妇凭借"一只手 + 两条腿"相依为命、自强不息,在战贫斗困中奋发、奋斗、奋进,书写出"无脚踏出脱贫路,无手撑起半边天"的感人事迹。

两个孩子是用双脚抱大的

张顺东、李国秀夫妻俩都是一级残疾。丈夫右手和双脚先后截肢,只剩下一只左手;妻子生下来就没有手,只有一双脚。在常人眼里,他们并不适合组建家庭。

"当初,我到她家提亲时,她哥哥不同意,她本人也不同意,怕两个残疾人在一起无法生活。"张顺东说,他并没有放弃,最终以真诚打动了她,组建了这个特殊的家庭。

张顺东、李国秀——"一只手+两条腿"拼出幸福生活

张顺东、李国秀夫妇

结婚后,他们经历了短暂的甜蜜,但生活中的各种困难相继而来。家里贫穷、住房破旧,感觉"日子过得像爬大山一样难,两人想死的心都曾有过,觉得自己的命实在是太苦了"。

随着两个孩子的出生,一家人的生活更是雪上加霜。李国秀常常流着泪说:"我这一生最大的亏欠,就是不能给孩子一个拥抱。别人家的孩子都是用双手抱大的,而我家的两个孩子是用双脚抱大的。"

我是你的手,你是我的脚

家中有小是个宝,儿女是全家人的希望。"决不能把贫困传给下一代,再苦再难也要供孩子读书。"

不论天阴还是下雨，常常是别人还没有起床，夫妻俩就上山找猪草，下地种庄稼。

"靠养牲口、种庄稼增加收入，是我们靠自己努力能够做到的。"张顺东说，"妻子虽然没有双手，但她的脚像手一样灵活、有力，煮饭、喂牲口、针线活等家务，她样样能干；除草、收花生、种红薯等农活，她样样在行。"

夫妻同心，黄土也能变成金。面对困难，张顺东总鼓励妻子说："我是你的手，你是我的脚，没有什么坎过不去。"夫妻俩就这样相互扶持着走过了一个个春夏秋冬。

春天，他在山沟山洼围水，她在稻田里用脚插秧；夏天，他修枝打杈，她在地里除草；秋天，他用一只手掰苞谷，她背着篮子站在地里接着；冬天，他劈柴、生火，她缝补衣服、教孩子读书。

"生得再平凡，也是限量版。"张顺东说，"身体残疾并不可怕，可怕的是不能直面生活、改变命运。"所以，在自身奋力拼搏苦干的同时，他还担任残疾人联络员，为村里的87户97名残疾人提供联络服务。他坚信，一根草顶一颗露水珠，只要自立自强、奋发向上，每个人都会像小草一样活下来，残疾人一样能够脱贫奔小康，过上幸福美好的生活。

党的政策好，我们很幸福

白天忙着栽秧、薅谷子，晚上还要去放田水。张顺东被电击伤的双脚因经常泡在水里而发炎，加上没钱医治，2013年时右脚溃烂得厉害，晚上洗脚就是一盆红水，不得不截肢。幸运的是，国家给报销了2万多元医药费。

张顺东、李国秀——"一只手+两条腿"拼出幸福生活

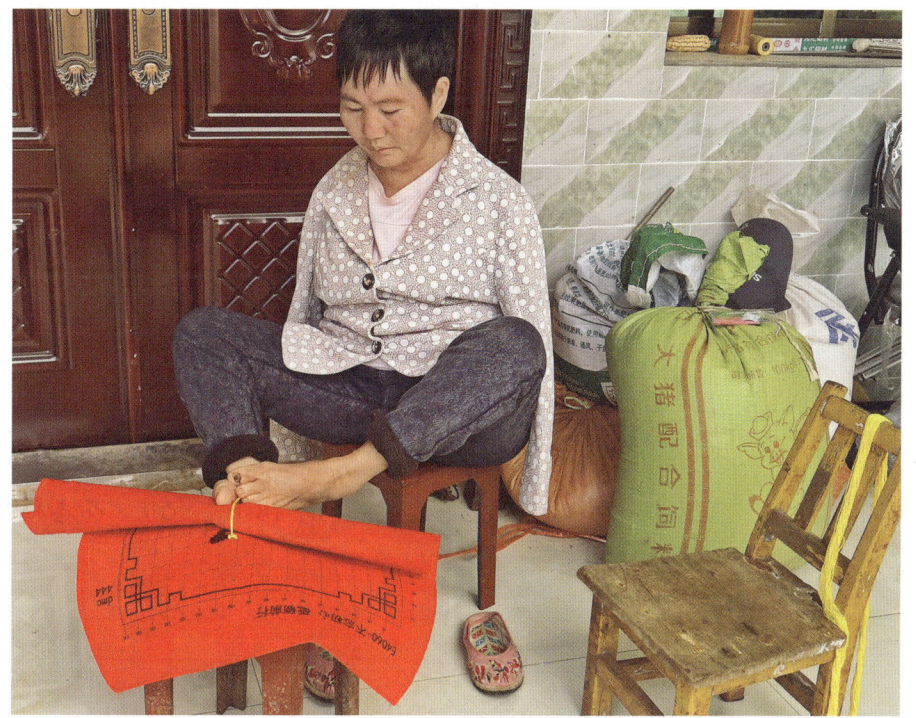

李国秀用脚干活

手术后,张顺东筹钱买了一辆三轮车作为代步和生产工具。2017年,政府补助他们家5.1万元盖新房,料子全是他一车一车拉的。工期紧张时,他白天拉、夜晚拉,一天拉20多趟,连续拉了1个多月,仅运输一项就为家里节省了1万多元。

新房盖好了,他也累垮了,左脚严重发炎,先后做了两次手术。

疾病无情人有情。东川区委、区政府确保各项政策逐一落实到位,还安排挂钩联系干部定期走访、帮扶,为他们解决思想上的问题和困惑,帮助他们坚定脱贫奔小康的信心和决心。乌龙镇党委、政府和坪子村党支部及相关帮扶单位,经常帮助他们解决生产生活中的困难。2019年6月,李国秀生病无法劳作时,村里便组织群众帮助他们把5亩红薯秧全部种了下去。

如今，在各方的关心帮助下，张顺东成功安上了假肢；女儿顺利大学毕业，成为一名教师；儿子初中毕业后参加技能培训，正在靠勤劳的双手实现务工增收。张顺东还买了一台电脑，积极参加残疾人电商培训，希望把更多特色农产品放到网上去销售，找到一条增收致富的新路子。

"党的政策好，我们很幸福。"张顺东说，妻子用双脚一针一针绣出了"感恩党、听党话、跟党走""忆党史、颂党恩、跟党走""不忘初心、砥砺前行""永远跟党走"4幅刺绣，字字句句都是心里话。

（原载《云南日报》2020年10月18日，记者：茶志福）

六、撸起袖子干

——"最美奋斗者"获得者

为隆重庆祝新中国成立70周年，学习英雄事迹、弘扬奋斗精神、培育时代新人，2019年9月25日，中央宣传部、中央组织部、中央统战部、中央和国家机关工委、中央党史和文献研究院、教育部、人力资源社会保障部、国务院国资委、中央军委政治工作部决定，授予张富清等278名个人、西安交通大学"西迁人"爱国奋斗先进群体等22个集体"最美奋斗者"称号。

他们是新中国成立以来各地区、各行业、各领域涌现出来的先进人物，他们的奋斗事迹激励广大干部群众自觉把自身的前途命运同国家和民族的前途命运紧密联系在一起，为决胜全面建成小康社会、夺取新时代中国特色社会主义伟大胜利、实现中华民族伟大复兴的中国梦贡献力量。云南省共有杨善洲、高德荣、杜富国、史光柱、邓前堆、郑垧靖、铁飞燕7人获得这一荣誉。

史光柱
——黑暗中的追梦人生

史光柱简介

中国人民解放军77283部队原副政委,大校军衔退休,对越边境自卫还击作战一级战斗英雄。曾获得"战斗英雄""全国自强模范""全国十佳卓越人物""双百人物""最美退役军人""最美奋斗者"等荣誉。

助理员打过招呼后,史光柱摸着墙,从卧室缓步走到客厅中央,热情地与来人握手后,在沙发上坐下。

在他临时居住的家里,我们见到了从北京回昆明讲课的史光柱——这位景仰已久的英雄。

他是一位双目失明的人,1963年出生于曲靖马龙,18岁入伍。

1984年4月28日,收复老山的战斗打响时,他才21岁,风华正茂。激战中,他临危受命,在4次负伤、8处重伤、双眼球被炸出的情况下,带领全排收复两个高地,出色完成了战斗任务,荣立一等功,被中央军委授予"一级战斗英雄"荣誉称号。

35年来,他勇敢直面人生,一直保持奋进姿态,在黑暗中艰辛摸索前行的路,追梦不止,玉汝于成,成为作家、音乐家、演讲家……走出了人生的别样路。

一首唱响祖国大地的《小草》

"没有花香,没有树高,我是一棵无人知道的小草……"

1985年,央视春节联欢晚会。

从战场上撤下的战斗英雄史光柱受邀来到舞台上,深情唱着《小草》,他那一身军装、佩戴墨镜的形象迅速传遍大江南北,走进千家万户。

今天,作为军人的史光柱已经淡出人们的视野,但他的英雄事迹却从未被忘却。在网络上搜索他的名字,战斗英雄、作家、音乐家、演讲家……无数关于他的信息扑面而来。

在新中国成立70周年庆典前夕,他被邀请去人民大会堂参加"最美奋斗者"颁奖仪式,很多人慕名走近求合影。

1984年4月28日,收复老山的战斗正式打响。

战斗进入白热化状态,史光柱所在的驻滇某部2排是尖刀中的尖刀,在向敌某高地进攻中,2排长刘朝顺被炮弹炸成重伤,很多战友牺牲,于是,作为代理排长的史光柱临危受命,组织继续冲锋。

"死也要死在顶峰!"他在枪林弹雨中怒吼着。

冲锋中,一枚地雷被踩响,史光柱再次负伤。左眼球被炸出,右眼也被弹片击中,血肉模糊,天旋地转。

他强忍着剧痛,又一次向山顶发起了冲锋。

炮火将整个山顶都炸翻了,史光柱在喊杀声中重重倒了下去……

他从战地上醒来,问的第一句话就是:"高地拿下来没有?"

连长哭着说:"史光柱,高地拿下来了,你的任务完成得非常出色。"

那场战斗中,史光柱身负8处重伤,双眼球被炸伤……

史光柱——黑暗中的追梦人生

史光柱

战前，史光柱向连队递交血书，请求担负最艰巨的作战任务："宁可前进一步死，也决不后退半步生。"

后来，他的英雄形象被画成连环画、油画，英勇事迹被谱成歌曲、写成故事，传遍祖国大江南北，《勇士强者史光柱》成为几代人的记忆。

"上战场前，我只想到了死，尤其是没想到双目会被判处死刑……我肆无忌惮地哭。"史光柱在其回忆文章中记录了那段心境。

21岁，正要享受阳光四射的生活，他却从此告别了光明。得知儿子的噩耗后，史光柱的父亲突发心脏病，不久就撒手人寰，母亲也不堪重击，身患疾病长达数十年直至去世……

"我知道，今后伴我的将是茫茫黑暗。"史光柱回忆起那段难熬的时光时说。

用笔射出的子弹同样可以击中目标

时至今日，史光柱对那场战斗的场景记忆犹新，但他更愿谈这些年来他一直坚持做的几件事。

"既然连死都不怕，还怕活吗?!"走下战场，史光柱再次挺起了军人的脊梁，努力在黑暗中敲打着未知的路面，寻求着认知未来的新方式。

在人们的指点帮助下，入伍前只有初中文凭的史光柱开始学习盲文。1985年6月，还在上海一家医院进行康复治疗的他通过自学在当地报纸上发表了处女作《我恋》。

　　我恋春天的翠绿——生命的象征；

　　我恋夏日的火红——奔放的热情；

　　我恋秋天的金黄——硕果累累；

　　我恋冬日的洁白——纯洁坚贞……

这首自己口述、由护士帮忙记录下来的诗一经发表便引起极大震动。

小诗写出了他对光明的渴望、对生活的热爱，从此，他的创作欲望一发不可收拾。

1986年，他被成立不久的深圳大学中文系破格录取为本科生。史光柱用录音机把老师讲的课录下来，一遍遍地听；请同学帮忙读书给自己听；把信纸叠出折痕，摸索着沿着折痕写字；学校专门设置口试……

"有听不懂的字，我就请别人用手指在自己的掌心上边写边解说，我一笔一画地去感受，一个字一个字地去领悟。" 4年的大学生活里，史光柱付出了常人难以想象的艰辛与努力。

1990年7月，凭着强大的恒心和毅力，他修完了将近90门课程，大学毕业，成为我国第一位获得学士学位的盲人。

"上大学拓宽了我的知识面，重塑了我的思考方式，也极大增强了我的自信心。"史光柱说。

1994年12月，他的第4本诗集《眼睛》出版，随后诗集《寸爱》出版，中国作协专门召开研讨会，并提出"史光柱诗歌现象"，引起文学界关注。

1997年，他深入西藏采风，壮美深邃的雪域高原秘境、艰苦卓绝的边防官兵生活，让他深深震撼。回来后，他写下了28万字的《藏地魂天》，一篇篇触摸、感受、听出来的文章，或纯朴自然，或自由奔放，或荡气回肠。中国散文学会、纪实文学联谊会联合举办的"中华之魂"文学评选活动给予此著作最高奖的褒扬。

30多年来，他笔耕不辍，记录生活，壮志抒怀，发表诗歌、散文、游记等作品700余篇，获包括鲁迅文学奖在内的国家级文学奖21次，出版《我恋》《寸爱》《藏地魂天》《春天，我的春天》等多部诗歌、散文集、音乐专辑，10多个国家翻译出版其作品，传播其励志故事。

"用笔射出的子弹同样可以击中目标。"史光柱说，"我就是一个战士，从一个高地转到另一个高地，以笔代枪，牢牢地守住属于自己的阵地。"

"光柱的诗是血写的诗，是心灵历程的深刻而真诚的记录，这样的诗震撼人心，卓绝独立，将不朽永存！"比较文学大家乐黛云如是评价。

在史光柱诗歌自选集《阳光一点》的封底，著名诗歌评论家谢冕推介说："他的语言短促有力，如起床号，如跑步声，有震动感，尽显军旅本色。"

"光柱在他的散文里给读者的这些光亮四射的思想，是一种力量，光明的力量，向上的力量，正能量的力量！"当代散文家王宗仁高度评价其散文。

做些有意义的事情

"一路走来，我始终认为，一个人生命阳光，才会给人阳光；心明亮，才会给人光明。"这是史光柱的诗，也是他的生活哲学，更是他的实践。

"战士无畏，英雄忘我。"黑暗中的史光柱选择了"力所能及地做些有意义的事情"这条路。

除了文学创作，他多年来受邀在全国巡回演讲近 3000 场次，听众达数百万人次，其励志故事影响了无数人。

2006 年，史光柱从中国人民解放军某部副政治委员的岗位上提前退休，成为北京市丰台区第一干休所的一名军休干部。

在一次走访中，他知悉了伤残战友的困顿境况后，几日忐忑不安、惆怅不已，毅然站出来，四处奔走，帮助战友解决困难。

"一个人的力量极为有限。"2014 年，史光柱用积攒的稿费和工资注册成立了北京助残爱心公益促进会，奔忙在公益事业最前线。

在一次公益活动中，一位有轻生念头的残疾年轻人被史光柱的励志故事所震动，在后来的通信中，史光柱与其倾心交流、给其鼓励。

近年来，史光柱带领身边的爱心人士直接帮扶特困人群 1.7 万余人次，个人救助的人员多达 2000 余人⋯⋯

"让更多的人心中有爱，也许你的只言片语就能帮人搭起终生的桥梁。"慈善路上，史光柱常将这句话挂在嘴边。

史光柱曾被评为"全国自强模范"，在"为新中国成立与建设作出突出贡献的双百人物"评选中荣获"感动中国人物"⋯⋯

黑暗中的追梦人生，一级战斗英雄一生都在战斗！

（原载《云南日报》2019 年 12 月 15 日，记者：左超）

郑垧靖
——牢记使命　丹心为民

郑垧靖简介

生前为龙陵县平达乡党委委员、宣传委员、乡党校教员。曾获得"最美奋斗者"等荣誉。

脚穿黄胶鞋，身背旧挎包，风尘仆仆地奔走在乡村邻里之间。郑垧靖生前在老百姓心中定格了一位基层宣传工作者的感人形象。

郑垧靖，1971年8月生，生前系龙陵县平达乡党委委员、宣传委员。1992年从原保山地区师范学校毕业后，他被分配到距县城100多公里的木城乡鱼塘垭口小学任教。2003年，郑垧靖从教育战线转行从事宣传工作。

2009年12月14日，在龙陵县平达乡河尾村村干部民主评议会暨第三批学习实践科学发展观活动专题组织生活会上，郑垧靖作主题发言时，突发大面积脑出血，经抢救无效去世，年仅38岁。2011年，中共中央组织部追授郑垧靖同志为"全国优秀共产党员"。2019年9月，被授予全国"最美奋斗者"荣誉称号。

"门外汉"变成"多面手"

在龙陵县宣传系统,郑垧靖是出了名的"多面手":提笔可以写文稿;走进广播室就能播报;拿起相机能拍照片;他还能拍摄视频,并独立完成后期制作……

其实,2003年才转行从事宣传工作的郑垧靖也有过迷茫。但他总是说:"学习是干好一切工作的源泉。"不会摄影、摄像,他就对照说明书琢磨;不会用电脑,他就买来资料钻研;平日里大量阅读报纸杂志,上网浏览新闻,学习写作。

刻苦自学,让郑垧靖迅速从一个"门外汉"成长为能说会写的宣传干部,随后又成了全乡第一个熟练掌握电视新闻采编制播和平面设计技术的人。

在平达乡政府同事们的记忆中,郑垧靖7年如一日,他白天扛着

郑垧靖(右一)走进田间宣讲政策

摄像机和数码相机翻山越岭，走村串寨，采写新闻；晚上，拖着疲惫的身躯回到办公室，顾不上喝一口水、擦一把汗，就打开电脑开始写稿。

郑垧靖生前有一个工作习惯，当天采访的内容，就要在当天写完稿子。因此，他办公室的灯，常常是平达乡政府大院最后关闭的那一盏。

"乡里的每一次活动，都能看到他忙碌的身影；每一项重要工作，都能见到他采写的新闻稿件和图片资料。"同事们至今还清楚地记得。

辛勤耕耘结硕果。从事宣传工作近7年，郑垧靖这个"土记者"采写的新闻稿件先后被省、市、县级媒体采用200多篇。平达乡的外宣成绩名列全县前茅，郑垧靖也先后被评为"保山市优秀乡镇宣传干部""龙陵县对外宣传先进个人""龙陵县宣传思想工作先进个人"。

把党的声音送进千家万户

每天早上7时，"平达之声"广播总会准时响起，把党的惠农政策、科技法制知识、乡间新闻趣事，传递到偏远山乡3000多户群众的耳畔。

2008年1月15日中午，郑垧靖搬回一堆高音喇叭到平达乡政府，鞋子没脱就爬上梯子安装设备。他兴奋地喊着："我们有阵地了。"

当"平达之声"广播回荡在平达坝子上空，郑垧靖的同事们看到了"阵地"的威力：有了"广播会议"，村组干部不用跑乡里就能开会；邀请本地致富能手现身说技，群众致富有了奔头；开通热线电话，乡政府分管领导直接为群众解惑释疑；河尾村、黄连河村、安乐村的傈僳语与汉语双语广播，让各民族之间更加亲近……

小广播派上大用场。2009年，平达乡成为龙陵县推广"党的声音进万家"试点。

平达乡是一个多民族聚居乡，有2.6万人，其中20%的群众是傈僳族、彝族、傣族等少数民族。多年来，该乡把劳务输出作为重点产业来抓。许多青年外出务工后，在家的亲人始终放心不下。郑垧靖在下乡采访时，不少农民群众向他反映，孩子外出打工，虽然可以通电话，但心里总觉得不踏实。

群众利益无小事。郑垧靖在心底记下了乡亲们的愿望，开始思考解决途径。

龙陵县的县乡视频会议系统自2005年7月投入使用后，成功召开了多次视频会议。郑垧靖心想，为什么不充分利用该视频系统，为外出打工青年和在家的亲人搭建一个快捷方便的平台呢？

从2005年9月开始，郑垧靖征得乡领导同意后，利用视频会议设备，与广东惠州锦多玩具公司和保山市工商联相互开通了QQ聊天视频电话。截至2009年12月，全乡就有1000多人次到乡政府使用视频电话，尤其是平达街子天，农民群众更是排着队与亲人对话。"视频对话解心结，千里亲情一线牵"一时传为美谈。

利用视频网络，郑垧靖还让外地姬松茸种植收购大户陈波了解了平达。2008年，陈波来到平达发展姬松茸产业，每年为平达农民创收200多万元。

近7年时间，在龙陵县平达乡的田间地头，郑垧靖把党的方针政策传送到千家万户，把宣传思想工作做到乡亲们的心坎上。

情倾山村的基层宣传干部

郑垧靖生前常说："现在农民还不富裕，我们只有带头干，把工作做在前面,群众才会相信和支持我们的工作。"无论在哪个岗位上,他都忠诚地践行着自己的诺言。

郑垧靖生前虽然只是一名乡党委的宣传委员,却经常干"分外"的事,无论是挂钩村寨发展经济,还是全乡信访、综治维稳工作的重担,他都扛在肩上。在先后挂钩的5个村,他带领群众种山葵、烤烟、石斛,为群众办信贷、跑销路……不论事情大小,不管分内分外,他都干得有声有色。

位于平达乡西北部大山深处的黄连河村,是一个傈僳族村庄。这里山高坡陡,生存环境恶劣,村民的经济收入主要靠卖木料、养殖生猪等,农民群众的生活水平长期位于全乡的下游。当地老百姓说,黄连河是因为历史上傈僳族人的生活比黄连还苦而得名。

黄连河村的发展成了平达乡历届党委、政府最牵挂、最头痛的"难点村"。

2003年,乡党委、乡政府根据黄连河地处冷凉山区的特点,开始引进山葵产业在村里发展。但是,由于群众缺乏山葵种植技术,对市场缺乏了解,直到2007年底,这项产业仍然徘徊不前,面积小、产量低、效益低。当地群众对发展山葵产业的信心也一天天下降。

就在2007年底,乡党委委员、宣传委员郑垧靖被派往离乡政府最远的黄连河村抓山葵产业。

对于山葵产业,郑垧靖也十分陌生。接到任务后,郑垧靖买来了一大堆书籍,如饥似渴地自学有关种植技术。驻村后,他与干部群众反复研究村情,并理清了发展思路,统一了群众思想。

郑垧靖充分发挥宣传干部的优势,千方百计向傈僳族群众宣传党的政策、农村发展形势、产业政策等,让当地傈僳族群众重新找回了发展山葵产业的信心。2008年初,黄连河村的山葵面积从原来的不足100亩增加到312亩,种植户200多户。

熟悉农村工作的郑垧靖深知：农作物的种植向来是三分种、七分管。为了不让群众利益遭受损失，他积极协调公司技术员到村里开展技术培训、到田间地头指导农户生产……每一个环节，他都认真细致地检查督促，掌握群众的思想动态和实际困难，并详细做好记录。特别是在山葵采收期间，他坚持与农户一起采收、分级、打包、装车、送货……每天都要忙到深夜。农民群众的事成了他的"分内"事，他把自己完全融入了这个大山深处的少数民族村寨。

功夫不负有心人。2008年，黄连河村的山葵产业有了新的突破，实现产值50多万元，全村农民人均可支配收入达到2100元。"发展山葵以前，一户人家一年也就1000元左右的收入！"村民们说。

村民余文孝家2008年种植了2亩山葵，收入1万多元。家里不仅更换了电视机、电饭煲等家用电器，还建起了洗澡间，安装了太阳能。

"一年四季都能洗上热水澡，这在以前想都不敢想。"余文孝的老伴说，"是郑垧靖老师给乡亲们带来了新生活。"

丰碑无语，行胜于言。郑垧靖把年轻的生命无私地奉献给了他热爱的平达人民。如今，以他名字命名的"郑垧靖基层宣讲团"，队伍正在不断壮大，党的声音又一次次走进了千家万户。

斯人已逝，浩气长存。在开展第二批"不忘初心、牢记使命"主题教育中，保山市和龙陵县都把郑垧靖作为守初心担使命的先进典型，再次掀起了学先进、找差距、办实事、促发展的热潮。

（原载《云南日报》2019年12月17日，记者：李建国）

铁飞燕
——奋斗是青春最美的姿态

铁飞燕简介

云南交通投资建设集团运营管理有限公司昆明东管理处团委副书记。曾获得"中国大学生年度人物""全国三八红旗手""云南省五四奖章""云南省见义勇为先进个人""云南省道德模范""云岭楷模""最美奋斗者"等荣誉。

我的祖国和我,像海和浪花一朵;浪是那海的赤子,海是那浪的依托……从"最美奋斗者"表彰大会回来的铁飞燕,用一句歌词表达了心声。在她看来,自己只是大海里翻腾着渺小正能量的一朵浪花,这一称号于她而言既是光环亦是使命,激励着她一如既往地不断前行。

从英勇救人的"最美90后"到扎根基层的"最美奋斗者",多年间,铁飞燕获得过无数的称号,转变过许多不同的角色,唯一不变的是她不断奋斗的底色和不忘初心的坚守。敬畏生命,甘于奉献,这只来自乌蒙大山里的"燕子",飞过千山万水向人们讲述着她的故事。

全面建成小康社会　云南奋斗者

勇于担当青春无悔

铁飞燕最初走进人们的视野时，只不过是个 18 岁的女孩。

2010 年，铁飞燕与父亲在四川绵阳旅游时，偶遇大桥的施工钢架发生险情，多名农民工落水。她奋不顾身跃入河中，救起奄奄一息的修桥工人后离开……因为这一善举，这位侠义女孩的神秘面纱被揭开。

那时的铁飞燕还只是云南交投集团昭通管理处普洱渡收费站的一名收费员，在同事眼里，她就是个热心肠的人。17 岁时，铁飞燕捡

铁飞燕（右）与群众交流刺绣经验

到一名弃婴，还未成年的她毅然选择担当起"妈妈"的角色，给予孩子亲情寄托；18岁时，铁飞燕开始步入工作岗位分担起了家庭的重担，还不时用微薄的工资资助贫困家庭孩子；救人获得见义勇为奖金后，铁飞燕慷慨地捐赠给了自己母校的孩子……随着她不为人知的事迹不断被曝光，"最美90后""见义勇为女英雄""荣誉市民"等各式各样的荣誉称号铺天盖地而来，这个善良勇敢的女孩开始被人们关注。

她在自己的博客里写道："每个生命都值得被尊重，这是我应该做的选择。我也只是一个平凡的女孩，并没有别人说的那么优秀。"说得简单洒脱，但是对很多同龄人来说，这样的小事做起来并不容易。"为了收养孩子，铁飞燕遭受了很多流言蜚语；为了帮助别人，她自己身上经常没几个钱；为了按规定收取通行费，她得罪了不少亲戚朋友。"说起女儿，铁飞燕的母亲满是心疼。即便如此，铁飞燕却从没有为自己的选择后悔过。

"从小我就有一个愿望，我一定要努力奋斗让自己变得强大起来，当别人需要我的时候，我能够尽自己的一分力量去帮助他人，特别是农村贫困山区的孩子和一些困难群体，每当听到他们有困难的时候，我却无能为力时，内心就会充满着自责和愧疚。"抱着这样的初心，铁飞燕在自己的青春纪念册上，描绘了许多灿烂的色彩。

21岁，铁飞燕当选为全国人大代表，因"最年轻人大代表"等标签备受关注。为认真履职不负期待，她不放过一切学习和实践机会，不断弥补知识和经验的欠缺，深入基层，深入农村，察民情、采民意，形成了一系列有针对性、真正"接地气"的意见建议。先后提出了《关于留守儿童的权益保护》《关于提高云南省高速公路的补助标准》《关于提高云南省边远贫困地区的教师工资待遇问题》等18个建议，得到了交通运输部和教育部的高度重视。

目前，云南省高速公路建设补助标准已得到落实，国高网按 50% 的比例补助到云南。关于教师工资待遇省政府作出了农村教师工资每人每月提高 500 元的决定。铁飞燕用一份人民满意的代表答卷证明了一个年轻的人大代表的价值。

敢于奋斗铸就梦想

"人大代表是需要奋斗精神的，责任心和履职效率也是需要靠奋斗来体现的。"她肯定地说，"当好代表首先要练'腿功'，要多到基层走，多到群众中去，这样才能了解到所要掌握的真实情况；同时练'耳功'，善于从不同角度听取群众的意见建议，才能准确把握他们的所思所想，所需所盼；最重要的是要练'脑功'，要对调查了解的情况进行认真研究，这样才能提出符合实际、真正对老百姓有用的建议；最后要练'嘴功'，要善于和群众沟通，要敢于为民代言。"

谈起人大代表的经历，铁飞燕表示是一次成长的洗礼，让她打开了眼界，看到了更多自己可以为之奋斗的目标。在履职期间，受到铁飞燕的感召和带动，中国青年政治学院的师生走出城市，到偏远山区支教，和她一起关注、帮助山区的教育事业，关爱农村留守儿童的心理健康等问题。在多年的调查研究中，他们走过了许多山村，接触了大量群众，掌握了大量的情况。针对不同地区的留守儿童的具体情况，他们把调研的成果转化为具体措施，开展了诸如心理辅导、作业辅导、家庭走访等活动，取得了良好的效果。

如今，铁飞燕已是云南交投集团运营管理有限公司昆明东管理处的团委副书记，回归到平凡的工作岗位，回归到平淡的家庭生活，但她对农村留守儿童的关心、关注从未止息，对社会所负有的强烈责

铁飞燕——奋斗是青春最美的姿态

铁飞燕（左三）认真解答群众反映的问题

任感从未减退，依旧坚持着自己奋斗的劲头，在自己的岗位上发光发亮。

作为青年的带头人，她始终坚持用自己的努力帮助他人，用自己的理念和信念感染他人。"我希望让他们在工作中和生活中都秉持积极向上、助人为乐的精神，积极参加志愿者活动，感受到通过自己的付出帮助他人的快乐和幸福感。"铁飞燕说。目前，昆明东管理处注册的志愿者已经超过1600余人。除了围绕主业在节假日期间开展志愿者行动，在节假日保通保畅外，他们还制订计划每季度开展一次走进敬老院看望孤寡老人、贫困山区学校志愿活动。

此次奔赴北京参加表彰大会，铁飞燕的心里还是有点紧张。作为获此殊荣最年轻的"90后"，她坦言感到很大的责任和压力。"获得这项荣誉，是党和国家对像我一样的年轻人所寄予的殷切期望和重托。感觉是一种使命和担当,希望自己能对得起这样的称赞。"

一代人有一代人的际遇,一代人有一代人的奋斗目标。对于铁飞燕而言,不管是道德模范、人大代表,还是"最美奋斗者",能通过自己的努力帮助到更多人的初心从未变过。"我觉得作为当代青年人要有铁人王进喜为国分忧、为民族争气的爱国主义精神;宁肯少活20年,拼命也要拿下大油田的忘我拼搏精神;干事业有条件要上,没有条件创造条件也要上的艰苦奋斗精神;对工作精益求精,为革命练一身硬功夫、真本事的科学求实精神;不计名利,不计报酬,埋头苦干的'老黄牛'精神。"铁飞燕说,"每当自己遇到困难和挫折的时候,都会读铁人王进喜的事迹,读完他的事迹再来对照自己所面对的困难,就会有一种无形的力量支撑自己面对和解决。无论何时,都不能好高骛远、怨天尤人,要不忘初心、脚踏实地、矢志奋斗,书写精彩的人生篇章。"

初心不改,奋斗不息,这是铁飞燕青春的姿态,也正如她最喜欢的那句话:一个人的价值,应当看他贡献什么,而不应当看他取得了什么。人只有献身于社会,才能彰显出闪光的生命意义。

(原载《云南日报》2019 年 12 月 13 日,记者:李承韩)

七、苦干创伟业

——"全国脱贫攻坚先进个人"获得者

党的十八大以来,全党全国各族人民积极响应习近平总书记号召,认真贯彻落实党中央、国务院关于脱贫攻坚的决策部署,踊跃投身脱贫攻坚这场战役。各地区各部门尽锐出战、攻坚克难,东部西部守望相助、鼎力协作,社会各界协同发力、合力攻坚,广大党员、干部和人民群众吃苦耐劳、自强不息,为决胜全面小康、决战脱贫攻坚作出了重大贡献,涌现出一大批实绩过硬、事迹感人的先进典型。

为隆重表彰在脱贫攻坚历史进程中涌现出的先进个人和先进集体,在全社会营造崇尚先进、学习先进、争当先进、赶超先进的浓厚氛围,2021年2月25日,全国脱贫攻坚总结表彰大会在人民大会堂召开。会上,云南112名先进个人和85名先进集体荣获表彰。经云南省乡村振兴局审核同意,兼顾16个州市、各行业领域和其他全国性荣誉,结合云南脱贫攻坚重点工作("直过民族"和人口较少民族、易地扶贫搬迁、三区三州等),突出基层一线,在全国脱贫攻坚先进个人云南获奖名单中选取37名先进个人作为典型代表。

吴国良
——奋勇争先精神的模范践行者

吴国良简介

生前为昆明市东川区汤丹镇扶贫办公室常务副主任,汤丹镇中河村党支部书记。曾获得"云南青年五四奖章""云岭楷模""云南省优秀共产党员""全国脱贫攻坚贡献奖""云南省五一劳动奖章"等荣誉。

"那就是三家村云盘小组的道路,是国良殉职的地方。"隔着深邃的峡谷裂隙,记者顺着当地人指引的方向向上眺望,对面巍峨的大山山腰上悬挂着一条时隐时现的墨线。

车辆不知道在蜿蜒的盘山公路上行驶了多久,停在云盘翻背山的悬崖边上,一个小山村出现在山坳里。

和这里贫瘠的坡地、周围层峦叠嶂的大山形成鲜明对比的是散落山间10多家格外耀眼的白墙青瓦新砖房,还有路边沙砾里悄然开放的几丛玫瑰花。

2018年4月26日16时许,东川区汤丹镇扶贫办副主任(主持工作)吴国良陪同第三方云南永盛会计师事务所人员抽查东川区汤丹镇三家村委会云盘小组农危改资金兑付情况,走出李海芬大妈家后,吴国良在仅有两三米宽的村间道路上开车调头,不幸翻下山梁,因公

吴国良帮乡亲们算好每一笔账

殉职。

事隔近一个月后,说起吴国良,李海芬仍然哭泣不已:"那么好的一个娃娃,咋个说不在就不在了。"

李海芬哭得撕心裂肺。丧失独子的李海芬老两口如今靠着党的好政策,住进了68平方米的安全保障房,种下的50棵核桃树开始挂果,医保、养老都有了着落,还有习近平总书记派来的像吴国良这样巴心巴肝的扶贫干部看望他们,好日子有了盼头,现在眼见着一位文文静静、朴实真诚的好干部瞬间消逝,李海芬心里的伤痕又被撕裂揪疼着……

这座险峻的大山梁子,吴国良曾来来去去无数趟,一次次核查贫困户准确信息,一次次检查农危改建房和搬迁进度,一次次为落实党的好政策而来,他步履匆匆,年仅32岁就倒在了千山万水脱贫攻坚的路上,倒在了联系千家万户群众的路上……然而正是许许多多和他一样的扶贫干部们,代表着党中央、代表着各级党委和政府,以一种前所未有的力度投入到全面脱贫攻坚战场上,正是许许多多和他一样的党员干部们在脱贫攻坚战场上躬身践行"跨越发展争创一流,比学赶超奋勇争先"的精神,让这片曾经贫瘠的土地,开始改变。

算好"明白账"
抓铁留痕明白做事

东川区位于昆明市最北部,是一个集老区、资源枯竭型城市、深度贫困山区于一体的国家扶贫开发工作重点县。党中央提出打好精准脱贫攻坚战、全面建成小康社会的时候,东川区也以一种异常坚毅的决心向贫困宣战,区委书记胡江辉说:"贫困是东川最大的区情,脱贫是东川最大的政治责任。"

5月19日中午,汤丹镇政府大楼一楼脱贫摘帽倒计时器显示"距离脱贫摘帽还有225天11时14分钟",红灯一秒一闪,时不我待的汤丹镇早已进入酣战状态,战鼓如雷、战旗如炽。

汤丹镇,原是东川四大矿山之首,全镇建档立卡贫困户5043户15923人,26个行政村中深度贫困村就有23个。如果说脱贫攻坚战场上,东川区打的是一场硬仗,那么汤丹镇脱贫就是最硬的一场"会战"。

2017年9月,汤丹镇脱贫攻坚战役即将发起总攻前夕,吴国良"临危受命"担任镇扶贫办副主任。

吴国良的搭档、扶贫办副主任马绍雨记得,吴国良刚来就接到区里要求申报17个深度贫困村项目库的通知,只有两天的时限。没人力没时间,大家正束手无策时,吴国良决定召集各村村民小组长、"两委"班子成员、驻村扶贫工作队员、包村科级干部以及镇机关各有关站所负责具体项目的人,根据各自掌握实际情况互相举证查证和填表,连续40多小时不停歇,最终掐着时间圆满完成任务。"很多很棘手的事情到了吴哥手里,感觉举重若轻,他都能拿主意,大家很快就信任他。"

吴国良常和同事们说:"扶贫工作千条线,最终都要通过乡镇这根针'穿'到老百姓那里,我们都要拿出绣花的功夫穿好针、引好线。"作为乡镇脱贫攻坚指挥部的核心部门,精准扶贫工作涉及18类重点内容,大多由扶贫办牵头或者联系,扶贫办穿针引线"穿"得好不好,关键看政策掌握得准不准,执行效率高不高。吴国良上任后迅速调整工作思路,在区、镇党委和政府的指挥下,牢牢依靠统筹协调和调查核实"两条腿"走路,抓好重点工作,破解重点环节,解决突出问题。

2017年年底,全国扶贫开发信息系统进行年度数据动态更新管理的时候,吴国良组织全部门一起没日没夜地进行调查、比对举证、程序公示和农户签字、数据更新,面对基层千变万化的实际和群众各种复杂诉求,他说:"精准扶贫的'精准'就体现在这些基础数据实事求是反映群众'两不愁三保障'的基本情况,每一组数据比对和更新都是每一家每一人享受政策的根本依据,所以我们工作一定要体现公平、公正和高效。"这一次数据动态管理更新显示,2017年汤丹镇出列建档立卡户1009户,删除727户不符合规定户,新纳入43户建档立卡户,全面清洗大数据4748条。数据管理员王昱程说:"最重要的是,我们真正做到了吴哥说的,心中有本明白账,做明白事。"

吴国良见到同事们总是乐呵呵的,但是大家也都发现,这大半年中汤丹镇扶贫工作进展逐渐赶超上来。大吴国良一岁的马绍雨打心眼儿里佩服他:"国良是最晚到扶贫办工作的,但是他又是最快进入状态、熟悉掌握政策的,他安排工作都能保持赶超一步、争先一步,遇上一些突发和临时性的情况都能及时调整、积极应对。"

算好"时间账"
攻城拔寨一刻不停

东川脱贫攻坚进入白热化状态,最后的硬骨头,东川区提炼为"一个消灭,两个清零",即消灭农村危房,零就业家庭、零产业村组清零。

"消灭农村危房"是吴国良面对的第一场硬仗。全镇农村危房改造涉及4458户,总量列全区第二。2017年汤丹农危改仅完成400多套,今年要完成翻10倍以上的任务,难度和压力可想而知。

熟悉农村工作的人都知道,在农户眼中再也没有比盖房子更大的事情,在村干部眼中再也没有比盖房子更难的事情,在海拔高、地质条件差的汤丹就更大、更难。群众诉求千差万别,往往一户不动就百家观望不动。吴国良抓住农村"一家望着一家"的习惯心理,向镇里建议建立"差别化动态管理机制",把列入农危改计划的农户分为积极户、观望户、问题户三个类别,支持积极户带动观望户,最后攻坚问题户。他全力以赴抓农危改工作,白天到现场核实和督查项目进度,和村组干部做群众工作,晚上加班对台账数据、完善程序和手续。

扶贫办杨钦告诉记者,吴国良多次提醒她,政府引导老百姓做事,诚信一定要放在首位。工程进展到哪里,款项拨付就要跟进到哪里,不能让农户提心吊胆盖房子。哪一村组农危改项目完成地脚圈梁,哪一个村开始封顶,哪一个村进度达到80%,以及工程进度和款项拨付匹配程度,吴国良依靠自己的车轮和双脚算得清清楚楚。他心中仿佛有一个巨大的作战沙盘,方圆291.71平方公里面积的汤丹镇，10座大山梁子、26个村委会，一道道闯关夺隘，一个个攻城拔寨……

洒海村关上一二组所在地属于地质灾害频发地，当镇党委、政府决定到位于小江流域平缓地带的乌龟山铲平山头，为一二组建盖安全保障性住房时，群众一片哗然："山削得平吗？没水没路没产业能住人吗？"

面对质疑，吴国良积极协助镇领导，天天跑村寨，一遍遍跟群众掏心窝子。他协调职能部门、带领村组干部把资金、规划、招投标、房屋风貌设计、产业规划等做实做透……老百姓看到成效后，从最初没人愿意搬，到有82户同意签字搬，现在共计159户同意集中搬迁安置。

截至2018年4月底，全镇农村危房改造的4458户，开工率达100%，竣工率达85%以上，尽管体量很大，但是全镇整体进度已迅速赶超到区里前列，基本能在6月完成区里的清零目标。

天性乐观的吴国良曾对副镇长周明说："咱们这辈子干过这件事很值啊，看到现在村村寨寨都全部变了样，再辛苦心里还是很高兴啊！"

（原载《云南日报》2018年6月3日，记者：茶志福、雍明虹、马逢萃）

王秋婷
——生命定格在扶贫路上

王秋婷简介

生前为大关县纪委监委工作人员。曾获"云南青年五四奖章""云南省三八红旗手""中国好人榜""云南省道德模范""云南省五一劳动奖章""云岭楷模"等荣誉。

大关县天星镇打瓦村地处乌蒙山区，711户居民中仍有376户建档立卡贫困户，贫困发生率超过50%，是当地扶贫工作的重点村。

2017年10月，大关县纪委监委选派王秋婷到打瓦村担任扶贫工作队队员。来到打瓦村，王秋婷用短短2个多月走遍了22个村民小组，每天平均走2万多步，走坏了从县城带去的两双运动鞋。

当王秋婷初次到不通公路的打堡村民小组和白岩村民小组走访时，天空中下着小雨，不到1米宽的山路在雨中变得湿滑难行，王秋婷狠狠地摔了一跤。几次走访下来，她切实感受到了村民们因为常年不通公路烦闷、忧愁的心情。

"行路难要变村村通。"没有半分犹豫，王秋婷和其他驻村工作队员回到驻地后，立即行动起来，着手准备修路工作。当了解到"镇里曾经立过修路项目，但因一些群众意见不统一而作罢"的情况后，王秋婷和队友们又多次翻山越岭入村走访，挨家挨户、不厌其烦地进行思想动员和土地协商等工作。

在多方协调下，2018年4月，连接打堡、白岩两个村民小组，辐射石厂、丰收两个村民小组的公路终于开工了，经过3个多月的艰辛努力，当地群众终于告别了"祖祖辈辈人背马驮"的历史。

"走在新修的公路上，看到汽车可以直接通到群众家门口，心里真的很激动。村民们热情地跟我们打招呼，笑着说那么多年了他们终于可以坐车回家了……"王秋婷在日记里，写下了她看见公路修通后

扶贫路上王秋婷和同事一起搬开堵在水沟里的石头

的喜悦心情。

承担打瓦村委会脱贫攻坚挂联工作以来，大关县纪委监委一直在想办法扶持全村发展产业。经过多番勘测和分析，县纪委监委和打瓦村委会决定，建设一个猕猴桃种植基地，努力打造群众脱贫致富的拳头产业。

通过一段时间的驻村工作，王秋婷已经深刻认识到产业扶贫在脱贫攻坚中的地位和作用，她全心投入到猕猴桃种植基地建设工作中。进入购苗阶段，当地一位老板给出了每苗12元的要价，会计专业出身的王秋婷对成本十分敏感，她立即上网查询比价。最终，打瓦村委会根据她的建议，按照每苗8元的价格，与四川一家公司签订了购货协议，节约资金2.64万元。

打瓦村的气候适宜农作物生长，但一到枯水季节，就面临取水难、无水喝的困境。面对这个制约打瓦村农业发展的最大短板，王秋婷与同事们到处寻找水源。在找到水源后，又立即组织村民小组开会，达成了共同使用水源的协议。经过多方努力，覆盖12个村民小组的人畜饮水提质改造工程投入使用，水源附近的几个村民小组终于可以用上干净、清洁的自来水。

王秋婷的扶贫干部工作记录里，不仅详细记录了每次群众会议村委会议事的情况，她还把自己每天的工作都列出来，录入扶贫大数据、召开群众会议、进村入户走访、调解矛盾……白天到村民家中走访，晚上还要做信息整理上报，甚至偶尔停电，还要点着蜡烛继续工作。尽管如此，王秋婷从来没有抱怨过，扶贫工作让她经历了成长与升华。2018年8月27日，王秋婷的努力得到了党组织的认可，光荣地成为一名预备党员。

"现在的打瓦村正处于'攻坚拔寨'阶段，我将继续努力，以村为家，充分发挥纪检监察年轻干部的优良作风，扎实苦干，努力为打瓦村全面脱贫，奉献我的青春力量。"正当王秋婷要撸起袖子加油干的时候，不幸突如其来，2018年11月19日，王秋婷在驻村扶贫途中发生交通事故，因公殉职。

王秋婷走了，打瓦村的驻村工作队员们却在用自己的方式完成她未完成的心愿。"等打瓦村的路硬化之后，我会去替她看一看那里的变化。"与王秋婷一起驻村的扶贫干部吴恂知道她心系那段5.62公里的公路；新的驻村工作队长谭云贤一到村就前往猕猴桃基地，了解猕猴桃苗的生长情况；新加入的驻村工作队员郎磊开始进村入户，继续跟进群众的生产生活需求，帮群众办实事、解难题。

（原载《云南日报》2020年1月22日，记者：李翕坚）

吴长碧
——真心帮扶　情系乡亲

吴长碧简介

云南电网有限责任公司昭通彝良供电局党支部副书记。曾获得"优秀驻村扶贫工作队员""云南省五一劳动奖章""云南省三八红旗手""全国五一巾帼标兵"等荣誉。

"群众一天不脱贫，我就一天不撤出水田村。"2015年9月，吴长碧来到彝良县牛街镇最偏远的水田村，担任驻村第一书记兼扶贫工作队长，从此与大山结下了深厚感情。

吴长碧是云南电网有限责任公司昭通彝良供电局干部。2015年3月，她被派驻彝良县两河镇田黄村，同年9月，调整到彝良县牛街镇水田村担任第一书记、驻村扶贫工作队长。

群众饮水困难找书记，住房坏了找书记，家里闹矛盾找书记，外出务工找书记，小孩读书找书记，包括一些陈年旧怨、复杂纠纷都找书记……5年多来，吴长碧走遍了全村25个村民小组849户人家，特别是对建档立卡贫困户361户，每家每户的情况她都摸得一清二楚。水田村村支书黄明午曾经感叹："吴书记在水田待了两年，比我还熟悉村里的事务，大家对她比对我都亲切。"

吴长碧带领乡亲们把水田村的水管打通，让他们饮上了安全卫生的自来水,和南网协调让乡亲们用上了 10 千伏稳定的电,并有效推进了电网建设。

"扶贫就是居家过日子,就是柴米油盐,处理好每个贫困户柴米油盐的事,扶贫就做到位了。"吴长碧说。驻村扶贫以来,她以村为家,把群众当亲人,一心扑在工作上,带领贫困群众奋力拼搏、艰苦创业,摘下了贫困帽,走上了致富路。

为了帮助村里发展产业,吴长碧个人借贷 120 多万元资金搭建大棚育苗基地,最终建成了 200 个蔬菜大棚,共计 47000 平方米,每年能提供近 200 个就业岗位,仅 2018 年就让当地群众增收 130 万元。

而吴长碧不仅没有收取育苗基地的任何收益,还将 5 年来的工资和奖金 40 余万元全部投入到扶贫项目中,带动辣椒、竹子、养牛等多项致富产业发展。

吴长碧还引导村民建立了养牛场、养猪场、家具加工厂,扩大竹子种植规模等,多渠道增收致富。

在吴长碧的鼓励和帮助下,水田村村民柯昌东和何成彩夫妇贷款 20 多万元,果断回乡创业。"半年的时间就接到了 300 多万元的订单,现在还有很多单不敢接,忙不过来。"何成彩高兴地说。何成彩还专门招水田村的贫困户在公司做工,"想和大家一起分享这个平台,吴书记帮了我们,我们也要帮更多的人"。

在吴长碧的精心帮扶下,水田村的年人均纯收入已从 2015 年的 1920 元提升到 2019 年底的 9000 多元,贫困发生率从 42.7% 降到 0.7%,如期实现脱贫出列。

回望过去,水田村委会旁边的水沟从村尾流到村头,曾经垃圾遍地、到处偏坡陡坎。而如今,这里盖起了 60 户易地安置房,变得干净整洁,一个美丽的村级集镇矗立人前。曾经的荒山变成了竹海,1000 多亩竹林正茁壮成长,而最偏远的冷竹、道洞、罗家山 3 个村

吴长碧——真心帮扶 情系乡亲

吴长碧大力发展脱贫产业,帮助乡亲们增加收入

小组,曾是水田村最贫困的村组,预计两年后将变成富裕的村组。

提到这一切,时任水田村监委会主任的常开勇感慨地说:"吴书记来之前,水田村没有一条像样的路,没有自来水,甚至没有一间像样的厕所。她来了后,为我们修路、培育产业、协调贷款,解决了数不清的惠民实事。"

(原载《云南日报》2021年7月18日,记者:谢进)

谭德才
——身残志更坚的致富带头人

谭德才简介

永善县永兴中药材种植专业合作社法定代表人。曾获得"云南省优秀共产党员""云岭楷模""全国脱贫攻坚奖奋进奖"等荣誉,其家庭被评为"全国最美家庭"。

合作社从 1 个发展到 5 个,种植区域从 1 县发展到 3 县区,面积从 600 亩发展到 8000 多亩,带动群众从 45 户 170 多人到 1200 多户 5000 多人常年就业,其中带动残疾人家庭就业从 17 户 68 人发展到 450 户 1800 人……永善县茂林镇甘杉村谭家营的谭德才就是在左腿残疾的情况下,依旧奔走在带领群众共同致富的路上,始终没有停下脚步。

致富不忘众乡亲

在甘杉村谭家营,谭德才是大家公认的能工巧匠、致富能人。

早在 20 世纪 80 年代,当大部分村民还在为填饱肚子发愁时,谭德才就搞起了建筑,办起了养鸡场,成为响当当的致富能人。

谭德才——身残志更坚的致富带头人

1988年，怀揣淘金梦的谭德才第一次走出大山，到昭阳区新民镇承包瓦窑烧瓦，买瓦的人排着长队等候。

可是圆了"老板梦"的谭德才却高兴不起来。昭通城郊新民镇群众晚上可收看电视，而自己家乡的夜晚到处黑黢黢的。作为群众推选出来的生产合作社社长，他陷入了思考：这样继续干下去，自己一年挣个四五万元不成问题，可乡亲们还吃不饱饭，用不上电灯，看不上电视。自己富了不算富，只有大家都富了才对得起乡亲的信任。

经过深思熟虑，谭德才做出了人生中的重大决定：回到谭家营，带领乡亲们摆脱贫困。1989年，"谭老板"回到了生他养他的村子。

当时，谭家营村民小组有60多户村民，由于自然条件差，生产

谭德才（左一）正在向群众传授中药材种植技术

方式落后，村民广种薄收，砍柴换钱是主要经济来源。

过度砍伐导致村庄四周茂密的森林不见了，植被急剧减少，水源枯竭，光秃秃的山上，风一刮尘土飞扬。

"谭家营要想有发展，必须先种树。"回乡后的谭德才把谭家营的劳力抽出一半成立"合心致富组"，由他带着绿化荒山，外出找活干，剩下的劳力在家从事农业生产。乡亲们不管从事农业生产还是跟他外出干活，所有人都按工时计分，年底根据工分多少进行统一分配。

通过几年的持续造林，谭家营周围3000多亩荒山披上了绿装。为壮大集体经济，增加乡亲们的收入，1992年，谭德才又带领谭家营造林队到邻乡的莲峰林场承包荒山造林，一干就是5年，累计造林3万多亩，队伍由原来的30人壮大到60人，收入由6万多元增加到20多万元。除造林队外，谭家营还组建了建筑队，兴办养鸡场、砂石厂。

在谭德才的带领下，谭家营从距公路1公里外的地方整体搬迁到公路旁，家家建起了钢混结构砖房，用上了电灯，看上了电视，通了自来水，青壮年人人拥有一辆自行车。社里还用积累的2万元钱翻修了谭家营小学。这个村成为远近闻名的富裕村。

因谭德才带领谭家营乡亲们干得风生水起，2000年8月，甘杉村改选村干部，村民们把目光投向了既是致富能人，又公道正派的谭德才身上，47岁的谭德才当选甘杉村主任。

一心一意拔穷根

甘杉村平均海拔2000米以上，下辖马家营、谭家营等11个村民小组，是永善县深度贫困村之一。谭德才上任后，带领群众开展玉米营养钵栽种、荞子拉线点播、洋芋高厢垄作等农业科技，两年时间就解决村民长年缺粮难题，甘杉村从此告别了吃回销粮和"空仓粮"的历史。

为壮大集体经济，谭德才利用甘杉村地处昭（通）永（善）公路线上，石灰岩丰富的资源优势，办起了村集体砂石厂。为了降低打砂成本，谭德才以个人名义请人担保向信用社贷款3万元，带领群众上马建了一个55千瓦的微型水电站，用水电取代柴油发电。

村办砂石厂机声隆隆、苗寨老母坟进村公路成功通车、洗羊塘60户群众搬新居……仅用3年时间，甘杉村就变成了脱贫致富的示范村。

然而天有不测风云，一场车祸给谭德才留下终身残疾。2003年10月15日，谭德才和村会计骑摩托车到镇上的途中遭遇车祸，左腿5处骨折。经全力抢救和精心治疗，腿虽然保住了，谭德才却落下了终身残疾。

2013年村委会换届，谭德才正好60岁，经再三请求，多年带病坚持工作的谭德才得以从甘杉村党总支书记、村主任的岗位上退了下来。

身残志坚不停步

"我还能为乡亲们做点什么事？"这时患严重鼻炎、腿脚不便，已经在家安享晚年的谭德才仍在苦苦思索。为找到一条绿色发展之路，他拖着四级伤残的左腿先后到甘肃省和丽江市等地考察中药材种植，并在谭家营成功试种了200余亩党参。

2014年，由谭德才发起的永善县茂林镇永兴中药材种植专业合作社正式成立。他把村里的致富能人召集到一起，在充分征求群众意见的基础上，首批80多户群众采取土地入股、投资入股等方式筹资340余万元，加入合作社发展中药材。

当年，合作社种植党参600余亩，亩产400公斤至450公斤，每亩纯收入达3000元左右，比传统种植提高了好几倍。为延长产业链条，在有关部门的帮助下，2017年，合作社又修建了规模达1000头的乌金猪养殖场，利用废弃的党参枝叶进行饲养。

2018年，合作社种植中药材1200多亩，建起党参初级加工厂一座，实现年收入700多万元，解决全村350多人的就业，其中，大部分是妇女、老人和残疾人。

2018年7月，在昭通市供销社的扶持和帮助下，谭德才以永兴专业合作社为基础，分别在永善、鲁甸、昭阳3县（区）成立志和、玖昱、天翔、新立德富4家中药材种植合作社，抱团成立了富吉中药材种植专业合作社联合社，由谭德才担任联合社理事长，计划打造3000亩党参种植示范基地，带动山区群众发展中药材种植8000亩，带动1000多户山区贫困群众脱贫。

"不当老板当村官，无私为民谋福祉。"30多年来，从匠人到社长，从村支书到理事长，谭德才始终不变的初心就是"让乡亲们都富起来"。2017年，谭德才被授予"云岭楷模"荣誉称号，2018年1月当选为全国人大代表。

（原载《云南日报》2018年12月26日，记者：蔡侯友、沈迅）

杨增山
——生命定格在脱贫攻坚战场上

杨增山简介

生前为曲靖市马龙区月望乡沙坡笼村党总支书记。曾获"云南省扶贫好村官"等荣誉。

"在脱贫攻坚斗争中,1800多名同志将生命定格在了脱贫攻坚征程上,生动诠释了共产党人的初心使命。"习近平总书记的话,让人想起曲靖市马龙区月望乡沙坡笼村党总支书记杨增山。2020年3月15日,48岁的他倒在了半个山村扶贫项目施工现场的工地上,再也没有起来。

听说杨书记走了,69岁的贫困户赵吉书哽咽地说:"我年纪大、又有病,干不了重活,他让我在村上扫地,每个月按时领工钱,他还打算帮我家养猪。我想对他说声谢谢都来不及,只能去送他最后一程。"

"杨书记是我最敬重的人,虽然我也干过党总支书记,但跟他比,差距就大了,他是我学习的榜样。"沙坡笼村党总支副书记蔡文华说。

杨增山用行动践行着使命,用奉献诠释着担当,他像一根标杆,让党员干部向他看齐;他是一个榜样,激励着广大干部群众为巩固脱贫攻坚成果披坚执锐、勇立新功。

心系群众谋脱贫

"村里那些致富能力弱的贫困群众,我们要多关心,要把他们的小事当作大事来办。"杨增山是这样说的,也是这样做的。

贫困群众的事,小到油盐酱醋、家庭纠纷、老人赡养,大到建房盖屋、产业发展、经济增收都是他每天的操心事、挂心事。他因人、因户帮贫困户寻找脱贫增收路子,贫困群众把他当成知心人、贴心人。

"杨书记人好,看我家困难,帮我养起了猪,还经常来家里问我的病情,是个好干部。"尹国书见人总这样说。

"有事找杨书记"成了村民们的"口头禅",全村贫困户的情况,

杨增山(前)带领村干部开展提升人居环境卫生打扫活动

他如数家珍，清清楚楚。

杨增山更清楚的是发展产业是脱贫的根本。他带领村组干部、驻村工作队员，不知开了多少次座谈会、分析会，最终流转土地近 5000 亩给爱必达鲜切花、英茂花卉、诺谷苹果 3 个基地使用，231 名贫困群众就近打工，有了收入。他鼓励 89 名有劳动能力的贫困户外出务工，稳定脱贫。

他协调扶贫资金新建、修缮 8 个村民活动场所，完成 14 个村民小组的道路硬化，帮助 70 户贫困户新建住房，58 户贫困户维修加固房屋。2019 年底，越州屯村、沙坡笼村整村脱贫出列，85 户贫困户全部脱贫。

团结干事显担当

每年春耕、秋收农忙时节，杨增山都要安排村组干部轮流回家干农活，他自己却一个人留在村委会值守，跑到田间地头催促大家春耕秋收。蔡文华说："杨书记自己家也有农活，我们跑来村委会跟他抢着值守，每次都被他拒绝。"

"有时，村委会日常开支遇到资金周转困难，他都会拿自家的钱先垫出来。"村监委会主任阮守平感慨地说。他知道，杨增山家的经济也不宽裕。

"杨书记为我们村争取了美丽乡村、民族团结示范村建设项目，在实施过程中，几乎每天他都会过来查看进度、检查质量。在他的影响下，我们村组干部工作积极性都很高。"村民小组长杜绍平说。

杨增山在调任沙坡笼村任党总支书记的 9 个月时间里，对村组干部在工作上严格要求，生活上关心体贴，将村组干部拧成了一股绳，把原本涣散的党支部打造成全乡示范党支部，受到上级多次表扬。

人居环境提升是沙坡笼村的"老大难"。杨增山迎难而上，采取多种方式，加大宣传发动力度，在全村营造出村组互动、干群齐抓共管的良好氛围，调动了群众参与环境卫生综合整治的积极性、主动性。他发挥党员的先锋模范作用，通过"自家带头干、带领群众干、干部包户干"，建立了垃圾收费、清扫保洁、清运处置等规章，使村容村貌焕然一新。

矢志未酬身先卒

2020年是脱贫攻坚的决战决胜之年，再加上新冠肺炎疫情防控的硬任务，杨增山肩头的担子更重了。"从大年初二开始，他早上7点起床出门，要到晚上11点多才回来。我们打电话叫他回来吃饭，他说事情太多，等忙完再说，结果一直到他走，都没有回家吃过一顿饭。"说起丈夫杨增山，妻子泣不成声。

自疫情防控工作开展以来，杨增山每天奔走在防控一线和脱贫攻坚一线，一干就是两个多月。他没睡过一个好觉，眼睛里布满血丝，大家看了很是心疼，让他歇一歇，他却说："忙完再说。"每天依旧拖着疲倦的身体奔忙于各村组、卡点，累了、困了就坐在板凳上打一会儿盹，醒后又接着干。

"我和妈妈都很想他，他要是还活着该有多好……他常跟我说，当这个书记做得再多也不算多，工作再苦也不觉得累，只要是为老百姓做实事、做好事，他乐意。我为有一个这样的好父亲而骄傲。"提到父亲的突然离开，女儿哭得像个泪人。

带着矢志未酬的遗憾，杨增山离开了他深爱的这片热土，离开了他始终牵挂的群众，离开了与他并肩作战的村组干部，也离开了他最爱的家人……

杨增山是一面旗帜，一个榜样。2019年6月，他被推荐参加中组部边疆民族地区村党支部书记培训班学习。在近日召开的全国脱贫攻坚总结表彰大会上，杨增山被表彰为"全国脱贫攻坚先进个人"。

（原载《曲靖日报》2021年3月11日，记者：张锦文，通讯员：代红娅）

王瑞清
——脱贫攻坚路上的"老黄牛"

王瑞清简介

云南省元江县人民政府扶贫开发办公室副主任。

2005年12月,王瑞清告别三尺讲台,积极投身扶贫事业。"山区、老区、民族、贫困",这是元江的基本县情,元江又是玉溪市脱贫攻坚的主战场,扶贫工作任重道远。但是王瑞清却从没放弃扶贫的念头,这一干就是15年。

勤学习

许是之前经常和孩子们打交道的缘故,王瑞清从事扶贫工作后,依然保持着乐观、开朗的积极心态,她拿出当老师时一遍又一遍教导孩子们的耐心,用自己的方式将扶贫路上的难题一个个攻克。

为能更好地贯彻落实中央和省市县脱贫攻坚各项决策部署,完成各项脱贫攻坚目标任务,王瑞清认真学习贯彻落实习近平总书记关于扶贫工作的重要论述和考察云南的重要讲话精神,刻苦钻研脱贫攻坚各项政策和业务知识,并注重理论和实践相结合,不断提高自身理论素养和实践能力。

她认真整理编制上百册的培训材料课件，参与收集制作上万册（份）相关脱贫攻坚政策宣传资料、图片，对驻村工作队员、乡村干部、行业部门领导和科室负责人等培训授课 20 多场次，培训人员达 1500 余人次。

在 2017 年的全省贫困对象动态管理工作质量考评中，元江县实现了"零漏评、零错评、零错退"。2018 年 1 月，省考核组对元江县开展了动真碰硬的考核，对政策落实、责任落实、工作落实情况进行了实地核查，综合评价为"较好"。

勇担当

面对扶贫对象动态管理、扶贫开发成效考核、各类问题整改及问题数据清洗修改等巨大的工作量，她都能主动承担，并总能有条不紊、积极应对。

由于肯钻研、爱学习，业务能力出色，2019 年 12 月，她被选派参加国家对西藏的脱贫攻坚成效省际交叉考核。临出门前，她还一直在外县参加省对县的脱贫攻坚成效考核，由于工作任务繁重，经常加班，连续熬夜，她患了重感冒。西藏，氧气稀薄，高原反应厉害，没有充分的准备和良好的身体，进藏都会有生命危险。

接到任务，她没有半点犹豫，进医院输了液，毅然踏上了进藏的"国考"之路。为期近一个月的西藏之行，她圆满完成了自己承担的各项考核工作任务。

2020 年 7 月，王瑞清又被抽调参加国家脱贫攻坚普查工作，她坚持一贯的工作作风，按要求和流程较好地完成了一名普查审核验收人员的各项工作任务。

重成效

在近五年的省对县区党委和政府脱贫攻坚成效考核工作中,她严格按照考核规程内容、方式对接协调各行业部门认真梳理核查,自检自查县区政策落实、责任落实、工作落实情况,整理汇总考核台账资料16大类600余卷(册),省对县区党委政府脱贫攻坚成效考核各项工作得到了较好落实。

倾真情

她时刻牢记自己的"公仆"身份,强化公仆意识,只要是同事有什么困难或需要帮助时,她总会挺身而出,全力相助。

在走村入户的下乡调研中,她利用自己的业务所长和工作经验,耐心细致指导乡镇、村组做好扶贫对象动态管理、扶贫项目规划实施和系统操作等各项业务工作。她还主动了解群众的生产生活状况,询问他们对自身发展的建议意见、发展思路,认真做好民情日记,如若遇到有较强发展意愿、较好发展规划的群众,她还会主动对接联系相关部门,落实相关政策措施。

在繁忙的工作中,她心里也时刻想着自己挂包的3户建档立卡贫困户,结合贫困户家庭的基本情况和生产生活条件,分析研判致贫原因,力所能及地帮助解决实际的困难,全面细致地做好政策宣传,教育引导贫困户感党恩。

王瑞清——脱贫攻坚路上的"老黄牛"

讲贡献

选择了扶贫就选择了付出和奉献。在扶贫的路上，需要扶贫人"5+2""白＋黑""雨＋晴"。这种状态，就连很多男人都吃不消，更何况她还是一个需要呵护的女人，可她还是毅然决然地"顶"了上去。她始终把解决贫困群众所想所思牢记在心，忠于职守，忘我工作，周末、节假日和晚上加班是常态。

2017年动态管理工作最紧张、任务最繁重的8月底，王瑞清80多岁的父亲身患重病住院手术，医院距离单位仅仅不到一公里的路程，她却不能守在父亲的病榻前照顾，依然日日坚守岗位，加班加点努力工作。

十五年来，王瑞清默默奉献着自己的力量来坚守着这一份沉甸甸

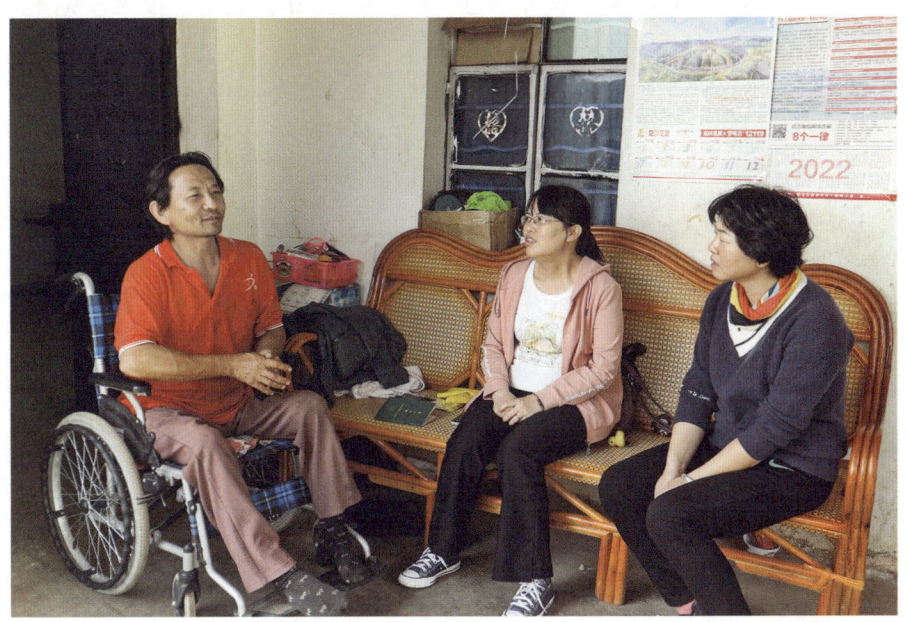

王瑞清（右二）深入一线访民情、解难题

的事业，由一名不懂扶贫的门外汉成长为一位精通业务、了解政策的扶贫行家，她所抛洒的心血和汗水也在热土地上得到了印证，她对工作的执着、取得的成效得到了基层干部和贫困群众的赞许和认可，得到了省扶贫开发领导小组的表彰，荣获"云南省2018年脱贫攻坚奖扶贫先进工作者"，2021年先后荣获"全国脱贫攻坚先进个人""全国巾帼建功标兵"荣誉称号。

脱贫攻坚的路上，不止王瑞清这头"老黄牛"，正是有千千万万个像王瑞清一样不断开垦的"拓荒牛"，脱贫攻坚战才能取得全面胜利。

"脱贫摘帽不是终点，而是新生活、新奋斗的起点。"接下来，王瑞清和全县人民一道，将继续做好巩固拓展脱贫攻坚成果同乡村振兴有效衔接各项工作，让脱贫基础更加稳固、成效更加可持续。

（原载热情元江公众号2021年2月25日，记者：张兰、周尪）

段定华
——用生命诠释使命

段定华简介

生前为施甸县何元乡莽王村党总支书记。曾获得"保山市优秀共产党员""云南省优秀共产党员"等荣誉。

这两天,施甸县何元乡莽王村原党总支书记段定华荣获国家级表彰的消息,在他生前战斗的乡村传开了。

走进莽王村舒适敞亮的易地扶贫搬迁安置点,孩子们在场院里追逐嬉戏,大人们在田地里辛勤劳作,辣椒、青豌豆、蚕桑等在阳光下格外醒目。段定华生前为莽王村播下的脱贫致富"希望之种",已经在这片土地上生根发芽。

1986年,段定华退伍返乡后,便扎根莽王村,一干就是27年。他始终践行为民服务宗旨,勤勉履职尽责,用生命诠释使命担当。

段定华刚任村党支部书记时,莽王村人心涣散、村"两委"班子综合能力素质不高,工作很难推进。他想方设法,开展"主题党日"等活动,把农村党员团结起来。之后,他又通过组织党员结对帮扶困难群众、开展主题实践和社会公益活动等方式,把联系和服务群众工作做深做实,让村民的心凝聚起来。

2010年时,莽王村烤烟种植面积只有300亩。段定华通过调查走

全面建成小康社会 云南奋斗者

段定华到村内硬化道路施工现场查看

访发现,并不是老百姓不愿意种,根源在于村里没有一个烤烟种植专业合作社,于是他积极向上争取,于2013年成立了莽王村烤烟种植专业合作社。这一年,莽王村烤烟种植面积增加到1200亩。

段定华不仅苦干实干,带领群众不断探索发展烤烟、核桃、辣椒、青豌豆、蚕桑等产业,解决"增收难"问题,还积极争取项目和资金硬化村内道路20多公里,让群众告别"出行难"。脱贫攻坚战打响以来，段定华逐户动员，顺利实施了涉及 5 个村 228 户 1003 人的易地扶贫搬迁安置项目，并成功引进"扶贫车间"，确保群众搬得出、稳得住、能致富。

2018 年，段定华在体检时，查出了高血压、颈椎增生、肝损伤、微弱心肌梗死等多种疾病。医生建议他住院治疗，他说："事情太多，不住了，等过段时间再来。"家人劝他回家养病，他每次都说："等脱贫攻坚结束了，再回家！"2019 年 5 月 8 日，他在主持召开莽王村脱贫攻坚工作例会时突发心肌梗死，抢救无效，走完了 56 年的人生旅途。

段定华去世后，中共云南省委、保山市委、施甸县委相继追授段定华同志"优秀共产党员"称号。

（原载《云南日报》2021 年 3 月 16 日，记者：赵丽槐）

郭彩廷
——永不谢幕的扶贫英雄

郭彩廷简介

生前为腾冲市猴桥镇经济发展办公室业务负责人。曾获"云南省优秀共产党员""云南省五一劳动奖章"等荣誉。

2019年10月19日,郭彩廷牺牲后的第100天,记者再次来到了他生前工作过的腾冲市猴桥镇政府及胆扎村采访。

"朴实无华的47年青春""工作26年的干净担当""入党24年的如磐初心""驻村扶贫105天的如山使命"……走进位于猴桥镇政府的优秀共产党员郭彩廷同志先进事迹陈列室,记者再一次被他的英雄壮举震撼与感动。

主动请缨驻村扶贫

郭彩廷生前是腾冲市猴桥镇政府的一名普通职工,曾担任猴桥镇企业办主任。2019年3月,他主动请缨到胆扎村担任党总支副书记兼第一党支部书记。

同样也是2019年3月份刚到猴桥镇任党委书记的濮进炳回忆:

当时，他走访了胆扎村傈僳族群众后，不仅觉得脱贫攻坚任务艰巨，而且语言沟通上的障碍一度让他感到一筹莫展。这时候，一向敢于啃"硬骨头"的郭彩廷主动找到濮进炳。"我曾在胆扎教过七八年书，对那个地方熟悉，与很多群众都认识，让我下去吧。"

通过反复比较和筛选，濮进炳发现，镇里还真找不出比郭彩廷更合适的人选。为此，镇党委决定，派郭彩廷与镇党委委员谢君微一起去胆扎，由谢君微任胆扎村党总支书记，郭彩廷任党总支副书记。

考虑到谢君微也是今年初刚到猴桥镇任职，濮进炳叮嘱他："具体怎么做、如何做？还是要以郭彩廷同志的意见为主。"

到了胆扎村后，谢君微和郭彩廷面临的第一件事就是组建村组班子。在胆扎村第一、第二党支部书记空缺的情况下，郭彩廷又是第一个站出来，主动申请担任覆盖5个傈僳族寨子的第一党支部书记。他

郭彩廷（前）带领扶贫工作队员向党和人民宣誓

说:"我能听懂,也会讲一部分傈僳族语言,工作起来方便些。"

"他总是有各种理由,抢到困难多、问题多、组织最需要的地方去工作。"谢君微回忆。有一次,他问郭彩廷,"为什么胆扎村的傈僳族群众都特别相信您?"郭彩廷笑着回答:"跟傈僳族群众打交道,要把'你们'变成'我们',这样就好开展工作了。"

生命定格扶贫路上

位于中缅边境线上的猴桥镇,每年七八月份雨水都特别多。今年也不例外。

7月11日,郭彩廷驾车下乡扶贫、抢险救灾的途中,被突发的泥石流冲下山谷,不幸因公牺牲,47岁的生命永远定格在了扶贫路上。

据猴桥镇政府干部回忆,当天上午出事之前,郭彩廷和一起驻村的谷立奇在驾车途中曾遇到了塌方。

身为本地人,郭彩廷十分清楚,前面的道路非常凶险。但他没有退缩,而是立即拍了照片发到工作群里提醒大家,并迅速联系挖机疏通道路。此时是上午9时16分。

道路抢通后,他没有折返,而是选择了继续前行。

雨越下越大,路越来越难走。当天上午9时40分,他们驾驶的车辆经过当地群众称为"一碗水"的地段时,遇到了泥石流。郭彩廷来不及多想,他一边按着喇叭不放,一边从车窗外向后挥手示意,大喊:"快退,快退,有泥石流!"同行的谷立奇闻声后迅速倒车。几秒钟,谷立奇安全了,而郭彩廷却被泥石流连人带车冲下了山谷。

郭彩廷失踪的消息传出后,当地数百名群众不顾瓢泼大雨和自身安危,自发参与到搜救工作中。两天后,在离事发地 3.4 公里处的河道内,搜救人员找到了郭彩廷的遗体。

郭彩廷离去的日子里,最悲痛的是他的妻子。妻子李秀明在腾冲市猴桥镇中心小学教书,她清楚地记得,7 月 11 日那天雨特别大,好多村庄被洪水包围。一大早,身患疾病的李秀明提着药罐出门,刚到门口就发现情况不对,赶忙对郭彩廷说:"雨太大了,路上危险就别去了,而且我今天特别难受,等上完课陪我去看看病行吗?"郭彩廷爽快地答应了。

李秀明刚到学校不久,郭彩廷就给她打电话说:"我准备去胆扎,你再坚持几天,等扶贫工作告一个段落,我一定陪你去看病。"妻子叮嘱他:"那你小心点,一定要注意安全。"郭彩廷满口答应,没想到这竟是夫妻间最后的对话。

扶贫英雄永不谢幕

10 月 23 日,是郭彩廷离世后的 104 天。这一天,由腾冲市委主办的"不忘初心、牢记使命"主题教育郭彩廷先进事迹报告会在梦幻腾冲大剧院举行。台上,4 名报告团成员深情讲述郭彩廷生前的感人事迹;台下,数百名观众聚精会神,一边聆听,一边擦拭脸上的泪水。

扶贫英雄永不谢幕,郭彩廷的事迹仍在传颂,并深深地影响和感染着每一名党员干部,他用一生诠释了"不忘初心、牢记使命"的力量,履行了共产党员应有的担当。

在胆扎村干部群众眼里,郭彩廷从未走远!

在进驻胆扎村的 105 天里,郭彩廷走遍了全村 735 户农户,多次走访 76 户建档立卡贫困户和 62 户住房短板户。他用傈僳语把党的政策宣传到了每家每户。"有困难，找彩廷"成为胆扎村群众的一句口头禅。

郭彩廷到胆扎村孙家坝走访时，曾遇到了一位孤寡老人，他不声不响地掏给老人 200 块钱；得知低保户熊忠旺老人家庭困难，很长一段时间连电费都交不上，他主动帮助老人缴纳了电费……

为了能更好地服务群众，郭彩廷将业务材料和印泥盒随时摆放在车上，家里的白色面包车成了他的移动办公室。在他的帮助下，社区孤儿余生强的生活有了着落，建档立卡贫困户的房子盖好了……

郭彩廷用短暂的一生兑现了"当雷锋那样的英雄"的诺言，但是，他对妻子食言了，还没来得及带妻子去看病就走了。"作为妻子，我无怨无悔，假如再给我一次机会，我依然会选择嫁给他、体谅他、支持他、深爱他。"悲痛之余，李秀明坚定地说。

（原载《云南日报》2019 年 10 月 31 日，记者：李建国、杨艳鹏）

李文芝
——用生命兑现庄严承诺

李文芝简介

生前为武定县公安局经侦大队教导员。曾获得"云南省优秀共产党员""云岭楷模"等荣誉。

2019年4月4日,这是一个令人难忘的日子。清晨,罗婺大地,阴雨绵绵,一个让人悲痛的消息传来:县公安局经侦大队教导员李文芝同志在脱贫攻坚途中,因交通事故不幸因公殉职。

作为一名人民警察,李文芝执着地热爱着自己的工作。"家里所有的银行卡、医保卡,所用的密码都是她自己的警号,她把公安工作融入了家庭生活的方方面面。"李文芝的丈夫哽咽地说。从基层派出所到禁毒大队教导员再到经侦大队教导员,她既当指挥员又当战斗员,总是战斗在公安工作最前沿、冲锋在侦察第一线,信念的力量鼓舞着她从不畏惧和退缩。

打赢打好精准脱贫攻坚这场时代硬仗,是我们党对人民的庄严承诺。为了这个承诺,作为一名党员,一名帮扶干部,李文芝同志胸怀全局,责无旁贷地奔赴脱贫攻坚第一线,忠实地履行"挂包帮"责任。

2015年9月以来,她帮扶东坡乡以赤叨村委会罗干莫村的付文

李文芝（右二）向群众宣传法治知识

清、付德和、李先忠、李晓春4户18人。4年里，她积极深入联系帮扶的建档立卡贫困户家中促膝谈心，主动融入群众，反复了解核实建档立卡贫困户的生产生活情况，认真宣传落实扶贫政策和帮扶责任，及时反映和帮助解决联系户的困难和问题，亲力亲为体验和分享群众的苦与乐，全力鼓励建档立卡贫困群众对脱贫致富奔小康的坚强决心和信心，将真情落实在行动上，鼓励他们自强自立、诚信感恩，与贫困群众一道战胜贫困、渡过难关。在李文芝的帮扶下，她个人联系帮扶的4户18人和经侦大队包保帮扶的15户60人全部脱贫出列。

在帮扶的日子里，李文芝始终把罗干莫村的发展记在心上。走访中，当她了解到罗干莫村道路、饮水安全等基础设施欠账较大时，主动与村干部商讨,查找短板,并积极争取项目资金。在她和驻村干部的共同努力下,硬化了罗干莫村进村道路0.9公里,村间道路1.1公里,新建罗干莫村民小组党支部活动室和罗干莫村100平方米的2个饮水池,使该村村民告别了泥泞路,喝上了自来水。

心系困难群众,情系彝山子女。多年来,李文芝投入了大量的精力在教育扶贫工作中。在了解到帮扶联系的东坡乡以赤叨村委会两个花季少年因家庭贫困面临辍学时,她主动提出要资助这两名学生。在她的带动下,武定县公安局组织开展了捐赠活动,解了两个同学的燃眉之急,让他们得以重返校园。

在女儿的记忆中,母亲时刻牵挂着建档立卡贫困群众,群众的事在李文芝心里都是大事。"妈妈每次帮扶回来时,都会跟我说他们的困境,她每次去村里,总要仔细想几遍谁家需要什么,有什么困难需要解决。每次出门总是大包小包带一摞,还要准备好一些现金,回来前留给村里的老人。"

为助力决胜脱贫攻坚,实现2019年武定整县脱贫摘帽,2019年4月3日,县公安局经侦大队大队长李晓元、教导员李文芝及民警余武、周国忠驱车3个多小时赶赴距县城100多公里的东坡乡以赤叨村委会罗干莫村,深入帮扶联系的建档立卡贫困户家中落实C、D级危房改造措施,开展帮扶工作。当天下午,在返程途中遭遇交通事故,李文芝同志因伤势过重、经抢救无效献出了她宝贵的生命,年仅45岁。此时,距武定农村贫困人口脱贫、贫困县摘帽出列仅仅272天。

用生命照亮脱贫攻坚的道路,李文芝兑现了自己的诺言。在罗婺大地广大干部和人民群众的心中,李文芝是一股温暖的力量。

(原载《云南日报》2019年9月19日,记者:胡晓蓉)

罗文慧
——扶贫路上步步丈量印证初心

罗文慧简介

楚雄彝族自治州扶贫开发办公室党组书记、主任。

对罗文慧来说，12年扶贫路是一步步丈量出来的。

2009年9月，罗文慧从楚雄市委副书记提任楚雄彝族自治州扶贫办主任，当时的扶贫办，人少、钱少、工作协调难，罗文慧面临的压力不小。

2010年3月，罗文慧到金沙江流域4个县调研，映入眼帘的是狭窄泥泞不堪的道路，一片片低矮破旧的农房，还有人家吃玉米糊糊度日……看到这些，他常常心酸落泪。

12年间，罗文慧走遍了楚雄所有的乡镇、村，行车40余万公里，下乡调研782次，访问贫困户3519户。如何帮助乡亲们改变贫困落后的状况，他写报告、作计划、跑项目、争资金……全力以赴地努力工作。

"从脱贫攻坚冲锋号吹响起，我带着庄严承诺，全身心投入攻坚战场。但这时，老扶贫遇到了新问题，我面对的是从组织体系到政策制度机制的全新变化，扶贫部门的职能也是全新的。"罗文慧说。

从"区域扶贫"到"精准扶贫"，从"大水漫灌"到"精准滴灌"，从"手榴弹炸跳蚤"到因人因户"下一番绣花功夫"，首先考

罗文慧——扶贫路上步步丈量印证初心

罗文慧在人民大会堂前留影

验的是扶贫部门思想、作风、能力是否担得起州委、州政府交给的指挥部、司令部、参谋部、作战部责任。

罗文慧和扶贫系统的同志把车当办公室,以办公室为家,对照州情,形成一个个符合全州实际的文件、制度、计划、措施,形成围绕"两不愁三保障""六个精准""五个一批"的作战图、施工图、路线图、时间表,为州委、州政府决策提供了坚实基础,为全州啃下一个个"硬骨头"提供了有力支撑。

2016年10月,罗文慧被表彰为"全国扶贫系统先进工作者"。2021年2月,又被党中央、国务院表彰为"全国脱贫攻坚先进个人"。在罗文慧看来,这些荣誉,归功于党委、政府,归功于所有奋战在一线的扶贫干部。

"家人的理解支持让我感动,同时也很愧疚,但我不后悔。对我们扶贫干部来说,千千万万贫困群众,也是我们的家人。"回首12年扶贫路,5年攻坚战,罗文慧感慨地说道。

(原载《云南日报》2021年5月1日,记者:胡晓蓉、王淑娟、李承韩)

许海清
——当好群众的"跑腿人"

许海清简介

石屏县异龙镇阿希者村党总支书记。曾获"云南省脱贫攻坚奖扶贫好村官"等荣誉。

"能多为家乡做点实事,多为乡亲办点好事,我这个'跑腿人'再苦再累也值得。"石屏县异龙镇阿希者村党总支书记许海清一直用行动践行着这句诺言。

2002年,22岁的许海清离开家乡,独自一人去到外地打拼,头脑灵活能吃苦的他把生意越做越大。然而,为了兑现离家时"同乡亲们一起发家致富"的承诺,2010年,他毅然放弃红火的水果生意,回到阿希者村挑起村党总支书记的重担。

阿希者村位于石屏县的半山区,这里山高坡陡沟深,常年缺水,产业结构单一,村民增收困难。在深入分析阿希者贫困原因的基础上,许海清多方考察、学习,把产量高、品质好的优良红桃品种引进家乡,并动员乡亲一起发展种植。为了打消大家认为种植新品种有风险的疑虑,他一人在阿希者承包了200亩荒山试种红桃。3年后,他成功种出"红桃皇后",并且获得了可观的收益。

"要想转变群众观念,就要花足功夫,用先进思想和实际行动去潜移默化地转变他们。"许海清说。他积极与县、镇领导沟通，争取上级帮助，成功争取了原县林业局陡坡地生态治理项目，为农户提供每亩1500元补助。政策一经宣传，群众种植积极性高涨。

伴随精准扶贫、精准脱贫一项项好政策的落地生根，阿希者村红桃种植面积不断扩大，目前已发展到6000余亩，实现年产值1200余万元，村里还利用成片桃花林，延长产业链，打响"乡村旅游牌"，群众不仅卖桃子，还能卖风景，好山好水让村民尝到了甜头。

以前村里无人种植烤烟，他又先行先试，带头种了30亩，村民

看着丰收在望，许海清喜上眉梢

看到烤烟收入是玉米的两三倍后,纷纷向他取经,积极发展烤烟种植。目前,全村烤烟种植面积稳定在 2000 亩。烤烟成功后,他又四处奔波,从昆明引进长白猪,带领村民发展生猪养殖 1100 余头。

2016 年阿希者村如期脱贫。村民人均收入从原来不到 3000 元增加到了 9000 多元,不少农户家建起了小别墅、新瓦房,有的农户家里还开上了小汽车。

如今,许海清又有了新打算,带领村"三委"班子的年轻人积极学习互联网知识,要让阿希者的土特产乘上"互联网+"快车,拓展群众增收空间。

(原载《云南日报》2021 年 3 月 28 日,记者:李树芬)

王敦伟
——为了"稳稳的幸福"

王敦伟简介

文山壮族苗族自治州马关县雅登博服饰有限公司总经理。

马关县马白镇南山幸福社区,是在马关县脱贫攻坚易地搬迁安置中应运而生的一个最年轻的社区。

紧挨着社区有一家叫雅登博服饰有限公司的企业,公司总经理叫王敦伟,他1994年从家乡马关马洒外出打工的时候,没有想到自己有一天会拥有自己的企业,也没想到会因家乡的发展,把企业搬回了马关。

20多年在外创业,王敦伟身上壮族同胞的踏实、苦干的特质并没有淡去,更多了对市场的敏锐眼光和现代企业管理的理念。2019年底,因市场的变化和家乡的迅速发展,他把自己的企业从江苏常熟搬回到家乡,虽然有很多的困难,但当地党委政府的支持和期望,为家乡发展尽一份力的想法,让他义无反顾地带着30多名管理人员和技术工人回到了家乡,企业落地在南山幸福社区。

幸福社区位于马关县南山高原特色现代农业产业化园区,距离县城3公里,园区主干道与文马高速公路入城大道连接,交通、区

全面建成小康社会 云南奋斗者

位优势明显。社区由来自马白、坡脚、八寨等10个乡镇76个村委会236个村小组的搬迁群众汇聚组成,有汉族、壮族、苗族、彝族、布依族、傣族、瑶族等7个民族,少数民族占社区总人口的38.4%。各族群众搬出了以前的老房子,住上了小区房,公交车直通小区门口,病了下楼就可以找到医生,孩子有学上……在南山幸福社区便民服务中心,为搬迁群众提供教育、医疗、就业、交通等一站式服务,同时配置了医务室、便民超市、农家书屋、儿童活动室、警务室等功能室。

为了让群众稳得住、能发展、能致富,社区采取了引企业入园区发展、发展特色产业、发展本地就业、建立扶贫车间、激励群众自主创业等多种办法为社区群众创造增收条件。

雅登博服饰有限公司的服装加工厂紧挨着幸福社区,28岁的汪兴丽从浪桥村搬迁到幸福社区后,因为孩子小不方便外出打工,看到

王敦伟(站立者)在扶贫车间指导工作

社区的公告就来到这里应聘。在这里，她每个月能有 2000 多元的收入。"现在我的服装加工技术还不算好，但我相信我会越做越好的，只要我们都认真学，好好做，企业会越来越好，我们会做得越来越好。"目前，在服装厂就业的工人有 100 来人，其中建档户有 23 人。

服装厂后面，王敦伟引资与人合伙创办的云南康贝尼医疗科技有限公司生产医用口罩的整洁厂房里，工人们正忙碌地生产。新的业务让王敦伟更加忙碌，但不断发展的企业让他觉得更加充实。"如果我能为易地搬迁的各族乡亲从农民向成熟的工人转变尽一点力，大家一起奔向更美好的生活，那么再苦再累也是值得的。"在厂房前，他不断构想着企业发展的蓝图，扩大业务、延伸产业链、向电商模式发展，他始终坚信幸福生活是用双手创造出来的。

幸福社区里，来自不同乡镇、不同村寨、不同民族的群众，情同手足，守望相助，共同创造着幸福社区里的幸福生活。

（原载《民族时报》2020 年 9 月 30 日，记者：龙兴刚）

卢安魁
——用勤劳双手创造幸福

卢安魁简介

砚山县阿猛镇阿基村委会阿基大寨村小组村民。

2月25日,在全国脱贫攻坚总结表彰大会上,卢安魁作为文山州全国脱贫攻坚先进个人之一受到表彰。

"幸福生活要靠自己的双手创造。"这是卢安魁时常挂在嘴边的话。他身患残疾、家境贫寒,但他坚强乐观的精神,让原本"垮"下的家庭"站"了起来。

在一栋崭新的两层小楼房里,卢安魁正忙着收拾自家小卖部货架上的东西。他今年55岁,因幼时不慎摔伤腰椎,没钱医治,致使终身残疾。年少时生活的不幸,卢安魁并没有怨天尤人、浑噩度日,反而以顽强拼搏的毅力"挑战"命运,改变生活。

"人不要被病和精神压垮,人家做一天的活我用三天去做,慢慢地做,把它做好。"卢安魁说。

卢安魁至今未婚,但早年收养了一个孩子,名叫卢威宗,今年20岁,就读于云南新兴职业学院。儿子每年学费就要7620元,再加上每个月800元的生活费,一年的花费就需要15000元左右,这对每个月领取170元低保的卢安魁来说,简直就是一笔天文数字。卢安魁

说：''无论自己再苦再累，就算外出借钱，都要让儿子完成学业。''

卢安魁表示，养他长大不只是把他养大，要教他成人，只要他想读书爱读书，怎么借自己都要借了供他读完书。现在还有半个学期的实习期，就毕业了。

随着精准扶贫工作的开展，2017年卢安魁被评为砚山县阿猛镇阿基村委会上寨村的建档立卡贫困户。但他不甘当贫困户，为了摘掉贫困户的帽子，他积极上进，利用仅有的积蓄，在家开起了小卖部，经营小百货。经过他的精心打理，小卖部的生意越来越好，生活也渐渐有了起色。在了解农村危房改造政策后，卢安魁毫不犹豫，积极响应拆除旧房建设新房。当工作人员了解到他家的困难情况后，劝说他进行政府兜底建房，但他拒绝了。

''我想着家里还有点钱，后来我就拒绝兜底，自己盖房子。一开始盖了两间共60平方米，后来国家补了4万块钱，我就加盖了二楼。''

卢安魁（中）认真听扶贫工作人员讲政策

卢安魁说。

一直以来,卢安魁勤劳奋进,不等不靠,用勤劳的双手撑起了整个家庭。他平时忍受着身体疾病的煎熬,坚持耕田种地,家里的土地一块也没有荒废。

卢安魁给笔者算了笔账:"去年种了点小米辣大概得了一两千,今年玉米价一块二,被我卖便宜了,卖便宜了两千多,要不然得一万块钱了。"

谈到这次获得"全国脱贫攻坚先进个人"的荣誉,卢安魁很激动,艰苦奋斗、自力更生,带头光荣脱贫、勤劳致富的精神在卢安魁身上得到了完美体现。

"国家给我这个荣誉,我很高兴,再接再厉,国家的政策一天更比一天好,日子一天更比一天好了。"卢安魁说。

主动靠自己的双手,自力更生,不等不靠,为了更好的生活辛勤奋斗。卢安魁的事迹也让村里的干部们从内心感动钦佩。

谈起卢安魁,阿猛镇阿基村委会大寨村小组联合支部书记王成武说:"他勤劳,靠自己的双手,值得我们去学习。"

"时代造就英雄,伟大来自平凡。在全国脱贫攻坚这场伟大的战役中,人民是真正的英雄,只要我们广大困难群众发扬卢安魁同志这样不等不靠、人残志坚的精神,一定能过上幸福美好的生活。"阿猛镇阿基村委会工作队队长许顺锐说。

不幸虽然降临到卢安魁身上,但他没有就此放弃,始终以残疾之身努力生活和奋斗!

(原载《云南经济日报》2021年3月17日,记者:梁思雯)

李华明
——谋新路的"当代愚公"

李华明简介

西畴县西洒镇龙泉村委会岩头村小组党支部书记、村小组长。曾获得"全国脱贫攻坚奖奋进奖"等荣誉。

走进西畴县西洒镇岩头村，首先映入眼帘的是村头道路旁高耸的峭壁上镌刻着的两个鲜红大字——"实干"。

群山起伏，乱石林立，西畴县9个乡镇多数村寨通往外界的唯一出路，便是盘绕在悬崖峭壁上的崎岖山路，它就像一条绳索，死死捆住了人们跋涉的腿脚。岩头村，就是其中的代表。

以前的岩头村，"地无三尺平，滴水三分银"，因山高坡陡不通路，村里的姑娘都外嫁他乡，娶进家的媳妇也留不住。出村下山的那条羊肠小道上，村民抬猪出去卖时，猪曾滑落摔死；赶牛出山时，牛曾滚落山崖；往来这条路挑水吃，一趟得几个钟头。

打开山路走出大山，维系着大山深处乡亲们脱贫致富的热切梦想。村民小组长李华明带着15户村民，历时12年，在这片悬崖峭壁上硬生生劈出了4米宽的进村路，他也因此有了"当代愚公"的美誉。

在"实干"崖壁下，记者遇见了正在开展"西畴精神"现场教学授课的李华明。"有人和我打赌：你要是能把这条路修通，我拿手板心煎蛋给你吃！我心里暗暗发狠：只有修路，才有出路！"面对来自丘北县者曰中心小学的100多位教师，授课的李华明并不怯场。

"为了在岩壁上打炮眼，放进膨胀剂，慢慢把石头撑裂，大家只能找一条粗绳，一头拴在腰杆上，另一头拴在大岩子上面的树桩上，就像打秋千一样。"回顾过往的点点滴滴与艰辛，李华明说得很动情。

在随后的采访中，李华明对过往讲得少了，对未来谈得更多了。打通了出村"最后一公里"，还要打通致富"最后一公里"，让人能走出去，也能走回来，在家门口增收致富，这是他眼下最关心的事。

在当地各级党委、政府的关心下，近两年，岩头村的村集体经济从无到有，先后引进了500头生猪代养点和1.5万羽规模的乌骨鸡养殖合作社等项目。

李华明给记者算起了增收账：引进500头生猪代养点至今两年，

李华明带领大家修通致富路，"让小康进来"

已有12万元的场地租金；乌骨鸡已出栏2次、8000多只，两年下来有3.2万元的场地租金。"生猪养殖门槛高，暂时没办法，但乌骨鸡养殖项目，我们可以下一些功夫。"李华明说，"获得租金收入是一方面，更重要的是让村民在家门口学会一门养殖技术，未来可以自己扩大规模发展。"

眼下，李华明与村民正在谋划一个新项目——开办"最后一公里"农家饭庄，为一批批前来参观学习"西畴精神"的学员提供就餐场所。岩头村中心是一块难得的"巴掌地"，作为全县重要的"西畴精神"现场参观点，"最后一公里"展览馆场馆正在这里抓紧建设。

"把客人留住，只要能用一餐饭，对于村里的收入也是一个大进项。"李华明估计每年也得有上万人次走进岩头村。

除了开办农家乐，李华明还谋划着邀请县里有名的中药材致富带头人程敦儒来村里"把脉"指导，尝试种植苦参等中药材。"这样村里的产业能实现短长结合。"李华明说。

用双手在茫茫石漠上开辟的新路，总会给人带来美好向往，一路洒满阳光。17年前，李华明凿出山路，是为了把贫困从岩头村赶走；17年后，他带领大家修通致富路，是为了"让小康进来"。一路走来，不变的是李华明的一颗初心："村子虽然长在崖石上，但我爱我的家乡。"

（原载《云南日报》2021年3月18日，记者：张文峰、张登海）

李德顺
——脱贫思路"理得顺"

李德顺简介

墨江哈尼族自治县泗南江镇干坝村驻村第一书记，云南省普洱供电局党建部副主任。曾获得"云南省脱贫攻坚优秀驻村扶贫工作队员""全国脱贫攻坚先进个人"等荣誉。

每月 26 日，是墨江哈尼族自治县泗南江镇干坝村赶集的日子。"很热闹，也很方便，家里种的养的可以拿出来卖。家里想买什么，集市上也都有。"上干坝二组村民李金珍说。

从 2017 年 7 月成立集市以来，3 年里集市吸引了近百家商家前来交易，赶集客达数万人。集市汇聚了干坝村的烟火气，带旺了干坝村脱贫的人气和财气。

干坝村的集市还有一个特别的名字叫盛绿街集市。说起这个集市，大家都会提到一个人，他就是云南电网公司普洱江城供电局职工李德顺。

2016 年 10 月，李德顺来到干坝村驻村扶贫。第一个月他就跑遍了 20 个村民小组。最远的四角田村民小组距村委会 30 多公里，土路、弯多、路窄，开车要两个多小时才能到达。

实地调研后，李德顺发现，一方面，村民们买卖东西需要到 26

公里以外的集镇上，不会骑摩托的要步行一天，路途遥远；另一方面，干坝村产业薄弱、产品单一，种出来的东西又没有销路，有些就烂在地里，有的村民干脆不种。这样的循环不利于干坝村的发展。

在了解情况后，李德顺以打造农特产品集散交易市场为突破口，将每月26日定为干坝村赶集日。

李德顺还记得盛绿街集市第一次开街时的景象，只有几个村民抱着试试看的态度，带着几只鸡、一些土鸡蛋来卖。经过不断推广和积累后，集市渐渐热闹了起来。李德顺说，现在一到赶集日，村民们早早地就来占位置摆摊，附近的企业每月定期过来保底收购村民养的土鸡、生态猪，就连镇上的百货商、水果商也看好商机，每月都要过来占个摊位。

一步步把村里的事都理顺，李德顺心里是有章法的。他在干坝村提出了"长+短+集散"的产业脱贫思路，集市就是其中的"集散"，

李德顺（右）在田间与村民交谈

而"长"即为发展茶叶、橡胶种植等持续稳定的产业,已分别种植茶叶950亩、橡胶18500亩,采购商从干坝村收购的茶叶已达上万公斤;"短"即是发展土豆、烤烟种植,生态猪、土鸡养殖,鸡枞油、辣椒油加工等收益见效快的产业。

2018年6月12日,干坝村注册成立了"墨江盛绿农业专业合作社",通过电商平台形成了"农户+合作社+电商+快递"联销新模式,帮助村民销售农产品288万余元。

干坝村有一所废弃了9年的小学。李德顺决定把学校改造为"干坝农村客栈",形成以农村客栈为核心,带动生态体验游、摄影采风、生态餐饮等吃、住、玩"一条龙"的旅游产业。截至2020年4月,客栈共接待670人次,收益6万余元。

李德顺还争取到了13万元的资金,在客栈的屋顶建了光伏发电项目,不但满足了农村客栈的日常用电,还能并网售电。这两个项目,都为干坝村民带来了补助性创收,村民每年都有分红。

驻村3年,李德顺把一件件村民们曾经想都不敢想的难事理顺,努力蹚出一条属于干坝村的特色致富路。无论是为百姓搭台的盛绿街集市、创新打造的农村客栈,还是长短结合的产业扶贫,都是为了让老百姓过上好日子。村民们都说,村里的事,想要"理得顺",就找李德顺。

(原载《云南日报》2020年7月10日,记者:沈浩,通讯员:严媛、吴思)

周亚玲
——致富路上的"领头雁"

周亚玲简介

景谷康鸿西番莲种植户专业合作社理事长。曾获"全国优秀农民工"等荣誉。

周亚玲,景谷县威远镇江东村人,2014年成立景谷康鸿西番莲种植专业合作社,带动3236户群众踏上脱贫致富路,成为景谷县有名的脱贫致富领路人。

发展西番莲种植业,靠自己的双手走上致富路

2014年,经朋友介绍,周亚玲第一次接触到西番莲,发现西番莲种植周期仅为8个月,亩产却高达4000—8000元,而投入成本仅需1500元左右,是一种"种植周期短、投资成本低、收益见效快"的产业。这种新的产业吸引了她,于是她便到种植西番莲技术比较成熟的地方考察学习,在分析西番莲产业发展前景的同时不断学习西番莲种植技术。最终,于2014年12月成立了仅有5名工作人员的景谷康鸿西番莲种植专业合作社,开始发展西番莲种植业。创业初期,因

周亚玲（左一）带领群众发展西番莲产业

群众不看好西番莲产业的发展前景，没有群众愿意种植，最终只有5亩西番莲落地种植。

永平镇永兴村是糯扎渡电站库区移民新村，作为一个移民新村，到了新的居住点，产业如何发展，老百姓还没有太多的想法和办法。2015年，周亚玲来到永兴村动员老百姓发展西番莲，但对于从未接触过西番莲产业的老百姓来说还是不敢轻易下手。她积极动员村"两委"班子成员带头种植，并给予免费的种植技术咨询和培训，最终，相信她的人越来越多。目前，永兴村种植西番莲面积达1800亩，户均6亩以上，景谷康鸿西番莲种植专业合作社每年支付的西番莲收购款达150余万元。

开辟产业化经营模式，帮助贫困群众摆脱贫困

随着脱贫攻坚战的深入推进，周亚玲也积极响应自治县委、县政

府的号召，积极投身于脱贫攻坚战中，帮助更多的贫困群众脱贫致富。按照"公司＋合作社＋基地＋农户＋科技＋电商"的产业化经营模式，并通过"股份合作、订单合作、服务协作"等方式建立利益联结机制，积极吸纳建档立卡贫困户加入合作社。目前，共带动526户建档立卡贫困户脱贫。

探索"短、中、快"种植业，助力贫困群众不断增收

在西番莲产业不断成熟的过程中，周亚玲并没有因此停下带领贫困群众脱贫致富的步伐，而是不断探索"短、中、快"种植业，助力贫困群众不断增收。在自治县委、县政府的关心和支持下，2018年5月，她成立了升行农业开发有限公司，和其他本地农民专业合作社签订合作协议，积极引进南瓜、辣椒和紫薯等产业，采用南瓜和紫薯套种于西番莲地中，充分合理运用土地资源达到增收效果，并不断发展壮大"公司＋合作社"的规模，现有工作人员15人，带动农户3236户（其中建档立卡户526户）。

用周亚玲的话来说："我现在的生活很幸福，也很知足，是党和政府的关怀让我从成立合作社到成立公司，生活越过越好，而我接下来的任务就是继续发展产业，带领更多的贫困群众脱贫致富！"

（原载《普洱日报》2021年3月4日，
来源：普洱市扶贫办　景谷县委宣传部）

罗志华
——巧施妙手山寨"回春"

罗志华简介

勐海县畜牧兽医站高级兽医师。曾获"云南省科技兴乡贡献奖""全国脱贫攻坚先进个人"等荣誉。

2019年7月15日,勐海县布朗山乡曼囡村曼班三队早稻迎来大丰收,经抽样测产:最高水稻亩产量达733公斤,达到全乡水稻产量的最高水平。

曼班三队由一个过去不会种粮、深度贫困的"直过民族"村寨,用短短3年时间就成为水稻高产村,这得益于驻村帮扶的工作队长罗志华的"妙手回春"。他通过思想改造和技术帮扶,让村民摆脱了贫困,"自我造血"过上"粮满仓、肉飘香"的幸福生活。

造血第一步　改变村民的思想

"老罗,帮我扛一袋谷子嘛。"罗志华一来到收割现场,村民娜革就不见外地喊他。今年她家的水稻开始种两季,第一季已经打了3吨稻谷,两季下来预计不少于5吨,因此心情特别愉快。

"这一堆有些受潮了,单独收了拿回去喂鸡。"一到田间,罗志华就展开技术指导,"目前村民还没有成习惯,你不盯紧了,他们就会随意地将受潮和没受潮的稻谷混在一起,品质受到影响就卖不上好价钱。"

"老罗,等一下来和我们一起吃饭。"在田间就地埋锅做饭的扎拉亲热地邀请罗志华。

"我们才开始驻村时,他们可不是这样的。"罗志华回忆说。2016年刚被派驻曼班三队时,17户人家没有一户有存粮,村民们对工作队员并不亲近,说什么都没人理睬。究其原因,主要还是因为村民长期与外界缺乏交流,加上几乎没有人能够听懂汉语,非常认生。

曼班三队要发展,首先要让村里的拉祜族群众实现由"不想变"到"我要变"的思想转变,这其中最急需改变的就是语言沟通问题。

为表明"不成功绝不收兵"的态度,罗志华毅然将自己的组织关

罗志华(左二)来到群众家里,讲解玉米如何种植才能获得好收成

系从勐海县农业局转到了村小组，并向上级党委申请成立了曼班三队村民小组党支部，由他具体负责组织开展工作。

罗志华首先让教育局下派驻村的拉祜族工作队员在村寨开展以学习汉语、阿拉伯数字及计算方法为主的双语教学和扫盲活动，先后组织开展培训达324期6480人次。同时，组织村民开展各种文体活动，让村民们在活动中去亲身感受，以玩带学，从而逐步改变他们的一些旧观念、旧思想。在此基础上，邀请县文体局、老年协会进村演出，组织村民集中观看，教村民唱歌、跳舞，并组织带领村民到其他村寨及乡镇、县及州里参加节庆活动和考察学习，让村民们开阔眼界。

通过一系列潜移默化的学习和交流，如今村民们已不怕与外人接触，还能用汉语进行交流，有的还能主动外出去打工了。

造血第二步　传授技术培植产业

按照扶贫项目实施方案，罗志华结合生产发展的实际需求，积极协调村民配合相关单位，"出工出力"，按照每个项目的时间节点和要求，逐项进行督促和落实。投入资金2000多万元，落实了包括修通村寨与外界连接的水泥硬化路面等46个软硬件设施项目建设，村民切身感受到生产生活条件的巨大变化。

罗志华积极向相关单位及社会各界爱心人士争取各种资金和物资来帮助村民解决困难。几年来，共争取资金6.8万元、衣物500多件、粮油4500公斤。

罗志华和扶贫队员分析，曼班三队之所以深度贫困，是因为种植、养殖中一直采用技术含量和效益极低的传统方法，产业发展极其滞后和自我发展意识极其薄弱。

为改变现状，罗志华充分发挥自身的技术专长，开始对村民实施"统一组织、统一生产、统一管理、统一销售"的管理模式。他与队员们一起发挥各自优势、相互协作，带领村民干、帮着干、促着干，以土地资源为优势，积极动员、组织村民种植农作物和经济作物。同时，利用农作物产业种植节令，用汉语和拉祜语讲解，边做示范边手把手地教村民，组织村民开展相关技术培训。在生产中，指导村民育苗、栽种栽插、施肥和管理等，"连拉带推"带领村民抓生产、促生产。在他和扶贫队员们的努力下，曼班三队的村民当年不仅实现粮食自给，还能有余粮出售创收。

为改进村民的养殖状况，罗志华按照人畜分离、美丽宜居的要求，认真规划养殖地点、养殖规模、养殖场房等建设，并积极与养殖合作社协调、联系，分批引进了282头小耳朵猪指导村民养殖，帮助村民科学养殖。几年来，村民共出栏肥猪255头，年均85头，户均15头，实现创收近33万元，还引进1210羽鸡苗教村民进行养殖，养殖成活率达96%，使全村家禽存栏从164只增加到现在的1300只。

造血第三步　提升人居环境

针对村民受落后的生活观念和习俗影响，村寨环境和家庭卫生意识比较淡薄，村庄脏、乱、差现象十分突出的状况，罗志华专门制定了计划及措施，认真开展整治工作。

改善环境首先从个人卫生的改变开始。罗志华组织工作队员有计划地将一些头发长的村民"请"到办公室，帮他们理发，换上干净的衣服，从做好自己的个人卫生开始，引导村民对家庭和村寨环境进行提升改造。

队员手把手地教村民打理家务、清理卫生、穿衣、叠被、做饭，还采取打分评比和用可利用垃圾换取实物的方式来督促村民搞好环境卫生。在做好卫生工作的同时，他还组织村民开展村内绿化建设。

为进一步激发村民的内生发展动力，罗志华抓住全县推进"自强、诚信、感恩"主题实践活动创建"小蜜蜂"超市的契机，把曼班三队争取为布朗山乡试点村，在乡党委、政府及挂包单位的支持、配合下，他结合曼班三队的村情及民情实际，创办了"小蜜蜂"超市，超市以扶贫、扶志、扶勤为基本原则，以转变困难群众"等靠要"思想为根本目的。通过表现换积分、积分换实物的方式，将各级组织和社会爱心人士捐赠的各类物资，公开、公平、公正地奖励给村民。

如今曼班三队的人均纯收入已由扶贫前的2820元，增加到了现在的8310元，全村17户人家已全部进入了脱贫致富的发展轨道。

（原载《云南日报》2019年8月7日，记者：戴振华）

刘平
——生命定格在脱贫攻坚路上

刘平简介

生前为祥云县普淜镇杨家屋村党总支书记、村委会主任。曾获得"大理州优秀共产党员"等荣誉。

日前,沿着山坡上新铺的水泥路,记者走进祥云县普淜镇杨家屋村,追访深受群众爱戴的"好书记"刘平。

他,奔忙在扶贫路上

2017年3月7日9时许,刘平赶赴易地扶贫搬迁点途中,意外摔伤昏迷,抢救无效,4天后离开了他无限眷恋的乡村。

49岁的刘平,红黑脸庞,身材结实。突然"走了",一张像样的照片也没留下。追悼会上,一副挽联寄托了干部群众的哀思:"当书记,民心可鉴,凭德而选;数政绩,宗宗利民,家谈户赞。"

"骑摩托车摔倒了,车前兜里还装着几个水管接头。"杨家屋村党总支副书记魏光世谈起刘平时充满钦佩与遗憾。

"我们书记,太辛苦了。"魏光世介绍,杨家屋村有5个村民小组,294 户、1018 人,其中建档立卡贫困户 37 户、121 人。易地扶贫搬迁,选址在高村子、杨家屋两个自然村中间的"滑草皮",就是为了照顾建档立卡贫困户的生产、生活。刘平几乎天天都骑摩托车奔波于村委会和"滑草皮"之间,督促平地基、建新房、保质量。一次,刘平因高血压住进县中医院,医生叮嘱多休息,可他只要了点药,很快又回到工地上。

他,致力改变两难

"雨天一身泥、晴天一身灰",曾是杨家屋村交通状况的真实写照。近两年来,为解决村组"行路难",刘平经常带着村干部到上级

刘平(前)带领群众割草护路

部门争取项目和资金。项目和资金到位后,党员带头做群众工作。一次,有条水泥路快要完工了,有一家农户突然反悔,坚决不准占用自家的地,工程被迫停了下来。刘平先后10多次上门耐心做工作,终于感动了村民,让路继续向前延伸。他说:"修路是好事,但一定要让群众心里也舒坦。"

杨家屋村委会有4个自然村长期缺水,干旱时,村民吃水要到山箐里挑,种地要等普溯水库开闸放水。刘平千方百计争取项目,在梅子箐建成一个蓄水2万立方米的库塘。为节约开支,他带着村干部自己接通水管,终于将"自来水"引到群众家中,解决了900多人的饮水问题。

有人粗略算了一笔账,刘平在杨家屋村任职20多年来,争取到交通、农田、水利、扶贫等项目资金1000多万元。如今,杨家屋村是普溯镇唯一的水泥路通到每户村民家门口的行政村,农村安全饮水率达到100%,实现了村级卫生室、老年活动室全覆盖,电视网络"村村通"、广播"社社响"。

他,孜孜寻求致富产业

杨家屋村"山大、地碎"。全村有水田400亩、旱地600亩。村民的收入来源,靠种植烤烟、苞谷、桉树和外出打工。

"有的村民打趣我应该改名'未成功',但是刘书记却支持我发展冬桃产业,最终获得成功。"今年52岁的魏成功说,他先后种菜、种洋芋,养猪、鱼、鸡都失败了,成本也拿不回来。2014年,他在村里率先试种冬桃,村民又预言他"不成功"。

杨家屋村曾经种过茭瓜、梨、蚕桑,都没有成功。刘平从魏成功种植的冬桃中看到了"钱景",鼓励村民用冬桃代替桉树,让杨家屋冬桃成为一个"好品牌",鼓起村民的"钱袋子"。如今,魏成功已经带动 105 户村民种植冬桃,他还担任冬桃专业合作社理事长。他家种植的 20 亩冬桃,去年初次挂果收入 2 万多元。

魏成功记忆犹新:"刘书记请来技术员,教村民冬桃种植技术;协调村民流转土地,冬桃实现了连片种植;争取来 5 万棵扶贫冬桃树苗,其中 3 万棵给了合作社;从挂钩部门协调来 30 吨化肥,其中 10 吨给了合作社发展冬桃。"

在不宜种植冬桃的自然村,村委会则鼓励村民发展养殖业。"根据家庭情况,有的补助养牛钱,有的补助养羊钱。"村民魏思亮高兴地说,他家去年花 6800 元买了一头母牛,其中国家补助 5000 元。半年后,母牛就下了一头小牛。"自己的辛苦有了回报,要感谢刘书记啊。"

在巩固种植 400 亩烤烟基础上,杨家屋村目前种植了冬桃 500 亩,养牛 200 头,养羊 100 多只,有 2 家农户开始探索种植中药材。2016 年,全村农民人均收入达 7300 元,比上年增长 13%。

他,对公对私一清二楚

刘平,1990 年 10 月入党,2000 年 8 月任村党支部书记,2007 年任村党支部书记、村委会主任,2014 年任村党总支书记、村委会主任。多年来,他始终保持对党的忠诚、对事业的挚爱。他朴实地说:"官不大,责任重大,我要实实在在地做事。"

大理白族自治州国土局驻村扶贫工作队队长杨有德感慨地说:"刘书记对公对私,分得一清二楚。"人们在清理刘平办公室的遗物时发现，村里去年慰问每个残疾人 300 元钱，其中一人在外打工无法联系，刘平专门用纸包好并注明"慰问庄有林的钱"。

"当年看上他，就是因为他为人耿直。"在简朴、干净的家里，刘平的妻子魏菊芬提起丈夫，不禁连连掉泪。她理解刘平，也支持刘平的工作。大女儿出嫁了，小女儿还在读书，全家的农活都落在魏菊芬身上。她实在忙不过来，只有请姐姐来帮忙。小女儿刘少琴提起父亲，双眼发红："我一个人在家时，爸爸都要从村委会回来给我做饭。但他太忙了，电话一来，骑上摩托就走了。"大学生村官杨治军说，村民已经习惯"有事，就找刘书记"。

（原载《云南日报》2017 年 9 月 12 日，记者：庄俊华）

杨福才
——搬出深山挪穷窝　奔向幸福新生活

杨福才简介

剑川县老君山镇新和村村民。

老君山是云南省众山之祖,是一座面向大理、怒江、迪庆、丽江四州市开放的宝山,是云南省最具魅力的景观走廊之一。过了剑川老君山镇,左边是从山上滚下的落石,右边是万丈深渊、狭窄不平的路面,蜿蜒曲折的弯道,汽车艰难地颠簸盘旋而上,透过车窗望去,莽莽苍苍的群山连绵起伏,郁郁葱葱的绿色森林映入眼帘,此时的老君山宛如一块硕大碧绿的翡翠镶嵌在滇西高原的最深处。而在老君山3200米高的半山腰世代居住着新和村第五村民小组(彝族社) 86户323人彝族群众。由于身居深山老林,山高坡陡、道路不畅、高寒冷凉、信息闭塞,加之缺少耕地和缺乏基本的医疗、教育、公共文化等基本服务设施,恶劣的自然条件和资源的匮乏,是老君山镇最深度贫困的地区。在县委、县政府的帮助指导下,2016年世代居住着新和村第五村民小组(彝族社) 86户323人彝族群众被列入了国家易地搬迁计划,从此彝族群众搬出大山下坝进城迎来了曙光。

搬出深山　生活变了样

住权权房、烧柴做饭取暖，"外面下大雨，屋内下小雨"……这曾经是 2018 年以前，剑川县老君山镇新和村第五村民小组村民的生活写照。

新和村第五村民小组 86 户 323 名彝族群众，曾分散居住在剑川县老君山镇海拔 3200 米以上的老君山畜牧场、鸡脚箐等 8 个山箐中，山高坡陡，交通不便。村民靠种植洋芋、养牛养羊为生，经济落后。"山上没有一个卫生室，村民得急病不能得到及时救治；孩子上学不方便，辍学率高……"改变贫困面貌，让村民的生活好起来，一直是时任党支部书记兼村民小组长的杨福才心里的"牵挂"，也是 323 名彝族群众的梦想。

杨福才（左）来到群众家里，动员贫困群众搬迁

2016年6月，杨福才与搬迁群众召开搬迁动员，新和村第五村民小组整村易地搬迁被提上议事日程。"如果不抓住这次机会搬下山，以后就无法从贫困中挣脱出来。一定要让所有人搬出大山！"杨福才暗暗下了决心。

然而，大家开始担忧下山后生活无所依，对新生活产生了焦虑情绪，没有几户人家愿意搬迁。"你把我们弄下去，没有田地，我们吃什么喝什么？""不要到最后，你变成了全村的罪人。"

"住在这里，温饱、交通、就医、娃娃上学都成问题。现在国家扶贫政策好，产业扶持到位，搬迁后的生活只会比现在更好。"面对村民的质疑，杨福才又一遍遍地耐心劝说。

"只要群众肯搬，我就不怕当这个罪人。"为了说动村民，杨福才翻山越岭，足迹遍布8个山箐。三年来，他穿烂几十双鞋子，自己的皮卡车更换4副轮胎，召开42场群众搬迁动员会、24场征地动员会、19场项目协调会。

据介绍，此前陆谷谷和村里的其他86户323人居住在老君山深处的九山八箐之中，"生活艰苦，人畜住在一起，天天放羊种地，娃娃读书、老人看病都不方便"。

为彻底解决一方水土养育不了一方人的问题，老君山镇启动了老君山彝族自然村86户群众整村搬迁项目。"刚开始群众不理解、不支持、不愿意搬迁。我和镇里面的工作人员一个箐一个箐一户一户地做工作，今天这个箐、明天那个箐，开大会开小会进行动员。先后经历了11次反复选址，最终才确定在这个位置。"该镇党委书记王梧兴说。

今年51岁的杨福才是新和村第五党支部的支部书记，改变村寨的贫困面貌、带领群众脱贫致富，一直是他的"一个梦"。在搬迁中，他发挥党员先锋模范作用，做了大量耐心细致的工作，曾经为了搬迁户的9分地5天40多次登门协商，3年间走破了10多双球鞋。

最终，新和村第五村民小组86户323人，全部高高兴兴搬出大山，住进"人畜分离，厨卫入户"的砖混结构新房屋，开启了新生活。

产业促增收　强村又富民

如今，新和村第五村民小组的新村集中安置点热闹非凡，四通八达的车道、宽阔的太阳文化广场、商品丰富的小超市，新和村86户彝族同胞搬进了新家，其中建档立卡49户211人，同步搬迁37户112人。一幢幢具有彝族特色的美丽民居，展示着村民越来越好的新生活。

老君山镇围绕一片烟、一枚蛋、一窝蜂、一只腿、一个苹果、一朵菌、一只凳、一炷香"八个一"的产业布局，以"党支部＋合作社＋贫困户"的方式积极发展产业，种植香葱100亩、季差蔬菜300亩、羊肚菌100亩，还引进晶鑫制香厂和金属藤编制品厂，让群众参与务工，真正找到了"有事做、能发展、能致富"的途径。在索玛小镇的建档立卡贫困户沈文祥家里，儿子女儿的奖状贴满了墙壁。他说："自己在羊肚菌种植基地打工，每个月有三千多元的收入，在家门口打工赚钱，又方便照顾小孩和老人，生活在慢慢变好。"

"娃娃们终于可以安心上学了。"最让杨福才感到欣慰的是搬迁解决了村里孩子们的上学问题。"现在，我从家里到学校只要十五分钟路程，中午在学校吃饭，还有牛奶喝。我要好好学习，争取以后能上大学。"从新和完小放学的杨欣告诉记者。

现在新村里还建了村史馆，在杨福才的坚持下，老君山上原来的老村子保留了几间杈杈房和几排木篱笆。杨福才说,要让村里的后代们常回老村看看,让他们懂得感恩党的好政策,珍惜现在的美好生活。

为了让父老乡亲脱贫致富,杨福才带领这里86户人家调整传统种土豆和燕麦,开始学习和探索种植附加值比较高的林下经济作物,在资金和技术严重不足的情况下,走上了一条良性循环的"绿色发展"之路。兴起一个产业,富裕一方百姓。杨福才为了发展生态产业绞尽脑汁,他充分利用外面的朋友关系,积极大力发展林下经济,现在每户每年仅采菌一项就达一万多元。他冒着投资风险学习种植茶叶、重楼产业,自己取得了很好的经济收益,后来他采用送苗上门,送技术上门,与农户签订收购合同,为收购商、加工商、种植户搭起了共同致富、共同发展的桥梁。2020年全村种植收获周期长达3年的重楼700多亩,每公斤现在收购价已经高达300多元,预计明年将会有一个好的收成。老君山的彝家人,在杨福才带领下守护着这里的生态,走出了一条科学和谐生态发展的幸福之路!

回顾脱贫攻坚这5年,是激情燃烧的5年,也是异常艰辛的5年,是满怀感动的5年,更是成绩斐然的5年。杨福才满脸笑容地说:"看着这一排排崭新的楼房、宽敞的道路、亮丽的路灯,喝着清澈甘甜的自来水,我做梦都没有想到有生之年我们彝族群众会住进这么好的房子,如果没有党的关怀和政府的支持,就不会有现在的好日子。"常常听到搬迁的老百姓说:"没有杨福才社长做了那么多的工作,也许我们到现在还在大山深处。"随着86户群众的搬迁入住,老君山镇实现了全镇无一户一人居住在山上的目标。

(原载《云南经济日报》2021年3月23日,记者:刘书贵)

梁昌才
——脱贫攻坚为阿昌族带来福音

梁昌才简介

梁河县九保阿昌族乡党委书记。曾获"云南省优秀党务工作者"等荣誉。

全面建成小康社会,一个民族都不能少!

作为云南特有的人口较少民族,阿昌族于2020年与全国人民一道实现了脱贫致富奔小康目标,也是全省11个"直过民族"和人口较少民族实现整族脱贫的一个缩影。

在前往北京领奖前夕,作为阿昌族获奖代表的德宏傣族景颇族自治州梁河县九保阿昌族乡党委书记梁昌才,在昆明接受了记者的采访,为我们真情讲述阿昌族群众脱贫前后的历史巨变。

"马上就去北京了,心里很高兴也很激动。作为一名基层干部,能有机会到北京去领奖,我觉得很荣幸。"采访过程中,梁昌才心中的喜悦溢于言表。为让更多的人了解到阿昌族文化,他在行前动员会结束后,特意将身上的西装换成了漂亮的阿昌族服饰。

梁河县九保阿昌族乡党委书记梁昌才出身于贫苦的阿昌山寨,一直以来始终没有忘记是党的民族政策让自己走出了大山,走上工作岗位。到九保乡任职之初,梁昌才就暗下决心,绝对不能辜负组织的重

梁昌才

托和乡亲们的期望,要用实实在在的行动和业绩带领全乡各族群众攻下贫困的"山头"。

作为全国仅有的三个阿昌族乡之一,九保阿昌族乡有群众3958户15711人,其中建档立卡贫困户559户2120人。"由于我们阿昌族主要居住在山区或半山区,曾因交通不便、基础设施薄弱、产业相对落后等,贫困成为奔小康的最大阻碍。"梁昌才介绍道。

脱贫攻坚以来,作为乡党委书记的梁昌才精准聚焦重点难点,在省烟草专卖局(公司)"整族帮扶、整乡推进"的大前提下,围绕抓好基础设施建设、产业扶持、劳动力转移、人居环境提升等工作,带领全乡各族群众如期实现了脱贫致富。截至2020年,全乡5个贫困村全部实现摘帽,559户2120人建档立卡贫困群众实现脱贫。

作为基层干部,梁昌才既是脱贫攻坚的参与者,也是这场伟大战役的见证者。"脱贫攻坚为我们阿昌族群众带来了福音!在九保乡,经常有阿昌族老人说,新中国成立,让阿昌族成为国家的主人;脱贫攻坚,让我们的生产生活发生了历史性转变。"梁昌才说。

到九保乡工作的5年里,梁昌才对全乡基础情况、经济发展、道路状况、群众脱贫愿望和扶贫开发规划等有了深刻的认识,并结合实际,提出以党建引领,一条主线强基础;住房保障,两项政策保安全;拓宽渠道,三条路子促增收;强化落实,四项措施保民生;激发活力，五个行动聚人心抓手的"12345"措施为攻坚之举。

在 2020 年初疫情发生后，梁昌才带头坚守一线，开启"白+黑"模式，全身心投入到疫情防控阻击战中，每天都在一线工作 10 多个小时。在之后的复工复产工作中，他更是急群众所急，一天就跑遍了全乡 6 个村和部分企业，手把手指导解决贫困户就业、农产品促销等难题，把疫情对脱贫攻坚的影响降至最低。至今，全乡没有一户群众因疫情返贫致贫，真正做到疫情防控与脱贫攻坚双推双促。

"如今，山间的茶叶更绿了、道路更宽了、房子更敞亮了……"梁昌才表示，通过各项扶贫政策的精准落地落实，九保阿昌族乡各族群众都住上了安全稳固房、走上了硬化路、喝上了安全水、就学看病在家门口就能解决，各族群众的生产生活发生了翻天覆地的变化。

（原载云南网 2021 年 2 月 25 日，记者：姬祥虎、赵家琦）

谢良忠
——建设"又美又乐"的傈僳新家园

谢良忠简介

玉龙纳西族自治县黎明乡美乐村党总支书记。曾获"全省第二十三届劳动模范"等荣誉。

散落于老君山崇山峻岭之中的美乐村委会是一个傈僳族村寨,曾经这里边远、封闭、贫穷、落后,是玉龙纳西族自治县最贫困的村委会之一。自新中国成立以来,美乐村一直是国家救济的对象,被人们称为"美乐,美而不乐"的地方。

为了让傈僳族群众过上幸福生活,美乐村党总支书记谢良忠胸怀担当,作出了不懈的努力:他带领群众开山炸石,打通发展道路;他抓牢产业,夯实了致富的根基;他精心施策,多措并举抓脱贫,殚精竭虑,奋战脱贫一线。在他和村党总支一班人的努力下,美乐村人均纯收入从 2009 年的 1000 元上升到 2019 年的 12000 元,贫困发生率从 2014 年的 20.3%,降至 2019 年的 0.15%。过去被人们称之为"美而不乐"的地方,如今成为"又美又乐"的傈僳新家园。

老君山区是著名的"三江并流"横断山区,生活在这里的傈僳族群众世世代代隐居在高山深谷之中,大山封断了他们同山外的交流,给他们造成贫穷和落后。

谢良忠——建设"又美又乐"的傈僳新家园

1996年5月,谢良忠接过了美乐行政村村长的担子。他认识到,"要致富,先修路",要让美乐傈僳乡亲走出大山,奔向幸福,首先必须打开大山,修好一条通往山外的道路。修路是美乐傈僳族群众多年的盼望。一炮一锤,一锄一锄挖,历经20年的不懈努力,谢良忠带领2000多名村民,利用每年两季农闲时间,投入10余万个工,不但打通了纵贯美乐18千米的主干道,还修通19个村民小组100余千米的公路,实现了户户通公路。如今,美乐村9个村民小组的道路得到硬化,5个小组的硬化正在实施中。在打通村组道路的同时,19个村民小组全部通了10千伏以上的动力电,2049人的饮水问题全部得到保障。

美乐高山耸立,沟壑纵横,90%以上的土地挂在墙上。"砍一片,烧一坡,种一箩,收一筐"的生产方式一直沿袭,带来了恶性循环。谢良忠经过反复研究村情认为,要带领乡亲们走出贫困,必须改变落

谢良忠带领群众发展核桃规模化种植

后的生产方式，走一条生态产业发展的道路。

美乐村海拔2300米至2700米的沟谷中生长着大量野生核桃，品质好，远近闻名。立足基础优势，谢良忠和党支部带领群众发展核桃规模化种植。经过5年发展，核桃成为村里的支柱产业，年总收入达到1000多万元。全村种植面积达2万亩，人均200棵，村民核桃收入户均达万元，最高的达到5万元。为进一步拓展绿色生态产业空间，把产业做大做实。近年来，谢良忠不断动脑筋想办法，启发带动群众，充分利用核桃产业发展，做好立体经济。在核桃树下，种植高秆作物，如玉米、白芸豆；在高秆作物下种植低矮作物，如魔芋、烤烟、木香、秦艽、重楼等。从而形成了一片林子"三个梯级"作物，一亩地有了三亩地的产出。美乐村哈独底村民小组的雀秀花一家，种了核桃54亩，药材20亩，烤烟8亩，年收入近10万元。

生态产业的发展，夯实了美乐村脱贫致富的根基，给昔日的荒山穿上了漂亮的绿色新衣，增强了群众的产业意识，也提升了群众生态环保意识。近年来，美乐村先后摘得"全国林下经济示范基地""国家森林乡村""市级生态村"等荣誉。

从昔日刀耕火种的民族山乡步入了以产业为引领的现代化新时代。在谢良忠和村党总支干部们的带领下，美乐村正在发生着翻天覆地的变化。全村户户有产业，246户人居工程建设户和98户建档立卡贫困户住上了新房。曾经山高路陡的山村里奔跑着小汽车、摩托车等现代交通工具。小康路上，美乐的日子一天比一天好。

（原载《云南日报》2021年3月25日，记者：胡晓蓉）

王世荣
——"一周三活动"提升乡村文明

王世荣简介

贡山独龙族怒族自治县独龙江乡巴坡村党总支书记。

20余年来,他宣传政策带动产业,推动精神文明建设、人口素质提升,建设美丽庭院促进生态旅游发展。

草果种植是巴坡村乃至独龙江乡的支柱性产业。2008年,王世荣带领全村40多位干部群众来到高德荣"老县长"探索出来的斯达草果基地学习种植技术,同时,组织村组干部和积极性较高的农户去外地学习考察,回来后通过其现身说法提振村民种植草果的信心和决心。以点带面、一户到几户、一个村民小组到几个小组逐步推广。

2017年底,巴坡村所有建档立卡贫困户稳定脱贫,全村脱贫出列。

2020年,全村共种植草果23200亩,草果产量452吨,收入418万元;羊肚菌37.5亩,产量2916.72斤,收入114626.5元;重楼种植318亩、葛根52.53亩;养殖中华蜜蜂2000箱,年出蜂蜜1吨;猪存栏570头,独龙牛存栏460头。2020年,建档立卡户人均纯收入12692元,基本实现每户农户有1至2个脱贫增收产业的目标。

2018年,独龙族实现整族脱贫,习近平总书记回信鼓励独龙江

接待游客之前,王世荣和妻子都要换上七彩独龙衣裳

乡干部群众:"脱贫只是第一步,更好的日子还在后头。"

王世荣牢记嘱托,抓党建,促文明素质提升,以"一周三活动"为主要抓手,持续开展感恩共产党、感谢总书记系列活动,群众脱贫致富的信心更加增强。

思想引领,激发动力,周一"天蓝地绿,水清人美"环境卫生日。政策传万家,摒弃"等靠要",周三"感恩共产党,感谢总书记"讲习活动日。倡导文明,"精神"也要富,周五"走出火塘到广场"文体活动日。

"一周三活动",犹如一根时间轴线,有力贯穿群众每周生产生活,使群众的内生动力增强、精神面貌焕新,展现新时代、新农村、新农民的新气象。

2019年10月,王世荣感于身边的巨大变化、感于帮扶干部的真情付出,萌生了"管理到户,教育到人"的想法。从巴坡村示范点开始,全乡范围推动村干部、驻村工作队包户责任制度。一是包人居环境（疫情防控）；二是包政策宣讲；三是包产业发展；四是包外出务工；五是包家风建设；六是包志智双扶；七是包意识形态；八是包法制宣传；九是包乡村旅游；十是包诉求解决。

通过党员致富带头人、村组干部和驻村工作队带头宣传人居环境、产业发展知识和自己的感受变化，增强了群众脱贫致富的信心，群众"听党话、感党恩、跟党走"的决心更加坚定。

2020年2月18日，因疫情防控工作突出，受到怒江州应对疫情工作领导指挥部、怒江州委组织部表扬通报全州新型冠状病毒疫情防控阻击战中表现突出个人。

2020年5月，独龙江乡"5·25"自然灾情，在通讯道路完全中断的情况下带领村干部在暴雨中挨家挨户敲门动员群众到村委会紧急避险，安全转移并安置了45位巴坡小学师生及200余群众，保护了人民群众的生命财产安全。

（来源：云南省乡村振兴局）

和银光
——啃下最硬的骨头

和银光简介

兰坪白族普米族自治县中排乡大宗村第一书记。

和银光,怒江州兰坪县纪委监委派驻县委办纪检监察组组长。2019年3月,被选派到兰坪县中排乡大宗村任驻村第一书记。2021年,被党中央、国务院授予"全国脱贫攻坚先进个人"称号。

斩断穷根　他不放弃任何一个机会

和银光

和银光所在的中排乡大宗村共有11个村民小组,居住着傈僳族、白族等少数民族群众,共有建档立卡贫困户388户1542人,占比77.6%,是远近闻名的贫困村,脱贫攻坚面临严峻挑战。

和银光从进村开始就反复分析大宗村的致贫原因,寻找突破口。"自然条件恶劣、土地贫瘠、基础设施落后、交通不便只是客观因素，群众文化素质偏低、思想观念落后、内生动力不足才是深层次原因。"找准问题的症结，和银光决定从抓孩子的教育和改变家长的观念入手。

教育是阻断贫困代际传递的治本之策。和银光说，对于辍学的学生，只要有一丝希望，就不放弃劝返，如果放弃一个学生，就意味着有一个家庭难以摆脱贫困命运。

蜂润福本是一名初三的学生。2020年初，学校受疫情影响推迟开学，但开学后，却迟迟不见蜂润福来报到。得知这一情况后，和银光心急如焚，立即前往蜂润福家了解情况。"他执意要出去打工，我们也叫不回来。"和银光多次到蜂润福家对其父母做思想工作，得到的都是这个回答。无奈之下，和银光又多方打听，拿到了蜂润福的微信号并加为好友，在一步步了解他的想法后，又一点点说服他，最终将其劝返校园，还为他申请了往返交通补贴。

摸清辍学原因、逐户进行走访，除蜂润福外，和银光还积极劝返了9名适龄辍学的孩子。

近年来，和银光组织发动挂联单位干部职工累计为大宗小学捐款4.1万元，为学生购置了校服、书包等物品；协调争取珠海市横琴新区党群工作部等各方力量，共向大宗村捐赠了价值20余万元的校服、文具等物品。

动员搬迁　他厚着脸皮一次次上门

"噶帕（傈僳语，意为领导），我有些心里话对你说。前段时间你们组织抽签分房，我一时想不开心里有气，说了很多难听的话。如今搬了新家，换了新环境，那是真的好！党的政策这么好，我打心底感谢共产党。这次回来,我带头拆旧复垦。"村里的易地搬迁户沙几破找到和银光,高兴地拍着胸脯说。

别看现在沙几破满脸堆着笑容,可在 2020 年初,他却没少给和银光"脸色"看。

根据大宗村的实际情况,县里决定对全村 259 户 988 人实施易地扶贫搬迁,大宗村成为全县规模最大、搬迁人口最多的村委会之一。然而,这项好政策刚开始却没有得到村民的理解。

"就因为前面的这座大山,挡住了我们致富的道路,老人看病不方便、娃娃上学不方便、年轻人干活也不方便。我们搬不动大山但可以搬出大山,到县城就医、就学、务工就方便了。"和银光逐户上门动员。

"我们世世代代都居住在大山里,大山就是我们的家,我们搬不了,也适应不了城里的生活。"

安土重迁的观念一时难以改变,和银光和队员们背上背包,挨家挨户宣传政策。上门的次数多了,有的群众开始烦了,甚至恶语相向。

讲干了嘴、走破了鞋、操碎了心,却换不到一个"好脸色",和银光没有抱怨,仍然一边倾听群众想法,一边总结反思,改进工作方法。群众看他一次又一次到家里劝说、讲政策,怎么骂也骂不走,终于被他的真心真情打动,开始配合他的工作。

现在,全村的易地扶贫搬迁户都搬到了县城,住进了干净整齐、设施齐全的小区,过上了幸福的新生活。

发展产业 他急群众之所急

实现稳定脱贫,发展产业是根本之策。经过考察,和银光发现大宗村的土地资源和气候条件适宜中药材生长，与村"两委"班子商量后，大家决定先由村干部带头，到附近乡镇观摩学习中药材的种植、管理和销售，再发动群众种植。在他的推动下，2019年大宗村种植丹参164亩，云木香338亩，其中，144户建档立卡户参与种植。

种下了中药材，和银光又操心起了销售问题。

2020年初，受疫情影响，丹参价格较低，出现了销售困难。和银光立即四处打听销售渠道，最终通过朋友联系到大理的一家药材公司，帮助群众达成了收购协议。

"非常感谢和书记，如果没有他，我们的损失就大了，虽然丹参市场价格比往年低一点，但比以前种玉米、小麦好多了。"大宗村村民和成东激动地说。

除了种植中药材，和银光和队员们还通过发动群众发展特色养殖业、用活用好村集体资金、拓展劳动力就业渠道、大力开发公益性岗位等措施，增加村集体经济收入，促进消费扶贫，想方设法帮助群众增收致富。

和银光常说："驻村了，我们就是村里的人，就是村里的干部，就要把群众当成自己的亲戚，群众有困难我们要积极帮助他们。"在他的带领下，全体队员和村干部急群众之所急、想群众之所想，实实在在地解决群众生产生活中遇到的实际问题，使大宗村这个曾经的深度贫困村顺利摘下了贫困的帽子。

（来源：清风云南公众号2021年3月12日，通讯员：杨美丹）

扎史尼玛
——用实实在在的帮扶措施帮助困难群众

扎史尼玛简介

生前为维西傈僳族自治县维登乡新华村驻村工作队队员，迪庆藏族自治州民族歌舞团职工。

扎史尼玛，男，藏族，1978年12月出生。自1996年8月参加工作以来，一直就职于迪庆州民族歌舞团，先后担任舞蹈演员、舞台技师、后勤保障人员。2020年5月，根据该局党委工作安排，扎史尼玛赴维西县维登乡新化村开展驻村扶贫工作。可不幸的是，就在2020年7月3日，扎史尼玛因连续工作，劳累过度，突发疾病，以身殉职，扎史尼玛的生命永远定格在42岁。

"哪里有贫困，哪里就是主战场。"扎史尼玛服从组织安排第一时间赶赴扶贫点开展工作，驻村期间，工作兢兢业业，以"不忘初心、牢记使命"的标准要求自己，踏实肯干、无私奉献。生活上，扎史尼玛注重与乡、村干部及队友沟通交流，不断营造融洽的生活氛围。工作上，他担当作为，主动承担外勤工作，积极探索基层群众工作方法，做到始终以饱满的精神状态、务实的工作作风、一心为民的奉献精神，投身到脱贫攻坚战中，在迎接国家脱贫攻坚评估考核及脱贫普查清查工作中都做出了应有的贡献。

扎史尼玛——用实实在在的帮扶措施帮助困难群众

扎史尼玛是家里的顶梁柱,活泼可爱的女儿尤为依赖他,父女俩感情特别好,平时都是扎史尼玛接送女儿上下学。在得知爸爸要去维西驻村后,女儿哭闹了好多天,抱住他不让去。纵使他心中有万般不舍,但一想到要去完成脱贫这项光荣而艰巨的任务,他就毅然决然踏上了前往维西县维登乡新化村驻村的征程。

维西县维登乡新化村是一个典型的傈僳族聚居村,由于高半山区交通闭塞,扶贫工作开展起来十分困难。过去,因从来没有在基层工作的经验,要如何与贫困户相处,如何做好扶贫工作等问题让扎史尼玛十分忧心,为尽快适应工作,扎史尼玛驻村后,立马转换角色,投入到工作中,积极向工作队长和村委会成员打听村里的基本情况,经常了解政策、整理资料到深夜。虽然驻村时间不长,但他在实践中不断地摸索和总结,掌握了一套与村民交流、交心的方法。他的工作得

扎史尼玛(右二)和同事一起商量扶贫办法

到了村"两委"、贫困户的一致好评。

基层群众永远都会记得,扎史尼玛就是这样一位平凡的扶贫干部,一个想群众所想、急群众所急的人,以高度的政治责任感、强烈的使命感和服务群众的真感情,用实实在在的帮扶措施帮助困难群众,让群众感受到党的温暖和关怀。

(原载迪庆日报传媒2021年3月9日,作者:央金拉姆)

毕起美
——用真心真情书写扶贫故事

毕起美简介

原云南省临沧市双江县忙糯乡邦界村驻村扶贫工作队队长，临翔区人民检察院副检察长。曾获得"临沧市扶贫先进工作者"、第八届亚洲微电影艺术节"最佳公益作品奖"等荣誉。

2020年云南省推荐的全国脱贫攻坚奖贡献奖候选名单中，临沧市人民检察院检察官毕起美榜上有名。

在毕起美身上，有许多标签："西南边陲澜沧江畔的驻村第一书记""优秀女检察官""扶贫先进工作者"。但对双江县邦界村的村民而言，毕起美是个拖家带口来扶贫的"老熟人"。

2017年底，毕起美带着女儿和母亲来到"头顶雾露脚踩霜"的邦界村，开始书写她与这个村庄的故事。

从此，"3年，邦界村，一份坚持"这3个毫不相干的词语在毕起美身上有了一段特别的解释。

从乡村来,到乡村去

2013年,毕起美法学硕士研究生毕业后,回到家乡临沧市人民检察院工作。4年后,脱贫攻坚的战鼓擂响,毕起美主动申请到扶贫一线。说服家人,得到组织批准后,她去到了邦界村。

与其说毕起美"来到"乡村,不如说她又"回到"乡村。

邦界村10个村民小组570户人家有建档立卡贫困户276户1046人,脱贫任务非常艰巨。这对刚刚上任的第一书记毕起美来说,心里的"大山"跟邦界村的大山一样重,或许可以称之"压力山大"。

毕起美选择了邦界村,便迎难而上。努力下,不到1年时间,安居房建设项目、总投资达2300万元的易地扶贫搬迁项目、1100万元的村组路硬化项目、1150万元的高效节水灌溉项目、100万元的民族团结示范村项目、80万元的人饮水安全项目、75万元的亮化工程项目等一大批项目在邦界村实施,拉祜山乡贫穷落后的面貌发生了历史性巨变,毕起美带领群众携手共进的跨越被载入村史。

刚到村里的第1天,村民们望着这个文静纤柔的第一书记,发出"能行吗"的质疑。今天,每个人的心里都有了一个明确的回答:"能行!"

打造茶叶品牌实现"造血式"扶贫

当村民的楼房盖起来的时候,当村里的路修起来的时候,毕起美思考的是另一个问题,怎么能让邦界村"由内而外"变得富裕起来？

这时，毕起美看到了邦界村里满山的勒库大叶种茶。她知道要为邦界村"造血"，摆脱贫困的帽子就得靠这些茶。

邦界村有茶园2400余亩，百年以上古茶树1000余株，可好茶却卖不出好价，许多村民也因此没有管理茶园的积极性。

毕起美开始思考如何在茶叶中找到脱贫的办法。她先带领村民前往双江县勐库镇冰岛村考察学习，并邀请专家为村民开展茶园管护技

毕起美（左二）和邦界村村民一起劳作

能培训，制定村规民约和有机茶园管理办法。

有了好茶叶，怎么让这些茶叶走出大山呢？毕起美组织成立邦界古茶农民专业合作社，打造"边疆藤韵"邦界古树茶叶品牌，把古树茶放在电商和实体店同步营销。2019年，该村人均纯收入达1.1万余元。毕起美以"党支部＋合作社＋基地＋贫困户＋电商"的模式实现了"造血式"扶贫。除此之外，她还看准烤烟、桑蚕、甘蔗等"短平快"产业来帮助村民致富。

如今，邦界村的贫困发生率从47.91%降为零，从远近闻名的"落后村"变成了"小康村"。

邦界村孩子的"妈妈"

因为贫困，邦界村的很多妇女长年在外打工。为帮助这些妈妈没在身边的孩子们，毕起美策划开通"双江微邦界"微信公众号，打通落后贫困地区与外界的通道，组建"爱心妈妈"群，组织社会爱心人士对这些孩子进行帮助。

两年多来，毕起美先后为邦界完小、荒田完小、大忙赛小学组织开展爱心捐赠活动13次，为脑膜炎患儿组织捐赠爱心善款3.4万余元，为5名贫困大学生捐款9000元；动员社会力量帮助建成邦界完小图书室1间，组织捐赠书籍1600余册……截至目前，组织捐赠资金13.95万元，捐赠现金、物资折价共计达40余万元。

毕起美是自己3岁女儿的母亲，也是邦界村孩子们的"妈妈"。毕起美讲了一个小故事："在入户过程中，有位老人问我是不是毕书记？"原来，老人的孙子小杰常跟老人提起毕起美，当看到毕起美到了他家，他就对着奶奶说："奶奶，'新妈妈'来了！'新妈妈'

来了!"

邦界村上空的云彩忽明忽暗,茶园里的勒库大叶种茶已经收了好几茬,有些孩子也已经从村子里的小学毕业了……转眼间,毕起美已经驻守在邦界村近 3 年。

作为第一书记,毕起美带着一份坚韧,把自己从事检察职业养成的细心拿出来,把自己作为母亲的柔情拿出来,把作为党员的责任拿出来,书写着她的扶贫故事。

(原载《云南法制报》2020 年 7 月 17 日,
记者:杨阳洋,通讯员:杨健鸿)

罗宇鹏
——山水田园写忠诚

罗宇鹏简介

生前为耿马傣族佤族自治县大兴乡党委副书记、乡长。曾荣登"中国好人榜"。

有一种奉献来自山水田园,有一种印记源自忠诚,有一种挂念发自肺腑。

2017年7月6日11时30分,39岁的罗宇鹏在执行公务途中不幸发生车祸,因公殉职。

罗宇鹏,1977年12月出生,1996年8月参加工作,1999年6月加入中国共产党,生前系耿马傣族佤族自治县大兴乡党委副书记、乡长。自1996年8月参加工作以来,罗宇鹏历任耿马县政府办公室副主任、耿马镇党委副书记等职务。

"他是一个勇于清贫,甘于寂寞的好干部,在艰苦的环境中充满工作激情,发展产业思路明确清晰。"耿马县委副书记、县长南桂香动容地说。

"他是一个干净有担当,既上心工作,也牵挂家庭,有小家之爱,更有大家之爱的干部。"南桂香回忆,早些年,因罗宇鹏的父母无收入,大家劝他给父母安排低保,都被他严词拒绝。

2017年8月,临沧市委追授罗宇鹏"全市优秀共产党员"称号,并号召全市各级党组织和广大党员干部向罗宇鹏学习。

用生命书写精准脱贫的"大兴速度"

"罗宇鹏是一个老黄牛式的干部,扎根基层、服务群众,是新时期好干部的代表,急难险重时顶得上,安排他到哪里工作,组织都放心。"耿马县委副书记、统战部部长、脱贫攻坚指挥部指挥长李丕明说。

大兴乡距县城76公里,总人口2646户10747人,是耿马县两个建档立卡贫困乡之一,全乡有3个建档立卡贫困村,有建档立卡贫困人口868户3415人。

2016年2月,罗宇鹏到大兴乡担任乡党委副书记、乡长。上任的第一个月,罗宇鹏就跑遍全乡5个村,多次进村入户与村"两委"

罗宇鹏就任大兴乡乡长时郑重宣誓

成员、群众作宣传动员，问计发展，分析致贫原因，找出致富对策，围绕"两不愁三保障"目标，按照"六个精准"要求，全力推进脱贫攻坚各项目标任务的落实。

进入 2016 年 5 月以后，随着建房等基础设施建设的加快推进，罗宇鹏蹲守一线，指挥调度力量，协调解决难题，帮助群众建房，组织发展产业，村村寨寨、田间地头都留下了他往来奔走的忙碌身影。

10 月，当连绵阴雨影响建房进度时，为了加快群众安居房建设，他协调制砖企业集中时间，向大兴乡供应建房用砖 500 多万块，协调建房技术工人 300 多人，支援大兴乡贫困群众危房建设。

11 月，在全乡 24 公里环乡公路建设工作中，罗宇鹏更是吃住在工地，创造了一个半月如期完工的施工速度。

2016 年，大兴乡通过脱贫攻坚的市级考核。

用责任担当村级经济的"团结效应"

"白马社区一站式服务点建设，罗副书记功不可没，他经常到社区，衔接挂联单位，设计展板、规划站点，每个细节都要亲自把关，帮助我们实现了规范化运作。"耿马镇人大主席张昌赛与罗宇鹏共事多年。如今白马社区是临沧市级"一站式"服务示范点。

如何提高基层党组织党建水平？如何丰富基层群众的文化生活？这是任耿马镇党委副书记罗宇鹏一直在思考的问题。

在耿马镇任职的 9 年间，罗宇鹏的足迹踏遍了全镇 168 个村民小组。通过调研走访，他发现一些村组没有党员文化活动室，村组正常的党建活动和群众的文化娱乐活动无法开展。于是立即组织力量对全镇的村民小组活动场所进行摸排，并梳理出急需建设的站点。在他任职期间，共组织建设了 28 个活动场所，为党员群众的教育、管理、活动提供条件。

2009 年至 2014 年期间，罗宇鹏挂钩耿马镇团结村时，结合该村产业发展实际，组织党总支引进烤烟产业，通过与村"两委"班子成员讨论，在班子内部统一了思想，树立了发展烤烟的信心。

针对农户想不通、不敢种烤烟的情况，他耐心细致地上门宣传引导，鼓励党员和村组干部带头试种，坚定了群众发展烤烟的信心。2011 年，团结村发展烤烟 600 多亩，第二年增加到了 1800 亩，覆盖全村 16 个村民小组。2016 年，团结村有了集体经济收入 2.2 万元，摘掉了"空壳村"的帽子。

2011 年 4 月，罗宇鹏在村指导烤烟种植工作途中，由于路滑，他所骑的那辆摩托车突然侧翻，导致左肩锁骨骨折。按照医院要求，在康复出院后两年要再次做手术取掉固定治疗的钢板，但因工作繁忙，直到因公殉职，留在他肩膀上的钢板仍未取出。为此，他的同事们有时戏称他为"钢板战士"。

用干部的辛苦指数换取百姓的幸福指数

"罗宇鹏身上有股'拼命三郎'的精神，分管的工作全力抓，不分管的工作尽力抓。只要是有利于经济社会发展和民族团结进步，有利于群众脱贫致富奔小康的事，总是竭尽心智，不遗余力，从不推诿。"大兴乡党委书记徐安全这样说。

罗宇鹏去世后，耿马县"四班子"到罗宇鹏家中慰问，临别时，罗宇鹏的父亲捧着儿子的遗照，携家人深深鞠躬并说道："感谢组织把罗宇鹏培养成为一名优秀的党员干部，只是他还未完成组织交给的任务，就走了。"

罗宇鹏爱家人，但是关心呵护得少。一年多来，除了因公事回县城之外，他很少有时间回家看望家人，大兴成了他起早贪黑的家。

熟悉罗宇鹏的人都说："他是一个相当孝顺的人，家风家教管得也很好，家庭很和睦。"

"结婚14年，我们从来没有过大吵大闹，特别是我驻村以后，我俩更是聚少离多，儿子放暑假回来，我俩连好好陪儿子吃一顿饭的时间都没有。"2015年，妻子鲁桂英被任命为贺派乡芒底村的驻村队员，夫妻俩时常见不着面，想念对方了，都是用微信联系。鲁桂英说："宇鹏经常对我说，他不能因为一己之私而置乡亲们于不顾，现在正是大兴乡脱贫攻坚最关键的时期，他一定要全力以赴。"

"他比我有更多的农村工作经验，我在挂钩点遇到了什么问题就打电话向他求教，如今再遇到问题，拿出电话来却不知道打给谁。"鲁桂英泣不成声。

"是罗乡长带着我们家发展起了烤烟，种了核桃，今年3亩烤烟收入9000多元，核桃收入1000多元，还没好好感谢他，他就突然走了……"罗宇鹏的挂钩户之一，大兴乡户肯村的李木土心里非常难过。

"乡长每次到村里来，都叮嘱我们要把村务公开好，要干净做人、踏实干事，不贪不占不挪。作为一名党员，我要带好头，把罗乡长的叮嘱落到实处。"户肯村村务监督委员会主任罗小龙哽咽地说。

"用干部的辛苦指数换取百姓的幸福指数，以脱贫攻坚的实效迎来大兴的发展良机，推动全乡经济社会快速稳步发展。"这是大兴干部群众对罗宇鹏的一致评价。

（原载《云南日报》2017年10月12日，记者：李春林、谢进）

王思泽
——推动脱贫攻坚政策精准有效落地生根

王思泽简介

云南省扶贫开发办公室党组成员、副主任。曾获得"全国脱贫攻坚奖创新奖"等荣誉。

从事扶贫工作17年来,特别是党的十八大以来,王思泽坚持"身在兵位、胸为帅谋",始终把"如何推动脱贫攻坚政策在云岭大地精准有效落地生根"作为重要职责和使命担当,走遍全省88个贫困县、300多个贫困乡、1800多个贫困村,主持或参与脱贫攻坚重大课题研究47项,参与制定脱贫攻坚政策文件300余份,撰写脱贫攻坚重要文稿2000多篇、3000多万字,参与《云南省农村扶贫开发条例》的起草、制定和实施等,创新性地提出了多项破解脱贫攻坚堵点、痛点、难点的思路和举措,撰写的云南深度贫困地区脱贫攻坚、云南"直过民族"和人口较少民族脱贫攻坚、"西畴精神"等10余个典型案例,得到中央领导同志肯

王思泽

定批示。

　　针对帮扶不精准、资金等项目、项目等资金难题，提出了县级脱贫攻坚项目库"六清六定"建管用模式；针对"政策养懒汉"等难题，提出了脱贫攻坚积分管理推动形成"四好"扶贫模式；针对"直过民族"和人口较少民族特殊困难群体，提出了"一个民族一个行动计划、一个集团帮扶"攻坚模式；针对提高脱贫质量、实现稳定脱贫的难题，提出了"七看四帮"后续巩固提升攻坚模式；针对内生动力不足、消除"等靠要"思想难题，提出了推动感党恩进村入户、扶智自强进村入户、扶志诚信进村入户、文化文明进村入户、脱贫成效进村入户"五个进村入户"，全面开展"自强、诚信、感恩"主题实践活动等模式。县级脱贫攻坚项目库建设"六清六定"建管用模式，得到了中央领导同志高度评价，国务院扶贫办向全国推广。一项项创新之举，成就了一项项丰硕成果。目前，云南全省现行标准下农村贫困人口实现全部脱贫，8502个贫困村实现全部出列，88个贫困县全部脱贫摘帽，11个"直过民族"和人口较少民族全部实现整族脱贫，脱贫攻坚取得了决定性胜利，困扰云南千百年的绝对贫困历史性地得到解决，边疆、民族、山区、美丽正在成为云南的新省情。

（来源：云南省乡村振兴局）

龙建平
——用心守护路畅人安

龙建平简介

怒江公路局贡山分局独龙江公路管理所党支部书记、所长。曾获得"全国交通运输行业文明职工标兵"等荣誉。

2021年11月28日,独龙江公路K192+50处塌方,公路中断。正在昆明参加省第十一次党代会的独龙江公路管理所党支部书记、所长龙建平得到信息,马上按照事先制定的公路抢险处置应急预案,组织本所职工上路抢修保通。经过一夜奋战,公路恢复通行。

"29日一定要抢通。11月份是独龙江草果采摘外运的黄金时期,公路一天也不能断,这关系到独龙族群众的收成。"龙建平说。

2017年,龙建平成为一名养路工。公路日常维护,他走在前,清扫路面、清理边沟,保持路面整洁、排水畅通,并适时种植、浇灌行道树木花草。抢险救灾,他带头干,吃住在工地,清障保通。业务学习,他主动上,装载机、挖掘机等机械设备得心应手。车厢里,雨鞋、手套、铁锹、锄头样样齐全,随时随地准备上路巡查抢险。79.82公里的独龙江公路,哪段路容易出事故、哪段路遇险情怎么处置,他心中有本账。4年如一日的勤奋敬业,龙建平赢得了同事的钦佩和上级的肯定,成为独龙江公路管理所第一任所长。

全面建成小康社会 云南奋斗者

清理边沟是龙建平的日常工作

独龙江公路穿行于高黎贡山高海拔区域，雨季长、雨量大，经常发生塌方、水毁、滚石、积雪等自然灾害。雨季清塌方、冬季除积雪成为龙建平和独龙江公路管理所职工们的工作常态。

2020年5月25日，连续暴雨，独龙江公路灾毁点达209处，独龙江乡交通、通信中断。龙建平带着职工与乡党委、政府干部带着工具、药箱、干粮，9天9夜吃住在抢修现场，打通便道，护送366名滞留游客安全离开。

独龙江公路管理所职工都是独龙族，经历过以前交通不便、与世隔绝、贫穷落后的日子，深知这条路对独龙江乡的特殊作用，大家长年累月奔走在维护抢险一线，以"只有横断的峡谷，没有中断的公路"的信念，守护着独龙族群众连通外界的生命线，精心打造通畅、安全的交通出行环境，让独龙江乡插上致富小康的翅膀。

"现在，独龙江产业发展了，道路通达条件、群众生活越来越好。作为一名养路工，我很自豪。"龙建平说，他和同事们愿用一生的心血养护好独龙江公路，保障畅通，守护边疆的美好未来。

（原载《云南日报》2021年11月30日，记者：李寿华）

尼章光
——"芒果尼"的新愿景

尼章光简介

云南省农业科学院热带业热带经济作物研究所四级研究员。

种植面积从 1988 年的 10.8 万亩增加到 2020 年的 137.86 万亩,增长 12.8 倍;单产从每亩 200 公斤增加到每亩 821.01 公斤,增长 4.1 倍……从名不见经传到量质齐升,云南芒果"逆袭"奇迹的创造者,就是云南省农业科学院热带亚热带经济作物研究所芒果专家尼章光研究员。

尼章光出生于泸水市洛本卓乡金满村,1982 年考上云南怒江农校,1986 年毕业后进入位于保山市隆阳区潞江镇莫卡村的省农科院热经所工作,从此和芒果结下不解之缘。

潞江坝光照充足,终年无霜,是芒果种植的"宝地"。"当地种的传统老品种'三年芒''马切苏'口感不好、不耐储运,上市期还跟广西、海南等地撞在一起,严重影响了芒果销售及价格。"为此,尼章光走遍了省内芒果种植区、示范点,向种植专家拜师学艺,自学华南热带农业大学"热带作物"专业。特别是在省科技厅、省外专局、省农业农村厅的项目支持下,他的专业得到了很大提升。他牵头组建创新团队,挖掘收集保存种质资源,一边学习摸索,一边实践创新,一心一意为贫困山区的小芒果变身"致富果"奉献青春与智慧。

"上山搜集品种时,一天的干粮就是几个芒果。""卖了果子,就到地里观察记录……"34年来,尼章光带领团队潜心研究、"下地"摸索,着力解决芒果生产中的"卡脖子"关键技术问题,果农们亲切地称他"芒果尼"。

3月下旬,潞江镇的芒果树陆续开花。在尼章光团队的支持下,白花村95%的农户种上了芒果,亩产值7000元至1万元。从以前种玉米、种甘蔗人均收入不足2000元到如今种芒果收入高的达10多万元,村民们由衷感慨:是"科技+",让白花村芒果产业发展起来了。

"种好芒果靠科技",这已是云南芒果种植户的共识。"长期和农民在一起,我看到他们种芒果的艰辛和对丰收的期盼,更了解他们对农业技术的渴求,这也是我从事农技推广的初心。"为此,尼章光坚守一线,不懈创新,带领团队构建起云南芒果优势产业支撑技术体系并规模化应用。

系统挖掘收集保存国内外芒果品种资源650余份,建立品种创制平台,选育出适应怒江流域、红河流域、金沙江流域不同生态区的芒果品种13个,其中3个通过国家审定,"四季芒""金煌""贵妃""帕拉英达""圣德隆""南逗迈4号"6个品种列入全国热带作物主导品种。以种植区划为依据,指导云南区域芒果产业布局,培育形成了全省怒江流域、红河流域和金沙江流域早、中、晚熟3个特色芒果优势产业带。

通过早、中、晚熟3个类型熟期的优良品种和早、中、晚熟3个熟区的优化配置和关键技术的支撑,实现云南芒果供应期从6月至8月份向5月至11月份转变,延长芒果鲜果供应时间3个月,推动云南成为全国鲜食芒果供应期最长的省份。

尼章光——"芒果尼"的新愿景

尼章光(前排右三)为群众讲解芒果树修剪技术

把论文写在云岭大地,让成果惠及千家万户。多年来,尼章光带领团队在保山、怒江、大理、楚雄、丽江等8个州(市)的32个县(市、区)开展芒果新品种及新技术的推广工作,探索了"科技+村支部""科技+村民委员会""科技+企业""科技+带头示范户"等"科技+"芒果产业扶贫模式,有力促进了当地农民脱贫致富。目前,团队选育的芒果品种在全省的覆盖率达78.6%,近3年来团队的品种与技术累计推广116万亩,新增总产量10.15万吨,新增总产值5.15亿元。在保山、玉溪、大理等芒果主产区建成示范基地4.7万亩,举办培训500余期,培训人员2.3万余人次,培养了一大批从事芒果产业的乡土人才。

"我们要加强科技创新和成果转化,推动小芒果长成大产业,成为农民增收致富的新增长点。"谈到云南芒果科技的未来之路,年过半百的尼章光神采飞扬、信心满怀。

(原载《云南日报》2021年3月27日,记者:陈云芬)

杜敏
——"新兵"变身活地图

杜敏简介

九三学社云南省委员会办公室一级主任科员。曾获得"云南省脱贫攻坚奖扶贫先进工作者"等荣誉。

"杜老师来了,要是一直不出太阳,温度上不来怎么办?"大棚位于会泽县田坝乡李子箐村,管护人员舒文明一边说着一边掀起大棚的门。检查了温度、湿度、风力等情况后,杜敏蹲下仔细观察重楼苗。

"虽然气候变化大,但管护得很精心,重楼长势不错。"杜敏一边说着一边掏出手机拍照,传给重楼种植专家,请求技术指导。她说:"九三学社云南省委员会已经与云南白药集团签订了保底协议,重楼收购价格是有保障的,舒大爷别太担心。"

2017年12月九三学社云南省委员会对口会泽县田坝乡李子箐村开展"挂乡包村"工作后,杜敏被九三学社云南省委派驻到田坝乡挂职副乡长。因为是硕士研究生毕业,还连续三年考评优秀被记三等功一次。她刚到田坝乡时,村民不相信一直在城市里生活的她能安心留下来。

面对村民的质疑,杜敏没有多想,只是一门心思地把自己当作脱

杜敏——"新兵"变身活地图

贫攻坚战场上的一名"新兵",坚持向经验丰富的前辈学习,向基层干部学习,向群众学习。为了尽快掌握村情,她用半个月时间走遍了全村10个村民小组176户贫困户。

杜敏自己手绘了一张地图,上面有从村委会去各个村民小组的路线,她走访一户就加上一户,并附上这户人家的家庭成员、收入情况、贫困原因等信息。随着她走访的村组越来越多,一张纸已经容不下,她又一个小组一张地图地画。如今,李子箐每一组、每一户的信

杜敏(中)到农户家里座谈并了解情况

息，杜敏都如数家珍、信手拈来，她自己已成为一张活地图。

只有知村情、晓民情、懂民心，才能真正解民意。杜敏这么想，也这么做。

73岁的舒文明家庭困难、收入微薄，杜敏就想方设法帮他协调到了重楼大棚管护人员的工作。有了这份稳定的工作后，每月可以领到1000元的工资。同时，九三学社云南省委员会重楼基地向他租了5亩土地，租期10年，一次性向舒文明交清了2万元的租金。

大塘子村民小组邹绍里多年前收养了一个女儿，在李子箐村小学上学，但一直未落户。了解到这一情况后，杜敏和李子箐驻村工作队员一起，取证写材料，带到县里办手续，邹绍里的女儿终于在2020年3月有了户口。

2020年春节，杜敏主动放弃休假，大年初四便离开了家中年幼的孩子和年迈的老人，第一时间返回工作岗位，投入到新冠肺炎疫情防控阻击战中。

杜敏主要负责卡竹村卡点（G85高速路出口）的疫情防控任务，成为战"疫"前线的"守垒者"。她严格落实"网格化"管理的要求，完成好包保的李子箐村疫情防控工作，当好"宣传员"。疫情逐渐趋于稳定后，杜敏又成为复工复产的"动员者"。她带领大家摸排乡内"闲置"劳动力，帮助他们尽快找到工作。仅在2020年2月，田坝乡共组织4971人返岗就业，新增转移就业1131人，位居全县前列。

杜敏分管田坝乡社保中心，她以强烈的责任心，认真抓实就业扶贫工作。"各村的就业台账报到乡上后，杜副乡长和社保中心工作人员一起完成台账录入工作，有时加班到凌晨三四点，太佩服她了！"李子箐村委会副主任邓龙秧评价说。

杜敏还配合九三学社云南省委员会开展了"百姓富、乡村美，生态文明村建设在行动"项目工作。2019年，九三学社省直属基层组织社员4次赴李子箐村开展环保入户调查和培训工作；社员专家开展了3次"环境保护与健康生活"主题培训。在九三学社云南省委员会的支持下，李子箐村建成3个生态旱厕，为深化"厕所革命"提供了示范和借鉴；九三学社云南省委员会还邀请东南大学教授，为田坝乡大村子安置点设计污水处理方案，投入资金为李子箐村大凹塘养殖小区建设了粪污异位微生物发酵床。在各项措施的落实下，李子箐村的人居环境得到大幅提升。

一桩桩实事，一件件好事，杜敏用脚踏实地的工作作风和工作成效，换来了群众的满意和认可。

"杜敏工作上非常务实到位，生活中非常关心村组干部，和我们同甘共苦，村民非常满意。"李子箐村党总支书记邱建贵说，"杜敏带着一颗为人民服务的心，给大家留下了非常难忘的印象。"

让杜敏毫不犹豫坚守在山乡一线的，还有九三学社云南省委员会社员专家们的全力支持。凡是经过深入调研后提出的可行性方案，不论是健康扶贫、教育扶贫，还是产业发展领域，其资金和人才资源都会优先向田坝乡李子箐村聚集。"到目前为止，九三学社云南省委员会的专家已先后有300余人到过李子箐，多的到过10多次。他们的敬业精神、专业素养和民生情怀，一直感染和激励着我。"杜敏说。

像往常一样，忙碌一天办完村民的事后，这天，杜敏打开手机与家人微信视频。

"妈妈，你到底什么时候回来？你骗我，你说很快就回来的。"聊着聊着，女儿在电话那头哭喊起来。"妈妈很快就回来，你在家乖乖听话，先这样吧。"杜敏匆匆挂掉视频，眼眶红润起来，她只有继续"骗"女儿。

2019年8月杜敏离开昆明时,女儿4岁多一点。当时,考虑到孩子在上幼儿园,父母身体尚健康,就毅然决定到田坝乡挂职,一头扎进乌蒙山乡,倾尽心血和汗水,只为见证会泽宣布脱贫出列的那一刻。

杜敏说,5岁的孩子或许并不知道"脱贫攻坚"的概念,但是等她长大以后知道妈妈参与并见证的是一项历史性重大工程时,一定会为此感到骄傲和自豪。

晚上9时,杜敏电话响起,为落实村民外出务工奖补的事,村委会党总支书记叫她一起入户。她迅速起身,披了一件外套走出宿舍,消失在夜幕中……

(原载云报客户端2020年9月9日,
记者:浦美玲、郑海燕、杨萍、李翕坚、张雯)

李寿
——倾尽全力提高群众满意度

李寿简介

永平县杉阳镇松坡村第一书记、驻村工作队队长,云南省人力资源和社会保障厅政策法规处一级主任科员。

李寿同志能够认真学习贯彻习近平新时代中国特色社会主义思想,坚持理论武装头脑,指导实践,不断增强"四个意识",坚定"四个自信",做到"两个维护,"在思想上、政治上、行动上与以习近平同志为核心的党中央保持高度一致,真正用实际行动践行一名共产党员"全心全意为人民服务"的庄严承诺。

尽职尽责、踏实苦干,保质保量完成各项扶贫任务

一是紧盯项目协调资金,落实人社定点扶贫,累计协调推进实施项目10余个,资金1000余万元,重大项目无一出现纰漏。二是突出优势强化措施,抓实人社行业扶贫,组织了10次技能培训,培训600余人次,提高贫困劳动力技能水平,增强就业竞争力。三是不忘初心心系群众,扎实走访掌握贫情,走遍了松坡、抱龙两村1000多

户农户，全面了解掌握村情民情，将各项扶贫政策精准宣传到每家每户。四是凝心聚力踏实苦干，全力完成各阶段重点扶贫任务。五是疫情防控不折不扣，冲锋在前彰显担当，积极做好防控值守，推动复工复产。

迎难而上、主动作为，倾尽全力提高群众满意度

一是发挥党员先锋模范带头作用，让党旗在各个危难时刻飘扬。二是注重发挥自身专业优势，为松坡村种下了法制的种子，向村民讲法普法不断调解村民各类纠纷。三是发挥机关窗口服务及档案台账整理优势，将松坡村服务工作带上了标准化、规范化的道路。

李寿（右一）在松坡村为贫困户讲解扶贫政策

不怕流血、不怕牺牲,在血与火中践行初心和使命

一是不怕流血,因工伤残后仍坚守岗位。在走村入户中不慎摔伤后,李寿同志未按规定休养仍带伤返回工作岗位。二是不怕牺牲,参与扑灭森林火灾。2020年6月2日,松坡村后山突发山火,李寿同志带领驻村工作队三名男队员第一时间赶赴火场,初步建立了小型隔火带,有效避免了火势过快蔓延。

舍小家、为大家,真心真情驻村帮扶

驻村以来,李寿同志始终坚定信念,克服多重家庭困难,坚守在脱贫攻坚一线,从未向组织提出任何要求。2020年9月,李寿同志的母亲不幸被查出胆囊恶性肿瘤,需立即手术并进行长期放化疗。父亲在医院陪护期间又因劳累操劳,突发心肌梗死晕倒在医院,被送往抢救室紧急安放心脏支架。面对突如其来的变故,李寿同志没有因家庭困难提出轮换申请,仍然继续奋战在脱贫攻坚第一线。

经过近三年的努力,松坡村在基础设施建设、教育卫生、村集体经济等方面都有了翻天覆地的变化,取得了贫困村顺利脱贫出列,贫困户全面"清零"的成绩,广大农户也翻身过上了好日子。李寿同志践行了一名共产党员的初心和使命,奋战在驻村扶贫一线,为决战脱贫攻坚、决胜全面小康作出自己的贡献。

(来源:云南省乡村振兴局)

李定海
——真情润雨碌　担当促脱贫

李定海简介

云南城投集团云南民族文化旅游产业有限公司云漫智慧公司副总经理。

"'老板',你可回来了,我特意留给你们吃的猪肉还在我家橱柜里面好好放着呢……"会泽县雨碌乡小米村白龙潭小组的村民陈金花老人大声说道。这个"老板"根本就没有老板的样,短发下面是被太阳晒得黝黑的脸,身上的穿着明显看出是常在风里雨里穿出的陈旧色,他和蔼地向老人家回答道:"是呢,是呢,老人家,我们送您孙女去昆明看病刚回来呢。"从驻村的第一天开始,他就经常穿梭在村组之间走村串户,用自己的一腔热忱和实际行动,为困难群众排忧解难,带领贫困群众脱贫致富。他就是云南城投集团驻会泽县雨碌乡雨碌村第一书记、工作队队长李定海。

2018年2月26日,带着组织的信

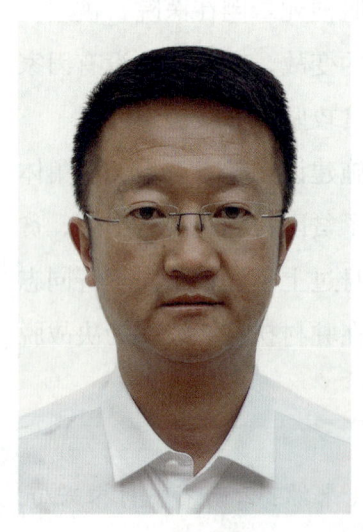

李定海

任和嘱托，肩负着历史的使命，李定海只身一人踏上了开往会泽雨碌的班车。从此，告别年迈的父母，在三年的脱贫攻坚主战场上承载抱负，托起使命。

扶贫工作更需要仪式感

李定海"挂乡包村"，既要挂联雨碌乡，又要挂包雨碌村，还要负责单位挂联的小米、铁厂两个行政村的脱贫攻坚工作；既要助力全乡精准扶贫，又要包保各村精准脱贫，身上的担子确实有点重。在困难面前，他暗下决心，要当好班长，就要身先士卒作表率，带头讲政治守规矩，带着大家一起干，干出好成绩，才能激发大家"住得下、留得住、会干事"的热情。

"生活需要仪式感，扶贫工作更需要仪式感。"2018年6月30日，七一建党节前夕，扶贫工作队组织开展困难党员慰问活动，当工作队员扛着党旗、带着物质，走进铁厂村大湾子村民小组，出现在因病致贫的老党员朱秀珍家门口时，老人看着党旗，抓住他们的手，久久地说不出话来，只是一直握手。为了能尽快让老人平复心绪，工作队员和她拉家常摆闲话，为她佩戴党徽讲述脱贫攻坚故事，半晌老人才缓过劲来，抚摸着党徽娓娓说道："想不到组织还没有忘记我，真好，真好！"贴心的慰问，简单的仪式，带来的是身份的认同，换回的是坚定的信念。

能帮善扶,要变漫灌为滴管

"精准扶贫到我村,中央政策暖人心,城投集团来帮扶,道路修到家门口,你帮料来我投劳,美丽家园齐攻坚,北京连着丁家村,我们和党心连心,撸起袖子加油干,自力更生奔小康。"这首民歌改编自丁家村的袁文普,他是村里有名的好嗓子,也是干活的多面手,还是创业致富的带头人。

2018年,为了激发群众内生动力,按照帮扶单位"捐一点"、相关部门"补一点"、人民群众"筹一点"的主导思路,李定海组织实施人居环境提升工程,发动群众投劳379人次,投工1104.5个工时,硬化铁厂村白彝沟村民小组、小米村丁家村村民小组2个自然村入村道路,共计投入24.9万元完成1.2公里道路硬化,安装覆盖雨碌村小铁厂、豆芽沟、洼子、大杉树、小空山太阳能路灯40盏,受益群众388户1413人。

李定海组织实施"转移就业赋能工程",按照"技能培训强本领、岗位供给保民生"的思路,举办技能培训,提供就业岗位,完成技能培训12人、送岗就业16人,实现28户年均增收3.6万元;实施"百万扶智助学工程",针对"建档立卡""非建档立卡"两个群体,聚力助学资金、教学资源,发放助学金116.8万元,资助学生772人,整合其他帮扶资金14.25万元,捐赠义务教育均衡发展物资2621件。

他带领实施"产业引领增收工程",按照"党支部+龙头企业+合作联社+合作社+贫困户"的发展模式和所有权、经营权、分红权"三权分离"的运营模式,搭建"短期聚焦分红、长期注重带动"的帮扶平台,发展臭参种植500亩,收获季节可实现资本性收益41.8万元、资源性收益15万元、工资性收益34.5万元,受益贫困户715

户，实现产业帮扶基地化。

善扶巧治找出新瓶装老酒

"要解决问题就要直面问题，承认问题的存在。"自担任驻村第一书记后，李定海就坚持树立"建强组织堡垒、强化组织筋骨"的帮建思路。

到雨碌村报道的第一天，李定海便开始着手准备各类章程、准则、条例资料，把问题清单烂熟于心，管理党员、教育党员、监督党员、组织群众、凝聚群众、服务群众，这些都没有捷径可走，只有一步一个脚印地走，循序渐进地做、长年累月地跟，一点一滴地抓落实。考虑到基层党员长期没有组织生活，加之文化素质偏低，李定海便采用寓教于乐的方式开展"三会一课"，带着投影仪，扛着移动音响，走进党支部，组织党员、群众一起观看党员教育短片，唱红色革命歌曲，田间地头再一次响起了大喇叭，既教育了党员群众，也活跃了群众的文化生活。

每走进一个支部，李定海都会带上一部短片、讨论一个议题，有农村人居环境治理、垃圾分类、村民自治。现如今，以党支部为核心的乡村善治正如火如荼地进行着，村民的自我管理、自我服务、自我监督已现雏形。

当记者向他了解今后的工作打算时，李定海很有底气地说："扶贫扶志，以正其心；扶贫扶智，以正其技；扶贫扶行，以正其身。皆为仁人之心！初心不改真如铁，矢志不渝坚如钢。"

（原载《曲靖日报》2019年11月5日，记者：张朝选、代玉春）

和晓宏
——为群众脱贫铺就网络通达路

和晓宏简介

生前为中国电信怒江分公司扶贫办副主任。

"儿子为脱贫攻坚献出生命,党和国家给予了这么高的荣誉,我们很是欣慰。"从北京参加全国脱贫攻坚总结表彰大会,并代表儿子接受颁奖,扶贫英雄和晓宏的母亲和玉双心情格外激动。

在2021年2月25日举行的全国脱贫攻坚总结表彰大会上,中国电信云南公司因公殉职的扶贫干部和晓宏,荣获"全国脱贫攻坚先进个人"称号。

2019年10月22日,和晓宏和另外一个同事在从扶贫联系点贡山县茨开镇嘎拉博村开展扶贫工作后,返回公司的路上,发生交通事故,为怒江扶贫事业贡献出自己年轻的生命。

和晓宏同志是中国电信怒江分公司办公室(扶贫办)副主任,负责单位扶贫工作的统筹协调。他经常进村入户,调查摸底,开展贫困户人口、收入、产业、宅基地定位等基础信息数据采集工作,协助驻村工作队制定帮扶计划,做好调嘎拉博村的生产便道建设、农户产业发展等事情。

他急挂联户之所需,及时联系协调有关单位和驻村工作队为挂联

和晓宏在工作间隙留影

户余学清争取到护林员岗位,给村民李向东争取到河道管理员岗位,让他们搬迁后,能够有一个稳定的收入来源。

嘎拉博村鸠木当小组"野牛谷"地处高山,群众居住比较分散,信号不稳定。和晓宏与同事经过实地调查,建议公司实施信息化扶贫工程,在鸠木当建设移动基站,解决野牛谷信号不稳定问题。2019年9月,野牛谷新建了第一个4G无线基站。如今,村里移动通信网络全覆盖,为群众脱贫铺就了网络通达路。

2019年初,和晓宏与同事们在走访贫困户时了解到,村里许多大学生家庭困难,一直为上学费用发愁,和晓宏及时向公司汇报。随后,中国电信怒江分公司在嘎拉博村举行了暑假返乡大学生座谈会,并为 23 名在读大学生每人发放 500 元助学金，鼓励他们自强自立、勤奋学习、立志成才。

和晓宏在贡山分公司工作时，独龙江公路高黎贡山隧道还未贯通。他多次同贡山分公司通信抢险队一起，进入漫天风雪的高黎贡山深处，实施线路抢修工作。

2014 年 11 月 2 日傍晚，独龙江公路高黎贡山隧道光缆中断，独龙江乡信号全无。当时，和晓宏刚答应 3 岁的女儿上街买第二天上幼儿园用的水杯。接到抢修任务后，他顾不上女儿，十分钟内就赶到单位大门口，赶赴抢修点。23 时 30 分找到第一个断点，次日凌晨 2 时 19 分，隧道里的温度为零下 4 摄氏度，和晓宏主动负责分发食物和水，从这个断点跑到那个断点。凌晨 5 时第四个断点找到，待所有断点全部抢通恢复通信，走出隧道，才发现天亮了……

2019 年 10 月 22 日，和晓宏到嘎拉博村完成扶贫挂联户入户核查工作后，驾车返回公司。途中，发生交通事故，生命永远定格在 37 岁。

"这次驻村，我对村里的产业扶贫有一些想法，回去后，我向公司汇报。过几天我再来村里，一起商量怎么干。"离开嘎拉博时，和晓宏说的话，如今还萦绕在村干部的心头。

"脱贫攻坚是一场战役，只要是战斗，就会有牺牲。我的儿子在这场战役中付出了年轻的生命，作为妈妈的我，心都碎了，但同时，也为有这样优秀的儿子而感到自豪。"和玉双说，她要把习近平总书记在全国脱贫攻坚总结表彰大会上的讲话告诉儿子，让儿子知道"我国脱贫攻坚战取得了全面胜利，现行标准下 9899 万农村贫困人口全部脱贫，832 个贫困县全部摘帽，12.8 万个贫困村全部出列，区域性整体贫困得到解决，完成了消除绝对贫困的艰巨任务，创造了又一个彪炳史册的人间奇迹！"这是个振奋人心的消息。

"我们将继承和晓宏同志的遗志，做到摘帽不摘责任，摘帽不摘政策，摘帽不摘帮扶，摘帽不摘监管，不断巩固提升脱贫攻坚成果，全力推进挂联帮扶村寨的乡村振兴工作，让脱贫群众过上更美好的日子。"中国电信怒江分公司总经理李东林说。

（原载云南网 2021 年 3 月 17 日，记者：李寿华）

都吉
——扶贫使命扛在肩　康巴汉子显担当

都吉简介

德钦县羊拉乡甲功村第一书记、驻村工作队队长，中国铜业云南迪庆矿业开发有限公司安全环保健康部副经理。曾获得"云南省2019年度优秀驻村扶贫工作队员"等荣誉。

都吉，2007年进入迪庆矿业工作，迪庆州德钦县羊拉乡本地藏族人，是一名典型的康巴汉子。从2015年云铜集团在德钦县羊拉乡的新农村指导员，"挂包帮、转走访"驻村扶贫工作队员，到如今中国铜业驻德钦县羊拉乡甲功村扶贫工作队第一书记、队长，他在艰苦的扶贫一线一干就是五个年头。五年时间里，他是扶贫政策的宣传员、企地扶贫的联络员、脱贫攻坚的战斗员、社会维稳的管控员、村情民意的信息员，和当地藏族群众同吃、同住、同劳动，很好地完成了中国铜业精准扶贫的任务和地方政府交

都吉

办的各项工作，助力羊拉乡实现脱贫摘帽。

兢兢业业的"工作狂"

"你家里还有什么困难需要帮忙""有没有人生病""青稞收了没有""子女上学钱够不够"……五年来，都吉坚持每月不少于两次到群众家里走访入户，每次都要做到贫困户全部覆盖到位，对存在的问题进行逐一梳理分类，深入分析原因，找到工作的薄弱点和突破口，按照"因地制宜、因户施策、精准帮扶"的原则为贫困户脱贫出谋划策，为挂包企业及政府部门开展精准扶贫提供依据。

由于当地居民分散，山高路险，加之雨季各村公路常会发生滚石、塌方。五年间，都吉在扶贫路上遇到了诸多困难。面对恶劣的环境，都吉带着工作队员们翻山越岭，进村入户完成贫情分析、政策宣讲、贫困甄别、扶贫措施实施等工作。很多时候，出门一个星期才能一个来回，路上饿了就啃随身携带的粑粑，渴了就喝山上的泉水。他如迁徙的领头羊，带着工作队员徒步前行在乡间小道上，即使一路的坎坷，始终秉持"缺氧不缺精神，没有条件，创造条件也要上"的工作态度，克服重重困难，如期完成各项入户工作。对于苦和累，从无怨言。据他的同事介绍，都吉每年的休假时间不足一个月，每天的工作时间远远超出了十个小时，有时还要连续地加班。

忙前忙后的"翻译官"

"老乡们听不懂汉语，就用藏语和他们讲。"羊拉乡群山环抱、地处偏远,被称为云南省最后一个通公路的乡镇,也因此,很多藏族老乡没上过学,看不懂汉字,听不懂汉语,给扶贫工作造成了较大的困难。对此,都吉一方面利用业余时间对相关文件精神进行自学,另一方面充分发挥自己是当地人的优势,一次次逐一登门入户用藏语宣讲各种扶贫政策。他还积极协助村"两委"用藏语开展"拥护核心,心向北京"专题教育活动、"两学一做"学习教育、"迪庆精神"宣讲行动、"三村七进一行动"宣讲活动等,通过增强党组织凝聚力,实现党建统领各项精准扶贫工作有序进行。

其间,原云铜集团,现中国铜业的领导多次到结对帮扶的贫困户家中入户走访,摸底调查。都吉毅然扛起向导和翻译的重担,近到乡政府所在地,远到离乡政府三四个小时车程的规吾村,带着一位位、一批批到来的贫困户结对领导翻山越岭、进村入户走访调研。他一路上向领导介绍贫困户家庭情况、致困原因、帮扶思路等,到贫困户家中把领导和贫困户的话用藏汉两种语言一句句翻译给对方。有时候,因为领导行程较紧,到结对帮扶贫困户家走访的时间会是饭点,会是晚上,但无论什么时候,都吉都是随叫随到,始终把使命任务扛在肩上。

承上启下的"联络员"

迪庆矿业是中国铜业挂包扶贫的前沿阵地,都吉就是扶贫最一线"上情下达、下情上传"的桥梁纽带,他一方面把党的扶贫政策及时宣讲给各贫困户,一方面及时将地方政府的扶贫思路、措施,以及贫困户的需求及时反馈给中国铜业,促进政企联动共同推进扶贫工作。作为中国铜业驻村扶贫工作队员,作为企业与政府、贫困户间的联络员，都吉始终把企业的荣誉放在心上，他严守纪律，不拿群众一针一线，从未迟到早退，赢得了地方政府和群众的赞许。

在驻村扶贫期间，都吉参与了中国铜业公路援建、农户卫生间修建、学前教育帮扶、垃圾处理池援建、产业帮扶资金发放、蜂蜜采购帮扶、贫困户家庭子女培训招录、外资企业参与联合捐助、医疗扶贫等一系列扶贫工作的联络协调及现场实施。此外，积极配合村"三委"争取财政扶持资金，统筹规划村集体经济的发展，充分发挥村集体主导和农民的主体作用，把集体增实力、农民增收益和产业增效益有机统一，调动农民广泛参与的积极性。

无微不至的"贴心人"

羊拉乡贫困人口致贫因素较多，因病致贫、因学致贫突出。为此，都吉和其他驻村队员始终心系贫困户，与农户促膝长谈，了解他们的实际情况和急需解决的问题，并在自己随身携带的工作日志上做详细记录，对于自己能力范围之内能够解决的问题及时向农户做出解答，超出自己能力范围的，及时汇报解决。

为了解决好贫困户的住房安全问题，都吉先后向德钦县民政局争取了 6.3 万元的资金，用于贫困户的房屋修缮改造；为了解决老百姓的虫草销路问题，都吉积极向自己的矿山工友、挂包干部，以及一些社会人士推销冬虫夏草，帮贫困户先后销售价值 6 万余元的虫草。

只木格小组农布因股骨头缺血性坏死只能靠拐杖行走，造成家庭贫困。2017 年迪庆州委书记顾琨调研羊拉时，都吉主动向羊拉乡政府请求带州委书记到农布家了解情况。顾琨书记入户调研后，就地安排了农布外出就医的相关事宜，要求随行的有关部门通过健康扶贫

"四重保障",降低医疗费用自付部分。如今,农布的病情好转,还靠着自己的木工手艺有了不错的收入,摆脱了贫困的生活。

在一次住房安全排查时,发现甲水小组此称家因房屋基础常年渗水,房屋底层靠墙的中柱、大梁出现腐蚀,影响房屋整体承载能力,都吉第一时间向挂村领导、挂包单位以及住建局沟通对接,解决了改造资金,提出了修缮加固方案。在之后的改造过程中,都吉带领工作队员现场蹲点,直至顺利完成修改加固。

这些,只是都吉在扶贫战线上担当奉献的缩影。他是企业的好员工,为了企业的荣誉,在驻村扶贫岗位上忘我工作,争当楷模;他是家乡的好儿子,为了羊拉的脱贫致富,在驻村扶贫工作中不留余力,奋勇拼搏;他是雪域高原上不知疲倦的雄鹰,在羊拉的扶贫战线上展翅翱翔。

(来源:云南铜业股份有限公司)

徐波
——一人扶贫　全家上阵

徐波简介

云南省委组织部组织三处处长。

镇雄县地处乌蒙山腹地，是全国贫困人口最多的县份、云南打赢脱贫攻坚战的最后堡垒。2019年初，云南省委决定从省直单位、昆明市和玉溪市遴选50名优秀处级干部，直抵一线帮助镇雄县打赢脱贫攻坚战。徐波同志积极响应省委号召，受命担任云南省委下派昭通市镇雄县帮助脱贫攻坚工作队队长。

一人扶贫，全家上阵，老队员满怀真情扶真贫

时隔六年，徐波同志再次离开省直机关下乡扶贫。为了全身心投入家乡脱贫攻坚，他把儿子从省城优质学校转到家乡县级寄宿制学校，在省人社厅工作的妻子也主动申请到镇雄县人社局挂职助力脱贫攻坚，并把女儿

徐波

也转到镇雄县幼儿园就读。"他走出大山又回到大山,一人扶贫,全家上阵"的佳话在家乡广为流传。

挑最重的担子,啃最硬的骨头,"麻风村"变成"幸福村"

徐波同志身先士卒,挑了贫中之贫、坚中之坚的泼机镇鹿角村作为自己的"责任田"。鹿角村是万人村,4746名贫困人口占全村人口的三分之一还多,更棘手的是大山深处还藏着个村民小组,整组8户47人曾经是麻风病人或麻风病人家属,因身份证上住址为"麻风村民小组",找工作、找对象等经常吃闭门羹,只能自我封闭苦熬。徐波带着扶贫干部爬陡坡、绕山梁,讲党课、开群众会,帮助干部群众消除对麻风病的认识误区,协调市县民政、公安、扶贫等部门落实帮扶举措。通过执着努力,乡亲们户口本、身份证上的"麻风村民小组"变成了"幸福村民小组",全部享受了进城易地扶贫搬迁扶持,实现了从农民到市民的直过式跨越。重拾信心的乡亲们由衷地说:"共产党好啊,为我们彻底解除了60多年的枷锁。"两年来,徐波同志带领鹿角村扶贫干部积极争取项目资金,大力发展特色产业,全力开展转移就业,改危房、建水池、修公路、安路灯,贫困人口年均纯收入从2018年的3046元增至2020年的11163元,家家户户住上了安全房、通上了自来水,村村寨寨"泥水路"变成了"水泥路",山村发生了翻天覆地的变化,村党委成功创建为省级"规范化建设示范党组织"。

既当队长又当兄长，凝聚合力齐攻坚

徐波同志认真履行队长职责，既用制度强化刚性约束，又以情感进行柔性引导，牵头制定工作队员管理实施方案等，成立工作队临时党支部，用严格的制度管理和严肃的党内政治生活锻造攻坚铁军；像兄长一样关心战友，及时协调落实队员待遇保障，第一时间看望慰问生病住院、家庭发生变故的队员，让队员们暖心工作、安心扶贫。身先士卒的示范，刚柔并济的管理，队员们不仅成了脱贫攻坚的排头兵，还是关键时刻顶得上的"铁拳头"，同步高质量完成疫情防控、抗洪救灾"加试题"。两年来，在徐波同志的带领下，队员们为镇雄县争取扶贫等项目资金 15 亿余元，带领所驻村完成 1.01 万户"农危改"、7524 户易地扶贫搬迁，劝返辍学学生 633 人，解决安全饮水问题 6.3 万人，转移就业 8.7 万人，13.7 万名贫困人口全部稳定脱贫，助力镇雄啃下了"最硬骨头"，兑现了"脱贫路上一个也不能掉队"的庄严承诺。

（来源：云南省乡村振兴局）

徐以民
——用自己"脱皮"换群众"脱贫"

徐以民简介

云南省纪委监委国际合作室副主任。曾获"云南省2020年度最美退役军人"等荣誉。

2017年3月至今,徐以民同志先后在楚雄市和广南县开展脱贫攻坚工作,任楚雄市委副书记、驻村工作队总队长和广南县委副书记、驻村工作队总队长。

扛实责任,用心扶贫,全力以赴做好驻村工作

他将责任顶在头上、急难任务扛在肩上、群众愿望装在心上,用自己"脱皮"换群众"脱贫"。紧扣"两不愁三保障"目标任务,着力在楚雄市挖铜村和广南县邑夺村打造出具有纪检监察辨识度的"可借鉴、可复制、可推广"扶贫模式。

徐以民——用自己"脱皮"换群众"脱贫"

以身作则，率先垂范，在脱贫攻坚中做表率、树形象

他以"打铁必须自身硬"的纪律部队作风为广南县干部群众作出榜样和示范，率先立下军令状，签订了责任书，向广南县委和党员领导干部递交责任书，如果完成不了广南县脱贫攻坚工作，辞去所有职务，并接受组织处理。他没有给自己留下退路，一往直前，必须打赢脱贫攻坚战。他及时成立了省纪委省监委驻广南县扶贫工作队临时党支部。与省纪委机关保持步调一致，工作学习不脱节，确保政治上"不掉队"、思想上"不落伍"、行动上"不松懈"。切实树立起了纪检监察干部的良好形象，做到每一位工作队员就是一面旗帜，就是一个榜样，就是廉洁自律的标杆。他主动放弃周末和节假日，舍小家顾

徐以民（右一）到群众家里了解情况并解决问题

大家，把精力投入到脱贫攻坚上，用自己真抓实干的工作作风，推动着广南县的干部转变作风。每年三分之二的时间都在基层脱贫一线，他用心用情用力跑遍了18个乡（镇）、177个村（社区）和数百个自然村组，直接"沉"入村寨，在田间地头发现问题、解决问题，带着菜、带着粮食，住在贫困户家，吃在贫困户家，跟群众打成一片。他的工作作风得到基层干部群众的认可。在他的监督和推动下，广南县干部的工作作风发生了巨大转变，得到了数十万群众认可和各级组织领导的肯定。

勤于探索，敢于创新，在攻坚克难中出实招

他创造性组建以省纪委省监委派驻广南扶贫工作队为主的脱贫攻坚督战队，对18个乡镇脱贫攻坚进行全覆盖督战。带领全县167支工作队、716名工作队员在全县脱贫攻坚主战场一线，为了打造一支"永不走的工作队"，他首创了"月计划、周安排、日落实"精细化管理机制，通过月定计划、周有安排、日抓落实，形成脱贫攻坚天天有目标、人人有任务、件件有落实、事事有回音的工作氛围。广南县35447户162161人实现脱贫，149个贫困村实现出列。2020年11月广南县实现了脱贫摘帽。

（来源：云南省乡村振兴局）

程坤
——在云南脱贫攻坚"头号工程"中发挥作用

程坤简介

云南省发展和改革委员会易地扶贫搬迁处处长。曾获得国家发展改革委"奋进易地搬迁干部"荣誉。

作为全省脱贫攻坚的"头号工程",云南易地扶贫搬迁在省委、省政府的坚强领导下,全面完成"十三五"建设任务,建成2832个配套完善、宜居宜业的集中安置区和24.46万套安全稳固的安置房,99.6万搬迁群众全部搬迁入住。

出台系列政策

在省发展改革委党组率领下,程坤和同事们起草了《关于打赢精准脱贫攻坚战三年行动的实施意见》《关于坚决打赢新增易地扶贫搬迁攻坚战的实施意见》《云南省易地扶贫搬迁"稳得住"工作方案》等报省委、省政府出台的重大政策,研究制定涉及资金计划、建设管理、后续扶持等系列重要文件,搭起全省易地扶贫搬迁的政策体系。

全面建成小康社会 云南奋斗者

扎实推进具体工作

委党组认真落实"省负总责"的工作机制,建立起全省易地扶贫搬迁网格化责任体系,率领程坤和同事们建立了全省易地扶贫搬迁问题清单制、挂图作战制、按月调度及工作会议制、情况通报制、"双点长"制、督导稽查制、成效考核制、约谈工作制、执纪问责制、阳光工程制等 10 项工作制度,推行易地扶贫搬迁工程总承包,协调大型国企同重点州市签订建设合作协议,投入施工力量 20 多万人、施工机械 2.4 万台,抓实抓细易地扶贫搬迁工作。

2017 年、2018 年,面对繁重的建设任务,委党组率领程坤和同事们冒着泥石流、滑坡和塌方等危险,无数次穿行在怒江大峡谷、乌

程坤(右一)调研指导农村危房闲置旧房安心拆除工作

蒙山区和滇西边境，坚持到一线指导、帮助基层解决问题，万众一心加油干，越是艰险越向前，推动全省易地扶贫搬迁工程建设跑出"加速度"，创造了"石月亮传奇""镇雄速度"等无数云南奇迹。

2019年，结合"不忘初心、牢记使命"主题教育，委党组班子成员率领程坤和同事们深入14个县（市、区）31个集中安置点，入户走访198户，召开42场座谈会，向630余名干部群众征求意见建议，把调研成果充分融入《云南省易地扶贫搬迁"稳得住"工作方案》，确保群众不仅要"搬得出"，更能实现"稳得住"。

2020年，根据全省脱贫攻坚工作大局，程坤和同事们牵头负责福贡县、会泽县、宣威市、澜沧县、丘北县5个县（市）脱贫攻坚省级挂牌督战，共派出督战人员1000余人，召开专题会议50余次，做到真督实督，确保5个县（市）如期脱贫摘帽。面对怒江州福贡县搬迁工作滞后的困境，根据省委安排，程坤作为组长和29名其他部门的同志，组成省委工作组，克服落石滑坡、山高路远的困难，深入福贡最偏远的乡村、深入群众中去蹲点宣传动员，经过连续35个日夜奋战，按时完成任务，为全省易地扶贫搬迁工作圆满收官打下基础。

坚守为民服务初心

围绕省委、省政府持续强化易地扶贫搬迁后续扶持的工作要求，在委党组部署下，程坤和同事们同步加快安置区公共服务配套设施建设，强化安置区党建引领和社区治理，重视就业帮扶和产业发展，完善社会兜底保障。目前，全省安置区共新建幼儿园95所、学校60所、卫生室（服务中心）290个、活动室2248个、便民超市175个，近20万适龄学生无一人因搬迁辍学；组建基层党组织1676个，村（社区）

委员会 120 个，各类组织 2480 个，形成党建引领搬后治理的良好局面；设立就业服务站 650 个、窗口 478 个，实现转移就业 55.79 万人，有劳动力搬迁家庭户均就业 1.95 人；在安置区周边实施产业扶贫项目 2559 个，建设扶贫车间 211 个，实现搬迁群众在家门口就能就业；全省 30.6 万搬迁群众纳入社会保障，特别是把城镇安置的 5.8 万困难群众全部纳入城市低保，做到了应保尽保、应兜尽兜。

（来源：云南省乡村振兴局）

八、担当争先锋

——"全国优秀共产党员"获得者

党的十八大以来，在以习近平同志为核心的党中央坚强领导下，全党高举中国特色社会主义伟大旗帜，统筹推进"五位一体"总体布局、协调推进"四个全面"战略布局，党和国家事业取得历史性成就、发生历史性变革。在习近平新时代中国特色社会主义思想指引下，各条战线涌现出一大批优秀共产党员。

他们是各条战线中的优秀代表。他们的先进事迹和崇高精神，鲜明昭示了党的理想信念宗旨，继承发扬了党的光荣传统，充分展示了党的事业和党的建设取得的丰硕成果，生动彰显了新时代共产党人的先锋形象。党的十八大以来，云南省共有15名同志获得"全国优秀共产党员"荣誉，因张桂梅、农加贵、吴长碧3名同志已在前文相关条目统一表述过，本章节收录其余的12名同志。

陈耀武
——勇担使命攀高地

陈耀武简介

2020年全国优秀共产党员。丽江市人民医院副院长兼急救医学部主任、副主任医师。曾获得"全国抗击新冠肺炎疫情先进个人"等荣誉。

在新冠肺炎疫情防控一线，在危急时刻，在创建重症ICU病房的困难面前，在更高起点上……作为一名共产党员，他勇担使命攀高地，写下了对党忠诚、一心为民的佳话。他就是丽江市人民医院副院长兼急救医学部主任陈耀武。

担当　防控一线写忠诚

作为一名共产党员、急救医学部主任，陈耀武始终保持着一种随时准备接受党和人民挑选，倾情付出的精神状态。

2020年初，新闻中刚有湖北新冠肺炎疫情的报道，陈耀武便敏锐地认识到，丽江作为全国重要的旅游城市，人员流动大，应做好积极防备。

于是，他立刻以分管院领导的身份组织部署疫情防控，开展应急演练，做好全面防控备战。果然，1月22日，丽江市发现第一例新冠肺炎患者病例。作为新冠肺炎专家组成员，他按照预案全程参与筛查、诊断，果断将疑似病人转移到隔离病区诊治。在病人增至6例的时间里，他每天往返于离医院本部5公里的祥和病区，早上查房后制订每个病人的治疗方案。他根据丽江地处高原的特点，在早期采取高流量吸氧、给予抗凝治疗等措施。同时在省级专家的指导下，给予每一个患者辨证施治，使用中西医结合的治疗方法，取得了宝贵的经验。经过他和同事的不懈努力，2月18日，在市医院治疗的6例病人中的最后两例痊愈出院。在近1个月的时间里，他始终坚守在疫情阻击战的第一线，以自己的辛勤付出，换来了丽江新冠肺炎病例清零的优异成绩。

陈耀武（前）在丽江市第一批援鄂医疗队出征仪式上发言

武汉疫情的发展，牵动着党中央和全国人民的心，全国军民强势支援武汉。刚刚与同事们共同取得丽江新冠肺炎清零胜利的陈耀武认为，自己是从事重症医学ICU专业的，又刚取得了一些治疗新冠肺炎的宝贵经验，应该随时响应党和人民的召唤。当医院成立援鄂预备医疗队，他立刻自告奋勇担任队长，带着30名医疗队员于2月19日出征武汉。

抵达武汉后，在寒冷的夜晚看到空无一人的城市，看到队员们神情凝重，他便召集12名党员重温入党誓词，要求每个党员要起好先锋模范作用，并且与队员一一谈话，振作精神，迎接困难，战胜困难。2月26日，医疗队被指挥部临时调防到武钢二医院，接管57张床位的重症病区。他每天坚持第一班进入病区查房，亲自询问每个重症患者的情况，追踪每个患者的病情动态。针对每一位患者，除了规范用药外，他都会进行积极的心理干预，缓解患者的焦虑、担忧。他知道，每一位患者都是渴望活下去的人，而他的职责就是把自己的全部精力和专业能力都用来帮助他们活下去。

在第七批援助湖北医疗队中，他作为唯一来自地州级医院的重症诊治专家组成员，在全队的救治工作中，他大胆地运用"丽江治疗"经验，并且根据武汉实际提出了以"优化重症患者器官功能状态，制订一人一策"的诊治方案，被专家组采纳，医疗队借助这一方案提高了救治的科学性和精准性。他还查阅了大量的文献资料，与队员们分享，为全队提高患者救治成功率、降低危重患者死亡率提供了第一手资料。

"把武汉人民当亲人"，是陈耀武每天对队员说的话。83岁的患者赵奶奶刚到病区时情绪比较烦躁，不配合治疗。陈耀武反复向队员交代要努力与她沟通，陪她聊天，给她讲云南小吃，为她剪指甲、洗头、洗脚，协助大小便等，帮助赵奶奶从悲伤情绪中走出来。一位出院患者在微信中写道:"不得不说,因为你们,我爱上了云南,爱上了丽江!"

在全队的不懈努力下,医护、防控通力合作,齐心协力,克服重重困难,充分发挥了多学科团队优势,最终实现了救治患者"零死亡"、医疗队员"零感染"、安全"零事故"、治愈出院患者"零返回"、队员心理健康测评"优秀"的优异成绩,获得了湖北省委、省政府"最美逆行者"荣誉称号。

克难　奋勇进击不懈怠

一切为了人民,一切服务人民,始终是陈耀武工作的出发点。

到 2006 年,丽江还没有一个重症 ICU 病房,不少重症病人得不到及时抢救。2003 年一个手术后的病人出现多器官衰竭,治疗没有效果,一位来自北京的 ICU 专家给予会诊后,提出一个全新的治疗方案,病情才逐渐稳定。这让陈耀武明白,丽江作为边疆民族地区,经济落后,医疗水平不高,学习重症医学,创建 ICU 科室可以更多地挽救患者的生命。2004 年,医院选派人去北京进修重症医学,当时大家对重症医学这个专业还没有认识和了解,没人报名,他第一个报了名。

他到北京大学附属人民医院进修学习重症医学,并获得了"北京大学优秀进修医师"荣誉称号。进修结束后,他将学习到的先进救治技术应用到危重病人抢救中,带动全市各县区级医院创建了规范的 ICU 病房,并将重症医学的知识和技术传授给了基层医务人员。2007 年,他带领团队创建了丽江市第一个规范重症病房。那时,全科医护平均年龄不超过 35 岁,病房条件相对简陋,但他把医院当成了自己的家，把病人当成自己的亲人，每天总是第一个到病房，最后一个回家。他深知肩上的担子重，带领全科医护人员不断学习和引进治疗新技术、新方法，并传授给基层医护人员，全市急危重病人救治能力上了一个新台阶。邻近的迪庆州当时没有ICU，丽江ICU的建成，解决了丽江、迪庆两地重症病人的救治，大理的鹤庆、剑川，四川的稻城病人都转到丽江治疗。13年来，在陈耀武的带领下，重症病房仅抢救游客就达1000余人，积累了丰富的救治经验。

2013年该科室成为市重点学科，到目前已经成为丽江市乃至大香格里拉区域急危重症病患的救治中心。一次，从香格里拉紧急转诊一产妇，大出血、呼吸心搏骤停。陈耀武没有放弃，联合心内科，整整抢救了21天，运用了床旁血液净化、主动脉球囊反搏等医疗技术，使患者完全恢复。

在危急面前，陈耀武说得最多的话是"我去""我上"。2003年，丽江抗击非典疫情，刚参加工作的陈耀武就要求参加抗击疫情工作。作为第一梯队，他在急诊科工作，专门负责看发热病人，那时没有防护服，只有一个简单的口罩，但是他从不畏惧。

2010年10月，全国出现甲型流感，丽江也面对不断增多的重症病人，医院决定组建收治甲流重症病人的病房，作为市重症医学的领军人，他毅然挑起了重担，带领部分ICU医护人员，冒着被传染的风险，临时组建病区，为病人进行气管插管、上呼吸机、床旁纤维支气管镜深部吸痰等专业治疗，使病人陆续好转出院。

2005年11月，某县发生突发公共卫生事件，为抢救两位急性药物中毒的病人忙碌了一夜的他，拖着疲倦的身子刚回到家，就接到紧急出发的通知。他来不及向新婚的妻子告别，就随医疗队赶往疫区。他和队员们在小学球场支起简易帐篷，一方面积极与各部门人员协调，耐心做好群众工作，防止恐慌；另一方面对有一般症状的群众进行隔离治疗。经过十多天的努力，完全控制住了疫情，没有一个后续病人受感染。

攀峰　打造重症医学新高地

丽江位于青藏高原接合部，因海拔高，心脑血管患者较多。特别是随着经济建设和旅游发展的加快，大量人员往返丽江，低海拔到高海拔地区的不适，往往会有更多患者。陈耀武认识到自己肩负的重任，他不断学习，努力提高自己和团队的医技水平，为各族群众的生命健康提供最好的保障。

为攀登更高的科学高峰，把丽江建成重症医学高地，陈耀武开始向更高的目标奋进。从2011年开始，他坚持组织市重症医师团队，每年申请开展一期省级继续医学教育项目——丽江市危重症知识提高班，亲自拟定专家授课题目并参与授课，有效提高了我市急诊和重症人员的救治水平。同时指导和规范了全市所有县级医院ICU科室建设，在人员资质、考核培训等方面做到同质化，全市危重病人抢救成功率明显提高，受到医院及院外同行的认可。他所在的重症医学科于2010年获得了云南省"青年文明号"和首批"云南省优质护理示范病区"。他还以科研促进业务发展，以第一作者的身份发表了近10篇国家级核心期刊学术论文，作为主编参编专著2部。以第一项目负责人获得市级科研立项3项、云南省教育厅科研立项1项，获实用新型专利1项。

（原载丽江网2020年8月29日，来源：丽江市人民医院）

白凡
——把初心和使命写在足迹里

白凡简介

2020 年全国优秀共产党员。云南省普洱市纪委监委驻普洱市公安局纪检监察组纪检监察室主任。曾获得"全国抗击新冠肺炎疫情先进个人"等荣誉。

白凡，清白但不平凡。

在抗疫一线的序列中，我没有理由缺席

庚子之春，暴发了新中国成立以来传播速度最快、感染范围最广、防控难度最大的重大突发公共卫生事件——新冠肺炎疫情。在普洱市抗疫阻击战中，白凡就冲在了第一线。

2020 年 1 月 29 日，普洱市公安局组织 100 名党员抗疫先锋队，他第一时间报名，立即投入到了疫情防控的最前沿。根据部署和分工，他平均每天徒步超过 3 万步进入社区开展挨家逐户核查外来人口，冒着近距离与陌生人接触的风险，确保"区不漏户、户不漏人"，掌握人口动态，宣传防疫知识，积极发挥抗疫的"防火墙""隔离网"作用。

2月19日，普洱市公安局组建工作队准备到疫情更为严重的地区开展援助，白凡再次主动向市局党委请战！鲜为人知的是，白凡和爱人原计划于3月1日步入婚礼殿堂，突如其来的疫情让白凡亏欠了爱人一个婚礼；而作为家中独子的他，同样亏欠了年迈需要照顾的父母，特别是母亲在年前做了大型手术，正处于恢复期，需要有人随时照顾。但他说："我们每个人都和国家、民族的命运息息相关，在抗疫一线的序列里，我没有理由缺席！"临行之前，为了不让年迈的父母和心爱的未婚妻担心，他不敢将实情告知家人，只是谎称要出差学习一段时间，2月21日出发，这一去就是两个多月。

这是一名共产党员何等高尚的家国情怀——对亲人的善意谎言，却阐释了对党的无比忠诚！

在前往疫情严重地区抗疫期间，他担任普洱市公安局驰援工作队临时党支部副书记兼本地派出所工作分队负责人，负责对所辖区域集中隔离点及其周边的秩序管控。这一隔离点里收治着200余名疑似感染患者和其他患者，稍不注意，随时都有被感染的危险。3月19日14时许，他接到医院工作人员报称：有3名家属违规进入医院看望病人。他一边向上级报告，一边穿戴好防护器具赶往现场处置，3名家属起初对其工作不理解，甚至对出警的他和医务人员辱骂和推搡。面对冲突，他不急不躁，耐心细致地给他们讲道理，同时严正告诉其行为可能引发的后果。经过一系列说服工作，3名违规探望者终于离开了这所医院。

2月27日18时许，刚刚结束一天勤务的白凡正要下班返回驻地，突然一位驾驶员急匆匆赶来求助："我是给某检测中心送核酸检测试剂的，因为对道路不熟，跑了半天都没能找到检测中心。"司机的语气中透着焦急。听此情况，白凡顾不得连续执勤的疲劳，立即驾驶警车将这辆车迅速安全地引导到了目的地。

一天，白凡听说两名来自贵州的务工人员正在接受隔离观察，因

白凡——把初心和使命写在足迹里

白凡在疫情防控一线查看资料

巨大的精神压力,加之异乡的饭菜不对口味,两人连续两天没吃饭。白凡考虑到云贵口味相近,就把从普洱带来的酸辣咸菜送到了两人手中。这一善举得到了工作队其他同志的响应,纷纷将自己带来的咸菜、午餐肉等好吃的转送给隔离人员、医务人员、志愿者、环卫工人等。这一小小的爱心行动,收获了纷纷点赞。

在异地的50多个日子里,白凡日夜坚守在疫情处置和防控工作第一线,积极开展防疫宣传、严格卡口封堵和巡逻防控,共检查、劝阻、劝返、劝离人员460余人次,检查、引导、疏导车辆180余辆次,协助转运密切接触者、发热病人、康复隔离人员64人次,协助搬运物资36次,处置突发事件12起,为群众排忧解困47起,实现了"零感染、零差错、零负面、零事故"的工作目标。

驰援归来后,白凡很快又投入到本市边境疫情防控阻击战中,认真履行公安纪检监察职责。协同相关部门,在边境一线行程2000多公里,明察暗访、专项检查、随机抽查案件140余起,走访群众和民警80余人次,参与核查涉及边境疫情防控和跨境违法犯罪方面的问题线索 12 条，为普洱市边境疫情防控工作提供了严格的纪律保障。

我有信心带领水平村的乡亲们脱贫致富

2016 年 2 月，白凡作为第一批工作队员进驻普洱市公安局负责挂包的景谷县正兴镇水平村，任驻村工作队临时党支部副书记。水平村是全镇 10 个贫困村之一，辖 12 个村民小组 333 户 1094 人，共有建档立卡户 119 户 423 人。见此情况，白凡暗自发誓："水平村就是自己的家，村民们就是自家的亲戚，一定要带领水平的乡亲们脱贫致富！"

白凡刚到水平村时，就听到群众中流传着这样一句顺口溜："水平村，水平村，出行无路家里蹲。"2015 年前，从村委会通往 12 个村民小组的都是土路，只能通行摩托车和手扶拖拉机。许多村民小组到村委会的途中还要经过山涧河流，一到汛期河水猛涨，想出村进城只能望河兴叹，更不要说运送农产品出村了。俗话说："要致富，先修路。"白凡和工作队员们以修路为突破口，积极报情况、跑项目、筹资金，终于把项目和资金落到了实处。开工后，他又积极协调施工单位使村民就近就地务工，既照顾了家庭又增加了经济收入。在修路过程中，一部分土地被占的村民因为不理解，与施工方发生争端，阻挠正常施工。白凡和工作队员不厌其烦地上门做说服工作，终于使工程得以顺利进行。在他和工作队员们的努力下，如今水平村硬化路面通村寨、到家门。

水平村平均海拔在 1700 米左右，老树茶多，但因为加工工艺差，市场销路一直不好。为了帮助村民提高制茶工艺，白凡带领部分茶农到澜沧县景迈山参观学习古树茶制作技术，并动员村民把炒茶的普通大铁锅换成专用制茶锅，从而提高了茶叶品质，市场销路逐步打开，成为脱贫的重要项目。

脱贫攻坚，产业优先。白凡千方百计地扶持当地可行产业。他向市公安局争取了 10 万元扶贫资金，建成水平村林下土鸡养殖集体合作社，发放鸡苗 10720 只，扶持农户 39 户；他积极配合镇政府投入整乡推进项目资金 32 万元，扶持水平村母猪、山羊、土鸡养殖，使 111 户 408 人受益；他还协调药材公司有偿提供种苗和无偿提供技术指导，扶持 79 户建档立卡户种植滇黄精 167.2 亩。为了帮助农户掌握产业知识和技能，他先后多次组织村民共 200 余人赴思茅、镇沅、景东、江城、孟连、澜沧等县区的种、养殖基地参观学习，在他和工作队员们的努力下，水平村建档立卡贫困户的产业帮扶做到了全覆盖、见效快。

驻村的两年里，白凡走访贫困户 1170 余户次，收集总结村民意见 720 余条，开展各种宣传 60 余场次，把党的各项惠民政策和相关知识宣传到每家每户，让群众更加清醒地认识到惠从何来、惠在何处，更加坚定了群众听党话、跟党走的信心和决心。

白凡两年的驻村扶贫脚步，准确地踩进了当地群众的心坎里，更踩到了全国脱贫攻坚前进的鼓点上，那颗为民的初心内涵，在此得到了升华。由此，他连续两年被景谷县评为"优秀驻村工作队员"。

警察队伍的共产党员，首先要敬业

从警 15 年来，不论在哪一个岗位上工作，同事们对白凡的评价就是敬业。他总说："全心全意为人民服务是公安工作的宗旨，也是党的初心。只有敬业，才能谈得上为民服务！"

在刑侦支队工作期间，在获悉"近期有嫌疑人欲经普洱将毒品运抵内地省市"的线索后，白凡与战友立即投入到案件侦查工作之中。

放弃节假日，多次往返西双版纳州景洪市、勐海县等地侦查获取犯罪证据，一举抓获6名犯罪嫌疑人，缴获毒品7300克、毒资人民币27万余元、涉案车辆1辆，成功告破了这起特大贩卖运输毒品案。

在警务督察支队工作期间，白凡以敢于担当的敬业精神，遵循重大警务部署，积极开展扫黑除恶、缉枪治爆、打击"黄赌毒"、边境地区专项整治等各类督察工作。其间，对安保维稳、内部管理、警容风纪等方面督察160余次，检查单位、部门（岗位）1200余个；查纠各类问题370余个，并视情适时发出督察通报、专项通报15期，口头和书面提出督察建议144条（次）；办理投诉案件90余件，收到了双向维权的良好效果。

2013年全国两会举世瞩目、备受关注。为充分发挥公安机关网上督察的作用，公安部警务督察局从全国各地抽调6名民警协助工作，白凡作为其中之一，到北京协助两会安保督察。其间，负责对81个公安检查站查控工作进行24小时不间断网上督察，翔实记录检查站工作情况，发现问题及时督改；并参与编发《2013年全国两会安保网上督察快报》20余期，及时为领导了解情况与决策提供参考，被公安部警务督察局授予"2013年全国两会安保督察标兵"称号，更为普洱市警务督察队伍争得了荣誉。

在近15年的警察履历和8年的党龄中，白凡自始至终战斗在第一线和最危险的地方，先后五次被评为"优秀公务员"，四次获得嘉奖，荣立一次三等功，2020年9月荣获"全国抗击新冠肺炎疫情先进个人""抗击新冠肺炎疫情全国优秀共产党员"荣誉称号。他把为民的初心和肩负的使命写进自己的足迹里，他把责任、担当化为"笔"，向党和人民群众交出了一份合格的"答卷"！

（原载云岭先锋网2020年10月30日）

普玉忠
——负重前行践初心

普玉忠简介

2020年全国优秀共产党员。红河州金平县金水河镇金水河村委会隔界村党支部书记。曾获得"中国好人""云岭楷模"等荣誉。

2020年2月8日15时,在中越边境线共和国62号界碑旁,56岁的红河哈尼族彝族自治州金平苗族瑶族傣族自治县外事界务员普玉忠一手拿扫帚、一手拿皮管,用流动的水冲洗界碑。

62号界碑位于金平县金水河镇隔界村,村子的对面是越南莱州省封土县会笼乡波多村。他的家离62号界碑的直线距离不到百米,平日里,普玉忠负责金平县境内60号到63号界碑的看护管理。

清扫、冲洗、用干净的抹布擦干界碑上的水……2005年加入中国共产党,担任了13年外事界务员的普玉忠重复着一系列再熟悉不过的动作,但很少有人知道他此时的心境。

春节前夕,家有一儿二女的普玉忠接连遭受了重大的家庭变故。在刚办完岳母丧事的第二天,普玉忠的儿子不幸发生车祸离世。接二连三的噩耗,让普玉忠的精神遭受了严重打击,但他没有因此被击垮。新冠肺炎疫情发生后,对于紧挨着边界线又地处中越边境省级通

普玉忠（坐右七）向抵边瑶族群众宣讲界务政策

道的隔界村，全村的疫情防控刻不容缓。在简单处理完儿子的丧事后，普玉忠便强忍悲痛，马不停蹄地投入工作。虽然身处困境，但有着15年党龄的普玉忠仍然利用抵边居住的优势，一方面抓紧巡查边界；另一方面积极在村内开展疫情防控知识宣传等工作。

"只要国家需要我，不管自己遭受多大灾难，都一定要把边界守好。"普玉忠把一名共产党员的初心、使命变成埋头苦干的自觉行动。

（原载《云南日报》2020年3月9日，记者：伍平）

肖之东
——机要密码"守护者"

肖之东简介

2021年全国优秀共产党员。生前系云南省公安厅警令部办公室机要科科长。曾获"全国党政系统机要密码先进工作者"等荣誉，荣立个人一等功1次、三等功2次，被追授"云南省优秀共产党员""全国公安系统一级英雄模范"等称号。

省公安厅警令部办公室机要科原科长肖之东，30年如一日坚守机要密码工作岗位，始终致力于云南公安机要密码工作发展进步，为云南公安机要密码工作的建设和发展作出了突出贡献。先后获评优秀公务员6次、先进个人5次、优秀共产党员2次，嘉奖5次，荣立个人三等功2次。2020年7月14日，肖之东同志因病离世。

不畏艰险、勇挑重担的机要先锋。云南特殊的地理位置，使云南在巩固国防、维护边疆稳定、反对民族分裂及反

肖之东

恐怖斗争等方面具有十分重要的战略地位，公安机关在边境处突、反恐维稳等领域的各项工作任务艰巨繁重。30年来，肖之东迎难而上，主动承担急难险重任务。在历次重大紧急突发事件通信保障中，以优质、高效、严谨的作风有效提供各类密码通信保障，赢得了各级领导的一致好评。在和平年代，肖之东选择了机要职业，又屡次在一线实战中经受洗礼，30年的经历，使肖之东成长为一名党性忠贞、无私无畏、勇挑重担的机要先锋。

呕心沥血，用公安机要密码工作发展书写生命年轮。作为全省公安机要密码部门的直接负责人，肖之东见证了云南公安机要密码工作从无到有、由弱到强的全过程。从1993年开始，他先后参与并组织建设了全省公安加密传真通信网、机要传输保密系统、机要密码业务系统、"金盾工程"二期加密网省厅基础设施完善与备份系统、全省公安加密网公共服务平台以及国保、网安、技侦、反恐、警卫、边防等部门的涉密信息系统等多个系统及平台。同时，他结合全省公安机要工作实际，先后创新制定和完善了10余项管理制度，并在全省公安机关强力推动等级机要室建设。通过多年的努力，全省公安机要通信基础设施有了极大改善，密码通信整体保障能力明显增强，两次被公安部选定为试点单位，多次在全国公安机要密码工作会议上交流云南经验。

勤奋钻研、精益求精的行家里手。近年来公安密码工作发展速度较快，特别是信息化密码应用势头迅猛，肖之东勤奋好学，永不满足于掌握已有的技术，带领年轻同志挑灯夜战，不解决问题不罢休。30年来，肖之东带领同事走遍了云南的山山水水，深入检查整改机要密码工作中的安全隐患，与各地机要民警促膝交流，了解情况，交换意见，结合各地机要部门的工作实际，有针对性地帮助基层机要部门争取政策、解决困难。在他的努力下，全省公安密码的安全管理水平不断增强，从未发生过任何失泄密问题和工作责任事故。

铁骨柔情、全力奉献的铮铮男儿。作为云南省公安厅的机要业务负责人，肖之东同志既是指挥员又是战斗员。遇有大型安全保卫活动、专项行动和敏感时间节点，肖之东总是身先士卒，吃住在办公室，夫妻长期分居两地，孩子在北京上大学，家庭实际问题和困难较多，他从不计较个人得失，从不争功诿过。结婚20多年，他从来没有休过探亲假，也没有休过一次完整的公休假，每当妻儿生病时，他都只能在电话上问候，从精神上安慰，把牵挂担心藏在心里，一心扑在工作上。

（原载《云南日报》2021年7月3日，记者：李正雄）

李娜倮
——唱响拉祜幸福生活

李娜倮简介

2021年全国优秀共产党员。云南省澜沧自治县酒井乡勐根村老达保人。曾获得"2016年全国脱贫攻坚奖""全国劳动模范"等荣誉。

"我从十二三岁开始学习弹吉他，14岁可以弹唱，十七八岁的时候就开始了歌曲创作。那个时候我还不太会说汉语，叔叔是老师，就帮我把歌词翻译成汉语。"在澜沧拉祜族自治县酒井乡老达保村民小组，仔细擦拭着吉他的李娜倮面对记者打开了话匣子。

老达保村流行着这样一句话："会说话就会唱歌，会走路就会跳舞。"为了让拉祜族文化被更多人知晓、更好地传承下去，李娜倮带领能唱会跳的村民们开始了"闯央视"之路。"从2005年开始，我们陆续参加了许多央视节目，许多观众通过节目认识了我们。2007年我们成立了艺术团，开始到各地演出，当时每天有30元的补助。"当初的情景，李娜倮仍历历在目。

背着吉他走出村寨演出多次后，李娜倮选择了回到老达保，她始终希望拉祜族歌舞能在家乡上演。"我们有这样绚丽多彩的文化，就应该带动全村人增加收入。"怀着这样的理念，在县委宣传部和县文化局的帮扶下,李娜倮和村民们组织成立了澜沧老达保快乐拉祜演艺有限公司,500余名村民全部入股。通过发展演艺有限公司,老达保群众实现了在家门口就业,公司打造的实景剧累计演出700余场,接待游客12万余人次,实现旅游综合收入900余万元,其中演出收入400余万元,群众分红300余万元。

随着老达保的知名度越来越高,一条以乡村旅游为主的产业链逐渐延伸开来,由党员带头发展的新兴种植业、农家乐、民宿、手工作坊等逐渐兴起。目前,老达保有民宿客栈4家、农家乐10家,各类

李娜倮(前)带领村民和孩子唱响幸福生活

手工作坊和商店数十家,其中李娜倮带头创办的拉祜农家乐年均可增收 10 万元。基础设施完善了,产业发展了,老百姓的腰包更鼓了,听党话、跟党走、感党恩的信心更加坚定了。

"在党的关怀下,我们寨子变化很大,泥路变成了水泥路,茅草房变成了瓦片房,用水、用电都十分方便,大家的收入更是增加了不少。"谈到近年来村里一点一滴的变化,李娜倮的脸上洋溢着欣慰的笑容。

(原载《云南日报》2021 年 6 月 25 日,记者:刘宣彤)

陈景
——赤子之心　科研报国

陈景简介

2021年全国优秀共产党员。中国工程院院士，云南大学教授、博士生导师。曾获得"全国优秀科技工作者""云岭楷模"等荣誉。

陈景，我国铂族金属冶金的主要开拓者之一，长期奋战在科研、教学第一线，为我国高原湖泊污染治理事业、铂族金属冶金事业、教育事业作出了卓越贡献。

2008年6月，云南九大高原湖泊之一的阳宗海突然遭受毁灭性的砷污染，水质从Ⅱ类下降到劣Ⅴ类，湖泊丧失饮用、灌溉等功能，几乎成为"死湖"。大型地表水砷污染治理是世界性难题，没有有效的技术及经验可借鉴，50多家单位认为，面积31平方公里、蓄水量6亿立方米的阳宗海，治理至少需要3至5年时间，需要费用40亿元至70亿元。

当陈景得知阳宗海治理困境后，十分着急，他认为阳宗海治理不是单纯的技术工程，而是关系云南乡亲父老的民生福祉问题。他主动请缨带领团队，放下从事半个世纪的冶金研究，投入到阳宗海治理研究中。用3年时间仅花费3900万元就完成治污，为全球高原湖泊砷污染治理提供了中国方案。现在他的研究又瞄准了大型水体富营养化治理,期望为滇池、洱海等高原湖泊的治理保护贡献自己的力量。

陈景说:"作为一名科技工作者,要树立为国家利益服务的大局意识,除了在自己的专业上进行理论探索外,一定要将成果推广应用到社会经济主战场,使我们的研究成果转化为现实生产力,为社会进步和经济发展作出贡献。这是党的需要、国家的需要、人民的需要,也是我们科技工作者的价值所在。"他不仅这样说,也一直这么做。

20世纪70年代,铂族金属是重要战略金属,相关的科研与生产都是紧迫的课题。研究化学的陈景勇挑重担,承担了国家重点项目——从二次铜镍合金提取贵金属新工艺的研究工作。研究中的技术难题重重压在他的身上,他放弃节假日,每天连续工作12小时以上,

陈景(左三)在实验室

夜间还常常冒着零下十几摄氏度的严寒,独自进入戈壁滩中的车间做实验,最终打通整个工艺流程,项目也荣获国家科学技术进步奖一等奖。

回顾陈景近60年来的科研历程,从最初的化学领域到冶金领域,再到目前的环保领域,研究领域的每次改变,都是紧扣国家的需要和人民的期盼,他却笑说自己"可能是中国最不务正业的院士"。

作为一名有着60年党龄的老党员,陈景时刻以党员标准严格要求自己,努力"为党育人、为国育才",为培养青年学子呕心沥血、甘为人梯。他定期参与研究生的《文献与化学化工前沿》及本科生的《化学与社会》课程教学工作,及时更新课程的内容与PPT,将学科新进展、新技术及时引入课堂,积极参加课组的教学讨论及学院的教学研讨会等,为学院的教学改革和人才培养出谋划策。

尽管已至耄耋之年,陈景始终严以律己、爱岗敬业,把爱国之情、报国之志融入教书育人的日常工作中,不断为党的教育事业作出新的贡献。他穿不讲究、吃不挑剔,在获得省委、省政府奖励后,第一时间在自己的母校云南大学和大理一中,捐资20万元设立奖助学金,帮助困难学子完成学业。

(原载《云南日报》2021年7月5日,记者:李正雄)

郑兆瑞
——扎根边疆的"缉毒兵王"

郑兆瑞简介

2021年全国优秀共产党员。德宏边防支队木康边境检查站副站长。曾获得"十大边防卫士"等荣誉。

入伍以来,始终坚守在条件最艰苦、任务最繁重的边境缉毒一线,创造了木康站连续保持个人查获毒品数、查获万克案件数、抓获违法嫌疑人数、所在班缉毒数"四个第一"的辉煌战绩,他就是被誉为云岭雄关上的"缉毒兵王"的郑兆瑞。

2003年,郑兆瑞应征入伍被分配到木康边境检查站。他白天钻车底盘、爬车顶、搬货物、卸轮胎……跟随战友学习查缉实战技巧,晚上加强理论知识学习,总结白天工作经验,向老兵讨教疑难问题,练胆量、练本领,日积月累,他的查缉技术突飞猛进。第一年,他荣立个人三等功;第三年,被任命为班长,并光荣地加入了中国共产党。

郑兆瑞把平常所见所闻积累下来,分门别类收集整理,撰写成"查缉日记",经过多年的积累,他整理出的10多本查缉日记成为站里同事爱不释手的"缉毒宝典"。他总结摸索的"体内藏毒研判法""货车查缉法""吸毒人员判定法"等8种特色查缉战法被编入《毒品查缉教程》,成为全国二线边境检查站公开查缉的示范教科书。

在木康,郑兆瑞和战友们每天面对 3000 余辆车辆的查缉任务,特别是重型货车发动机震耳欲聋的声音和呛人的尾气,令民警们或多或少都患有肺病、腰肌劳损、风湿等疾病。在这里,郑兆瑞每天弯腰上千次、敬礼 2000 次、检查搬运货物 3 吨……"很多人认为木康苦、累、险,于我而言木康让我成长、奋进。木康精神是我践行职责使命的信念支撑,是先锋旗帜高高飘扬的动力源泉。"郑兆瑞说。17 年来,

郑兆瑞(前)执行山林训练任务

在高分贝噪音、呛人的汽车尾气等环境中，郑兆瑞练就了一双"火眼金睛"，被大家誉为"缉毒兵王"。

担任执勤组长后，郑兆瑞爱兵动真情、带兵下真功，探索总结出荣誉激励法、阳光工作法、使命牵引法等"阳光带兵法"，打造出一个团结、奋进、敢打敢拼的先锋团队，带领班组先后查获毒品案件850余起，缴获毒品460余公斤，所带民警70余人立功受奖。

一个普通人的初心和使命能坚持多久？郑兆瑞给自己定的期限是一辈子。2018年，公安边防部队改革大幕开启，面对进、退、留、转的选择与被选择，面对现实困难和机遇，面对朋友的劝告、亲人的期盼，他又一次选择了坚守初心和使命。"边关需要我，尤其是在转改的特殊时期，更不能离开。"郑兆瑞说，他从一名普通农家孩子成为国家公务员，是木康培养了他、改变了他、成就了他，他要一生践一诺：永远坚守木康。

"我志愿成为中华人民共和国人民警察，献身于崇高的人民公安事业，坚决做到对党忠诚、服务人民、执法公正、纪律严明……"2019年1月1日清晨，郑兆瑞和战友们身着崭新的人民警察制服面对警徽庄严宣誓，吹响了奋斗新时代、履行新使命的战斗号角。

选择坚守后，郑兆瑞立刻投入到缉毒战斗中，连续查获万克以上毒品大案4起，缴获毒品72公斤，抓获犯罪嫌疑人6人，用实际行动诠释了共产党员忠诚、干净、担当的优良品质。

（原载《云南日报》2021年7月13日，记者：李正雄）

李桂科
——让"麻风村"变成了"幸福村"

李桂科简介

2021年全国优秀共产党员。云南省洱源县疾病预防控制中心名誉主任。曾荣获"中国好人""中国好医生""全国疾病预防控制先进个人"等荣誉。

"江那边去不得!"因建有麻风病医院,洱源县大山深处黑潓江边的山石屏一度成了人们谈之色变的地方。

然而,却有一个人40年间一直在崇山峻岭间穿梭、在江的这边和那边往返,致力于连接两岸。

他是如今虽已退休,却仍是洱源县疾病预防控制中心名誉主任的李桂科。他是全国麻风防治先进工作者,首届中国麻风防治突出贡献奖、第四届马海德奖获得者。

1981年4月,在县防疫站工作的李桂科第一次走进住着181名麻风病患者的山石屏疗养院。这让李桂科强烈地感到患者急需帮助,而自己就是这个必须帮助他们的人。

从那时起,李桂科开始了和麻风病患者的"亲密接触"。为了让患者相信麻风病可以治好,给他们勇气和信心,李桂科脱下隔离服、取下手套,零距离和他们拉家常、交朋友。"我来,就是要治好你们的病，不把你们治好，我是不会走的。"他说。

经过近 10 年的不懈努力，到 1990 年，山石屏疗养院的病人全部治愈。

此外，李桂科还负责洱源县三营镇洋芋山麻风村等地的救治工作，洋芋山生活条件极其艰苦，不产出，维持生计都难。李桂科和同事花了近 10 年的时间，治愈了洋芋山村 64 名麻风病患者。洱源县的麻风病患病率由万分之二十七点三降至万分之零点三四。

2001 年，洋芋山最后一个麻风病患者杨兆元搬离居住 26 年的麻风村时激动地说："共产党万岁！李医生了不起！"

麻风病患者的病治好了，按理说李桂科可以离开回家了，但康复者如何融入社会又成了他挂在心上的新问题。

李桂科为患者往返于江的两边

李桂科组织志愿者、社团组织"走进来"到村里开展活动与康复者交流，编印《基层医生麻风病防治手册》，宣传麻风病可防可治不可怕的科学常识；他带着康复人员"走出去"，到城市旅游，了解外面的世界，他和麻风病康复者住同一个房间，让他们相信自己的病是真的好了，可以和正常人一样生活。

李桂科还在麻风村办学校，让山石屏村走出了6名大学生、1名研究生，为麻风村托起了未来，让人们看到了希望。学生们都说："人生中第一个老师是李医生，一辈子的老师还是李医生。"

患者全部治愈，康复者融入社会，李桂科也该歇歇了，但他觉得他的任务还没有完成。山石屏村民还没有脱贫，李桂科又带领乡亲们修蓄水池、灌溉田地，还带领村民种植了100多亩核桃，修建了20多间猪圈，发展种植养殖，帮助大家逐步脱贫致富。

2013年，当地党委、政府对山石屏疗养院进行了重建修缮，村民全部搬进了新居。

2014年初，山石屏疗养院更名为山石屏村，彻底摘掉了"麻风村"的帽子。4名康复者还积极申请入了党，村里成立了党支部，李桂科被推选为党支部书记。

2019年7月27日，全国首个麻风历史博物馆在山石屏村落成。

一直在争取项目、积极奔走的李桂科说："建这个博物馆就是为了宣传麻风病可防可治不可怕，讲好这60多年来变迁的故事，让山石屏村世世代代感党恩、听党话、跟党走。"

40年为麻风病患者治病、治心、治贫，李桂科用坚守、陪伴和耕耘，诠释了医者仁心，书写了大爱之心，践行了入党初心，倾尽全力让"麻风村"变成了"幸福村"。

（原载《云南日报》2021年7月16日，记者：谢进）

周全国
——扎根基层服务边疆群众

周全国简介

2021年全国优秀共产党员。云南省瑞丽市勐卯镇兴安社区党总支书记、居委会主任。曾获得"云南省优秀村（社区）党组织书记""云南百名好支书""云南好人"等荣誉。

19岁入伍投身边疆，退伍后扎根边疆社区，瑞丽市勐卯镇兴安社区党总支书记周全国服务边疆已有12000多个日夜。

"退役不褪志，退伍不褪色。保家卫国是为人民服务，扎根基层办实事也是为人民服务，能为自家人办事儿，我高兴！"周全国十余年如一日默默坚守在兴安社区这方"耕田"中。

从"一穷二白"到面貌焕然一新，如今的兴安社区已成为中缅边境线上居民满意度最高的"幸福社区"。

兴安社区如何实现"兴"和"安"？"社区虽然不大，但要服务和管理好，并不是一件容易的事。"周全国说。一直以来，兴安社区就是经商人员多、务工人员多、缅籍人员多的"三多"社区，情况复杂、管理难度大。

周全国立足社区实际，大力推行以"一站式"集中服务、"温暖式"上门服务、"开放式"阳光服务、"共建式"便民服务为内容的

"四式"服务体系,开展"走千家、访万户"实践活动,为商户、居民提供上门服务1000余次;依托"初心号"党建小红车为商户、顾客及群众提供常用药箱、免费充电、招聘信息等"10+N"服务,帮助解决实际困难500余件。

周全国还用"钉钉子"精神破解社区疑难杂症近万个,切实提升居民幸福指数。社区保持着10余年"零上访"记录,在全国率先推行外籍人员管理六证合一"胞波卡",助力探索出党建引领边疆城市基层治理的好路子。

经过不懈努力,1个省级众创空间、1个德宏傣族景颇族自治州最大的城市商业综合体、612户个体商户、23家各类企业等相继落地社区。

作为社区党总支书记,周全国发现,兴安社区缺乏党建工作氛围,非公企业党员参加组织生活积极性不高。"这样下去不行,连党的事儿都干不好,还能干成什么事儿?"周全国说。

说干就干,周全国当即走访了社区内所有党员,认真记录问题、制定台账,根据兴安社区党建工作实际创新探索出一

周全国(左二)走访社区

套以社区党组织为一个同心圆,"五兴五安""六个维度"为主旨的"156"社区党建工作法,成为社区党建融入边疆基层党建示范城市建设实践的生动样本。

  同时,他积极探索党建引领服务商圈新路子,以城区内瑞丽市财富广场和瑞丽市"一带一路"双创基地为撬动点,主动问询需要解决的问题难题,为非公企业党员牵线搭桥,让他们共享商机。

  在周全国的带领下,兴安社区党总支下辖的 6 个无活动场所、无正常活动、无经费保障的"三无"党支部通过进一步规范、转化、提升,率先在 2018 年实现 100% 达标创建。社区党总支也先后被命名为"瑞丽市基层党建示范点"、德宏州"规范化建设示范党支部"。

  新冠肺炎疫情发生以来,瑞丽作为中缅边境城市,防疫形势极为严峻。面对繁重的防控工作任务,周全国坚守在社区疫情防控的"前沿阵地",带头吃住在社区,深入社区网格排查一线,挨家挨户对疫情防控进行现场指导,入户宣传政策、摸排重点人群、发放张贴宣传资料、发放政府分派口罩。他还带领 9 家单位建立兴安社区"大党委",积极整合"大党委"各责任单位党组织资源,设置"党员责任区"和"党员中心户",最大限度地把党员发动、组织起来。

  扎根边疆、守护边境、服务群众,周全国始终用行动践行着自己"服务群众,多干实事"的初心,生动诠释了共产党员的为民情怀。

(原载《云南日报》2021 年 7 月 11 日,记者:谢进)

代建荣
——情定"特殊"孩子 恪守"特教"使命

代建荣简介

2021年全国优秀共产党员。云南省昆明市五华区新萌学校党支部副书记,从事智障体育教学工作。曾获"全国特奥工作先进个人"等荣誉。

情定"特殊"孩子、建功"特奥"赛场、恪守"特教"使命,昆明市五华区新萌学校党支部副书记代建荣的工作与"特殊"有关——从事先天性脑瘫、癫痫等中重度以上智力障碍病症孩子的教育。

"改变一个学生、解放一个家庭"。自1993年到学校工作,28年来,代建荣致力于让孩子们能够顺利融入社会、找到适合工作、实现自身价值,由"特殊"变为"普通",从"一无是处"到怀有"一技之长"。

代建荣的第一堂课便让他深刻体验了这份"特殊"。十几个孩子站队报数,代建荣反复讲解、示范,可往往刚纠正了前面,后面的队形就乱了;照顾了后面,前面的队伍又散了。严重的挫败感让代建荣非常沮丧。"那时候,真的想过调整岗位。"可当看到学校老教师的坚守,代建荣还是留了下来。代建荣和孩子们从最简单的动作练起,大半年下来,一个班级的站队报数,终于可以在指令中顺利完成。

"只要用心,这群特殊的孩子也会有进步。"代建荣深有感触。也正是孩子们每一次小小的进步,让他多次放弃了调整到待遇优渥岗位的机会,坚守住了初心。

为了更快熟悉这群孩子、融入学生群体,代建荣向学校申请陪伴孩子午睡。

梅兴是一位患有癫痫的学生,病情常在睡觉的时候发作,发作时全身抽搐、口吐白沫。为照顾梅兴,代建荣把梅兴的铺盖放到自己的床上,方便发病时第一时间施救、清理呕吐物,细心呵护了他7年。

28年来,400多个"梅兴"从代建荣的生命中走过,而他始终初心不改、奉献特教。

戴任飞患有唐氏综合征、先天性心脏病,生活不能自理。在做足保护措施的前提下,代建荣把戴任飞选入云南特奥代表团参加全国第五届特奥会。集训期间,代建荣手把手教戴任飞洗衣服、洗澡,让他学会独立生活,最终戴任飞以优异的成绩获得了足球个人项目金牌。2015年,戴任飞在全国第六届特奥会中又斩获3块金牌,他也成长为国际特奥东亚

代建荣(左下一)

区运动员领袖，主持了国际特奥 2016 上海慈善晚宴。戴任飞的成就让父母感慨万分，决定每年捐款 10 万元成立以戴任飞小名"大亮"命名的基金会，专门帮扶智力残疾人。

类似的"戴任飞"，代建荣教了 272 名，他们在特奥会舞台上累计获得国家级以上奖牌 300 多块，8 名学生被评为全国优秀特奥运动员。2007 年至 2011 年共有 10 名在校学生运动员入选国家队，代建荣作为中国智力残疾人国家篮球队主教练，与学生共同参加世界第十二届、十三届特奥会。他们用自身的努力向全国乃至世界展示云南特殊教育的成果和几十万智力残疾人的精神风貌。

代建荣不仅把新萌学校的孩子教好，还不断刻苦钻研、积极开拓创新、注重教学研究，独立完成课程标准研制，通过科教结合促进特教体育教学质量不断提高。同时，代建荣还积极投身开展特奥运动中的融合运动、领袖计划，主动承担云、贵、桂三个地区特奥教练员培训任务，积极培养运动员领袖、助理教练、学校特奥会的组织者、校外特奥的宣传者，全面提高特奥运动员的综合能力，并召集了大批大学生志愿者，进行特奥培训和宣传。

伴随着学生的成长，代建荣也成长为中国西部目前唯一的特奥国家高级讲师、高级教练员，通过他的具体实践和项目推广，让运动改变更多的"特殊"生命，释放更多的人生活力。

（原载《云南日报》2021 年 7 月 17 日，记者：谢进）

董永山
——冲锋在前的"逆行者"

董永山简介

2021年全国优秀共产党员。云南省曲靖市消防救援支队紫云路特勤站班长,一级消防长消防救援衔。曾获得"中国好人""云岭消防突出贡献奖"等荣誉。

先后荣立一等功1次、二等功2次、三等功7次,获得优秀士兵称号4次,参加灭火救援战斗5000余次,抢救遇险群众700余人……沉甸甸的荣誉背后,是云南省消防救援总队曲靖支队特勤中队一级消防长董永山"逆行"冲锋在前的身影。

自1993年12月入伍以来,董永山一直奋战在灭火救援战斗一线。28年来,他用青春和热血、坚守与奉献,诠释了一名共产党员的忠诚和大爱。

灭火救援战斗中,董永山总是"逆行"的"尖兵"。28年间,他曾深入满目疮痍、余震不断的鲁甸地震灾区一线争分夺秒抢救生命,也曾从熊熊烈火中抢出即将爆炸的煤气罐,冲入火场救出被困群众,还曾孤胆涉险深入50米天坑溶洞勇救被困老人。

入队以来,董永山参加了全省消防救援队伍几乎所有的大比武、大演习并摘金夺银,他研制革新的100余项灭火救援器材有多项在全国、全省推广使用。2015年5月,董永山作为年龄最大的骨干队员,参加了在马来西亚举行的东盟地区论坛第四次救灾演习活动并圆满完成任务。

在2020年新冠肺炎疫情防控期间,董永山勇当战疫"急先锋",第一时间制定本单位疫情防控计划,主动担负出入车辆洗消、库室场所消毒等工作。疫情期间,他带队处警50次、疏散被困群众20人,确保灭火救援"零延误"、队伍内部"零感染"。

董永山

在脱贫攻坚战中,董永山争当标杆,他两次向党组织递交参加助力怒江脱贫攻坚"消防守护"计划的请战书,坚定立下"群众不满意绝不离开、不完成任务绝不收兵"的誓言,用实际行动把消防员竭诚为民的大爱传递到怒江的高山峡谷中。

在"守护行动180天"中,董永山每天披星戴月、跋山涉水深入路途最远、路况最险的安置点、村寨工作,想方设法为群众排忧解难,做群众的"贴心人",共完成3个易地搬迁安置点和14个村小组的"四进"工作,徒步为贫困群众背送消防器材装备50多件(套),指导新建微型消防站22个、宣传阵地30个,入户宣传1000余户,培训贫困群众2万余人次,为群众做实事30余次。

董永山还是一位爱民"勤务员"。他先后捐资2万余元,并带动队友们捐资 6 万余元，帮助 12 名贫困家庭学生圆了校园梦。他秉承部队优良传统，热心公益事业，每年坚持无偿献血，总献血量达 6000 多毫升。他积极为贫困户、孤寡老人、失学儿童送温暖、献爱心。他还主动担任驻地 10 所学校、50 家企事业单位的义务消防宣传员，提高公众的消防安全意识。

28 载风雨征程，董永山始终用热血和汗水践行着消防战士忠诚与奉献的誓言，用竭诚为民、播撒大爱的举动书写青春无悔，彰显了为国为民的高尚情怀。

（原载《云南日报》2021 年 7 月 10 日，记者：谢进）

桑南才
——傈僳群众信任的送信人

桑南才简介

2021年全国优秀共产党员。中国邮政集团怒江州分公司泸水市称杆乡邮政所所长。曾获得"2019年感动交通年度人物""云南省道德模范"等荣誉。

34年来,泸水市称杆乡邮政所所长桑南才往返于13个村委会5个投递段,平均每天行程160公里,默默坚守着大山深处的绿色生命线,践行着一名共产党员为人民服务的责任担当,没有误过一趟班、出过一次错,信件妥投率达100%,成为群众非常信任的"托厄哈扒"(傈僳语,意为"送信人")。

称杆乡13个村委会零散分布在高黎贡山和碧罗雪山山腰,送邮件得跨江爬坡。乡邮政所是典型的一人一所,桑南才是所长也是职工。到最远的前进村,来回要走4天,到高山上的王玛基村,有时晚上还得住山洞。

1997年8月,桑南才到前进村送件。途中,突降暴雨,冲走了前进河上的小桥,不间断的滚石和泥石流又中断了返程的路。桑南才躲在一个山洞里过夜。第二天,他忍着饥饿,冒险蹚过齐腰深的前进河,将邮件完好无损送到收件人手中。

全面建成小康社会 云南奋斗者

"现在，村村通水泥路，再也不用靠脚板爬山过河了。"桑南才说。

脱贫攻坚，让边远村寨大变样，家家住上安全稳固的新房，户户有了增收致富产业，人人有手机，与外界的联系越来越紧密。特别是 2016 年后，随着电商进村，怒江农村网购业务迅速发展，邮件与日俱增，邮政所里的投递业务量也迅速攀升，每天都有 80 多件邮件

桑南才（左一）将快递送进村村户户

需要及时投递，最多时达300余件。为了提高工作效率、保证投递服务质量，桑南才买了一辆摩托车，妻子、儿子也加入乡村邮政送寄行业，一起为高山群众捎带化肥、盐巴、药品等生活用品，帮助独居老人代写书信，给残疾人办理兑讫，风雨无阻。

"油、菜、肉、洗衣粉、药品等，买好了就顺路给他们送过去。有些老人的家用电器坏了，我带下山，修好后又帮他们带上去，都是顺手的事。"桑南才说。

2021年中秋，一位在昆明务工的村民给搬迁到恩杆思洛的母亲邮寄月饼，因班车延误，到乡邮政所时，已是夜晚11时，桑南才马上骑上摩托车，将月饼送给收件人。

"再晚也得送，得守信用。"桑南才说，在秤杆乡邮政所，邮寄工作节假日从不打烊。

近年来，怒江傈僳族自治州邮政公司充分利用邮政线上线下资源，大力发展农村电商，让本地优质农特产品通过邮政渠道销往全国各地，促进农民增收。桑南才积极学习电商平台销售技术，利用送邮件的机会，精心考察各地农产品生产情况，帮助群众在线上销售土鸡蛋、蜂蜜、荞面、羊肚菌等农产品。

2020年，福贡县子里甲乡亚谷村仿野生天麻喜获丰收，但销售无门。桑南才主动跟随州邮政公司工作人员赶赴亚谷村，通过"邮乐网"帮助村民推销仿野生天麻。

省第十一次党代会闭幕后，桑南才第二天就赶回称杆乡，一边到山寨送邮件，一边把省党代会精神传达给乡亲们，让大家信心满满地把生产发展好。

"脱贫攻坚，让贫困老百姓脱了贫；乡村振兴，一定会让大家走上致富路，过上更幸福的日子。"桑南才说。

桑南才先后荣获"全国优秀共产党员""全国劳动模范""全国道

德模范"等荣誉。近日,中宣部、国家发展改革委向社会发布2021年"诚信之星",桑南才榜上有名。尽管拥有如此多的荣誉,但桑南才本色不变,依旧每天骑着摩托车翻山越岭送邮件。

"只要身体允许,乡亲们还需要,我一定会在送邮这条路上走下去,直到走不动的那天为止。"桑南才说。

(原载《云南日报》2022年1月17日,记者:李寿华)

九、云岭铸丰碑

——"云岭楷模"获得者

"云岭楷模"是云南省为表彰先进群体、先进个人,由中共云南省委宣传部授予的荣誉称号。榜样的力量催人奋进,时代的精神鼓舞人心。"云岭楷模"体现了平凡人不平凡的拼搏奋斗和平凡英雄作出的不平凡贡献,彰显伟大时代蕴含的伟大精神,激励人们奋进新征程建功新时代。

党的十八大以来,云岭大地上共有82名先进个人、9个先进集体获此殊荣。他们展现了对党忠诚、信念坚定的政治品质,牢记宗旨、忠于使命的责任担当,开拓进取、攻坚克难的拼搏精神,恪尽职守、敬业奉献的务实作风,生动诠释了培育和践行社会主义核心价值观的要求,是云岭一线干部群众的杰出代表。本部分由中共云南省委宣传部统筹考虑典型性、代表性、影响力及覆盖面等因素,选取先进个人和先进集体共20个作为代表。

陆良八老
——镌刻在青山上的丰碑

陆良八老简介

2012年云岭楷模。陆良县龙海乡树搭棚村农民群体。被云南省委、省政府授予"当代愚公"荣誉称号,当选"2012年度全国十大责任公民"。

经过几场夏雨的洗涤,盛夏的陆良县龙海乡花木山林场一派葱茏。

30年前,这里还是石漠化严重的荒山荒沟;30年后,这里是人与动物的绿色家园。

"这是王小苗、王家寿、王长启、王家云、王家德、王开和、王德映、王云方8位老人给我们留下的宝贵财富。"在龙海山花木山林场的瞭望台上,护林员王石贵指着眼前的林海说,"我在这里已经看守8年了。每当看到这壮观的林海,就会有一种奋进的力量。"

从1980年至2019年,38年过去了,当年的8位拓荒者已经有一半走完了人生的旅程。

青山为证!他们的奉献,像一座绿色的丰碑,镌刻在滇中大地上。

全面建成小康社会 云南奋斗者

十年植树石漠荒山现绿荫

造林，缘于村里的一次民兵训练。

1980年的一天，30多岁的龙海公社树搭棚村的民兵营长王小苗打靶训练归来后，心里一直不是滋味。山上裸露的乱石，稀疏的草木，荒凉贫瘠的景象深深印在脑海中。他不止一次地想，要是山上有树该多好！

当时，全国掀起"植树造林绿化祖国"运动，云南多地涌现出了植树造林热潮。因此，当王小苗找到大队干部说造林的想法时，立即

"陆良八老"和他们守护的山林

获得赞同。

造林是政府主抓的工作,有经费安排。王小苗一听很高兴,于是到村里动员青壮年,要大家一起来造林,绿化荒山,增加收入。

龙海山海拔2300米,寒冷荒凉,条件异常艰苦。但在他的动员下,王家寿和弟弟王长启、王家云和弟弟王家德,以及王开和、王云方、王德映纷纷加入进来,由8个青壮年组成的植树队伍就这样形成了。

起初,他们像种南瓜似的把松子埋进土里,没想到松子被老鼠、松鼠偷吃了。即便幸存下来的,也长不好。几番汗水,到头来却落得空空如也。

虽然出师不利,但他们并没有气馁,决定改变种植方式,把传统的播种子改为移栽树苗。在县林业技术员的帮助下,开始做育苗试验。苗育成功后,树苗的成活率提高了。他们还摸索出一条育苗规律:长到50天的树苗,移栽成活率可达到100%,长到80天的树苗,成活率反而会降低,只有60%。

育苗成功,他们就冬天挖塘,夏天栽苗。"成活率要在80%以上才算合格,我们栽的达到95%以上。验收合格后,每亩给10元工钱。"今年84岁的王德映说:"一亩地要2公斤松子育苗,1.5元1公斤,每亩成本3元。除去育苗费,就是造林队员的收入,每人每天的收入大约是7角3分。"

随着造林成活率的提高,8位造林青年的名气随之远播,县里很多乡镇纷纷请他们去帮助造林。8位青年欣然同意,他们面向社会招募了800名青年男女,组成浩浩荡荡的植树大军,每人带100人,把树苗种到了一处处荒山荒坡。

"山高水深,不如人的脚板高;天大地大,没有人的决心大。"王小苗自编的这首顺口溜,是他们当时植树造林的真实写照。他们一边造林,一边与饥饿、疾病和贫困搏斗着。

1986年，王小苗在三岔河镇白石岩村委会龙盘山上指导造林时，饿昏在造林现场，被送到县医院抢救。

王家寿的儿子王明昆今年47岁，他是当年植树的亲历者和见证人。说起往事，至今历历在目："我和王小苗叔叔在一个工棚里住了5年。下冰雹时，能从屋顶打进来，打在人的脸上。冬天夜里太冷，有时冷得睡不着，他就起来烤火、抽水烟筒。条件艰苦，大家脚上都裂开了一道道大口子。没有革命精神是吃不了这种苦的。"

10多年中，8个人走村串寨，先后在陆良县境内的龙海、马街、板桥等9个乡镇，师宗、罗平等邻县的部分地方，累计承包植树造林达13.6万亩，检查验收成活率都在90%以上。渐渐长大的树木，终于给荒山披上了一层绿衣。

大家脸晒黑了，手起茧了，人消瘦了，但看到不断成长的树林，心里都有说不出的高兴。王小苗给这片林地取名为"花木山林场"。

八老护林绿色林海写传奇

经过10多年的艰苦努力，到1995年，陆良县荒山造林任务基本完成，王小苗等8位造林能手终于告别了风餐露宿的岁月。15年的岁月侵蚀，让8个精壮的汉子步入了疲惫的中年，但他们并没有就此歇息下来，又当起了这片山林的守护者。

"我们要看护好这些树木，绝不能让山火给烧了。"王小苗代表大家说出了护林的决心。

护林是没有收入的，但认准了方向，就没有克服不了的困难。王小苗带领大家开展生产自救。他们利用山林养鸡、养猪，用荒地种洋芋、蔬菜、中药材，不到一年就实现了自给自足。

在护林的岁月里,树在长高,他们在变老,而辛劳的脚步,却从未停止过。逢年过节,在万家团圆的时刻,他们却以山为家,坚守岗位。这一守,就是20年。

王小苗生前总是不回家过年,老伴来到山上对他说:"你这样守在山上不值得,你死了树还是一样地长。"

王小苗豁达地说:"我死了不要紧,只要树还在就行。"

"秋天,村民有烧地的习惯。"王德映说,"就怕烧地把树林也烧了。"

由于8位老人20年的坚守,花木山林场38年来从未发生过一次大的火灾。

"以前,这里只能种荞子、苞谷、洋芋。"王家德老人回忆说,"现在有了树林,生态改善了,可以种蔬菜、烤烟,大家的日子比以前好多了。"

为了进一步改善生态环境,2016年,龙海乡开展"绿色龙海"创建工作,每年安排专项资金120万元。如今,已建成1.42万个水窖,总蓄水60多万立方米;在林中空地补植树木2800亩;大力发展经济林果,种植了7000亩苹果、5000亩香椿、6000多亩中药材;建成了梨檐山村、小松毛村、皈依村等12个绿色村庄,全乡森林覆盖率提高到46.3%。

"在八老精神的鼓舞下,多年以来,通过持续不断的植树造林和生态保护,现在的龙海乡,不但实现了天蓝地绿,增加了生物的多样性,还涵养了水源,改善了气候,发展了生产。"陆良县委书记张光彦说,"今后,我们要进一步传承八老精神,不断加大林业资源管理力度,努力提高生态效益,使龙海乡的群众逐步走上绿色强村之路。"

(原载《云南日报》2019年7月4日,记者:蒋贵友)

陈家顺
——为民奔波不停歇

陈家顺简介

2012年云岭楷模。现任曲靖市残联党组书记，原云南沾益县人社局副局长、沾益县驻浙江义乌劳务工作站站长。曾获"2012年度感动中国人物""全国人民满意公务员""全国道德模范"提名奖等荣誉。

大家对陈家顺有着许多个不同的称呼，"民工局长""养猪局长""潜伏局长""维权局长""卧底局长"等，但我还是觉得那么多的称呼中就属"卧底局长"最为贴切。

现在的陈家顺已经到曲靖市残联担任党组书记了，谈起自己当"卧底局长"时候的事情，他仍是记忆犹新。

2007年3月，时任沾益县驻义乌劳务工作站站长的陈家顺带领300多名沾益县的乡亲远赴浙江义乌务工。为了满足不同层次劳动力的需求，他多次以农民工的身份"卧底"企业打工。他曾当过装卸工、流水线操作工、仓管员、生猪饲养员等，为家乡提供了全面、真实、准确的用工信息。每年春秋两个季节，陈家顺就从义乌返乡，带着同事，带上稳定务工的老乡进村入户，动员乡亲们外出打工，并帮助建立了"务工人员安心、务工家人放心、用工企业称心"的沾益县驻义乌劳务工作站。家乡群众都亲切地称呼他为"农民工的贴心人"。

陈家顺探索建立了农民工驻厂信息员制度,帮助农民工解决生产、生活中遇到的实际困难和问题。面对农民工异地维权难,他探索建立了巡回维权制度,解决难点、热点侵权案件;在农民工多的地方设立农民工维权信息员,负责收集反馈农民工合法权益受侵害的信息;主动协调,与输入地劳动执法部门签订《维护农民工合法权益联动合作协议》,构建了"输出地劳动执法部门、农民工维权信息员、输入地劳动执法部门"三点联动为基础,巡回维权促落实、维权宣传提能力的异地维权网络。他还探索实施了留守空巢老人"五个一"和留守儿童"四个一"工程。

无论身份怎样变化,陈家顺一直都把外出务工农民当亲人。几年来,陈家顺共调解民工之间的纠纷1000余起,协调企业垫付民工车

陈家顺(左二)与群众交流

费、伙食费、工伤医药费共计百万余元；通过自己及农民工异地维权网络协调处理劳资纠纷80余起，为民工挽回损失千万余元。就在前不久，陈家顺还帮助农民工田正有获得了工伤赔偿，当田正有领到赔偿款的那一刻，他激动得泪流满面，一个劲儿地握着陈家顺的手说谢谢……

从2014年开始，他在推动能出去的农民走出去的同时，积极开展"劳务引商"工作，即利用当地丰富的人力资源吸引外地企业到云南当地投资建厂。在他的努力推动下，现在已有农民工安文龙等一批人返乡创业，"走出去、请进来"的路子越走越宽，陈家顺提出的"农村劳动力转移细化清零"和"多措并举，双腿走路"也得到了越来越多的认可。

（原载《云南日报》2019年8月5日，记者：张雯）

朱兆云
——云药创新的"领舞者"

朱兆云简介

2012年云岭楷模。获国务院政府特殊津贴,获"国家科技进步一等奖""全国五一劳动奖章"等荣誉。

全省科技奖励大会召开在即,朱兆云还是坚持去了青海省西宁市,"那边民族医药的创新发展经验值得我们学习,正好我省一支考察队去调研,我一定得去"。

匆匆赶回,脱下常年穿着的户外装和运动鞋,换上很少穿上的休闲服和平跟鞋,领奖台上的朱兆云心绪难平。"云南省科学技术杰出贡献奖虽然是一项个人奖项,但却凝聚着我们整个研发团队的力量。我不过是作为集体的代表来领这个奖。"朱兆云坦言,获此奖项,让她有点受宠若惊。作为一名科技工作者,只是在本职工作岗位上做了应该做的事情。

朱兆云这个名字,在很多人看来,已是我省民族药工程科技领域创新精神的代名词。17年前,在"一贫如洗"的省药物所,所长朱兆云力排众议,带领一帮年轻人改革创新。如今62岁的云南白药集团研发总监、云南省药物研究所所长朱兆云添了不少白发,而她精心呵护的药研所则涅槃重生,"药物所速度"成为业界美谈。

锐意改革　成功转型

阳光明媚夏意浓，位于西山脚下滇池湖畔的省药物所一派欣欣向荣的景象。面对崭新的实验室、繁忙的生产场景，朱兆云显得信心满满。

然而，回溯到 2000 年，刚来药物所任职的朱兆云却不禁打了一个冷战：破旧的大楼，丛生的荒草、一派凋败景象。朱兆云形容那时的情形：一个省级科研单位，连台像样的科研设备都没有，招聘人员时，一个本科毕业生来看一眼，丢下一句"这种地方怎么在？"便扭头走掉。

更让人不安的是，2000 年 7 月，省药物研究所作为云南首批 22 家科研院所转制单位之一，成为自负盈亏企业。就在这个时候，朱兆

朱兆云（左一）深入民间调研

云勇敢地挑起了重担。

"从米箩跳进糠箩",这是人们当年对朱兆云毅然接手药物所的评价。朱兆云到任后,所里账面上一时只有10万元,职工对前途没有信心。这时,她迅速组成了新的领导班子,从零起步,开始了"新平台、新项目、新人、新成果"和产业转化线"新产品、新厂房、新人、新网络"两条主线的发展过程。

随着科研和成果转化两条腿走路发展思路的确立,人事、管理、分配等一系列改革举措冲破阻力得到实施,竞争上岗,双向选择,科学合理的分配机制帮助药物所闯过转制"阵痛期"。

破釜沉舟　淬炼"金品"

"只要创新,就能生存能发展!"抱着一股子不服输的劲儿,朱兆云带领团队奋力前行。"当务之急是要开展科研,拿出一个新药来。"来自中医世家的朱兆云,想起巍山老家世世代代行医的独特药方,眼前突然一亮:立足云南天然药物资源和民族药这座"富矿",搞新药研发!

从处方到新药研发,中间有很长的距离。固定处方工艺,寻找方子上的药材原料。本着自家的祖传用药经验,朱兆云和一帮年轻人满山遍野找原料。除了研究新药,朱兆云还要到处筹措研发经费,虽屡次碰壁,仍勇往直前。

凭着这股冲劲儿,当年,以这个药方为基础进行的科研项目得到了省科技厅310万元的科研支持经费,并被列为省里的重大科技专项。2000年5月,在她主持下,药物所研发出了痛舒胶囊(片)、肿痛气雾剂、肿痛搽剂、肿痛凝胶和伤益气雾剂5个精品系列新药,一举获得 5 个国家新药生产注册批件，6 个已实施的国家发明专利，5 个新药 5 年累计直接销售收入 6.2 亿元，成为云南医药行业创新的典范之作。

同时，省药物所在 2004 年顺利通过 GMP 专家组现场认证，2005 年又成为云南首家通过 GLP 认证的机构，填补云南新药研究安全性评价规范空白。自此，省药物所走上了从调查、采集、提取分离、药物筛选、安全评价到剂型开发、标准制定的产业化自主创新之路。

不惧艰辛　填补空白

云岭大地沐浴在夏日的阳光下，蒲公英在山坡含笑，白术在土地里生长，灯盏花在田野间摇曳……

历时 40 年，行程 80 万公里，由省药物研究所完成的"低纬高原地区天然药物资源野外调查与研究开发"项目荣获 2012 年度国家科技进步一等奖。这是空缺 10 年后国内中医药界收获的最大奖项，它表明云南天然药物调查研究走在了全国前列。

"野外调查是一件艰辛而冒险的工作，需要翻山越岭，风餐露宿，有时被蚂蟥咬、毒蛇咬、黄蜂叮。"在朱兆云的右小腿上，有两个非常清晰的疤痕，是去采集标本的路上被虫咬的。

从最低海拔 76.4 米的河口县南溪河与红河交汇处，到最高海拔的西北部德钦县梅里雪山，项目组踏遍了云岭数万平方公里的崇山峻岭、高原草甸、河流峡谷，行程近 80 万公里。省药物所研究团队拍摄了原生态彩色照片近 16 万张，采集标本 11082 种 80378 份，发现新分布药用植物 93 种，新药用植物资源 451 种；准确鉴定 354 科

1534属4012种天然药物;编研业内有重大影响的专著3部15卷共755万字;获国家授权发明专利12个;创制新药9个,其中6个进入国家基本药物和基本医疗保险药品目录。这一系列基础性、战略性、创新性研究成果,为地区民族药、天然药物资源的保护和持续开发利用提供了基础的研究支持。

2013年,省药物所整体进入云南白药集团。担任云南白药集团研发总监的朱兆云,创新思路更加清晰。带领团队紧密围绕民族药走向国际的国家战略,以临床疗效显著及美国市场认可度高的痛舒胶囊和肿痛气雾剂为切入点,根据美国FDA要求,组织团队开展系统研究,争取实现在美国的药品注册……

数十年育得云药香,秉持创新精神,在朱兆云的"领舞"下,云南医药产业发展开启了新篇章,也积聚着腾飞的力量。

(原载《云南日报》2016年6月8日,记者:陈鑫龙)

李亚威
——最美彝家"阿表妹"

李亚威简介

2013年云岭楷模。深圳市文联文艺创作室主任，深圳市电影电视家协会常务副主席、秘书长，国家一级编导。

躺在楚雄经开区仁和医院的病床上，李亚威眼圈微微发黑，神情疲惫，手上打着吊针，脑子却还在不停地完善着此行的拍片策划。她时而拨打电话与同事商量工作，时而与来人交谈。

两天前，李亚威刚筹办完深圳青年影像节，就即刻飞赴楚雄，途中突然一阵眩晕，差点栽倒在地上。"长期劳累过度，你再不能没日没夜操劳了。"主治医生杨冠英告诉她。然而，楚雄是她放不下的牵挂。13年专注拍摄这里的山水人情，将一部部飘着彝州大地泥土芳香的影视精品奉献给世界，李亚威与这片土地结下了不解之缘，被彝州乡亲亲切地称为"深圳的阿表妹"。

一个不经意的故事，让她走进彝家山乡

2000年，受深圳市委宣传部的委托，国家一级编剧、著名导演、

李亚威——最美彝家"阿表妹"

深圳市电视电影协会常务副主席李亚威为拍摄楚雄已故挂职干部臧金贵的影片,第一次走进彝州。州领导一再邀请她为楚雄州创作拍摄一部专题纪录片。为了获取更多素材,他们带着她走进全州10县市。有一次,为了探寻彝族老虎笙、火祭的文化渊源,年近六旬的时任楚雄州委常委、宣传部部长在双柏县小庙河畔的寒风中等了她两个小时,这份真诚深深地感动了李亚威,"彝族是'火'的民族,就拍《火之舞·告诉你一个楚雄》吧,让古老的民族文化走出中国,走向世界"。

"大姚县有个叫暑立里的彝族村庄,人人都会打篮球,篮球滚到山坡下,大家打着火把去找。"李亚威偶然听到了这个故事后,2001年的春天,她走进了暑立里。当时,这个小村子只有一条小路蜿蜒于山间密林中,村里没有水,老乡要走很远的山路才能把水取回。这件事让她放心不下,于是她帮助村里向上级写报告,又四处奔走筹集修

李亚威(中)给演员讲戏

路钱，路终于修通了。

过去，暑立里村因为穷，很多人娶不起媳妇，闲来无聊甚至偷鸡摸狗的事也发生过。老村长张云成最先把篮球运动带到村里，用木板钉成球架，竹篮做球圈，篮球运动在村里推广开来，大家业余时间有了文体活动，精神面貌也发生了改变。

从文明"触点"开始，李亚威用10年时间记录着暑立里村的变化。10年前，村里只有一个地面坑洼不平且不规范的篮球场；现在，这里有了3个标准球场，还建设了灯光水泥球场；村篮球队代表云南出征全国农民运动会，夺得第七名的成绩；外村的姑娘来村里看打球，看着看着，就嫁到这里；曾经村民精神面貌不佳，现在有20多个孩子考上了大学。

2000年至2013年的13年时间里，李亚威奔走于楚雄州2万多公里山路，完成了41集大型人文风情丛片《火之舞·告诉你一个楚雄》；积10年辛劳与心血完成的电视纪录片《中国有个暑立里》，在2011年10月意大利米兰举办的国际体育电影电视节上，从参赛的190多个国家的309件作品中脱颖而出，成为"观众最喜爱作品"；接着纪录片《腊湾舞者》，62期栏目节目《文明的故事》，电影《油菜花开》《荞麦花开》等作品相继推出。

一段专注的拍摄经历，把她的心留在了彝州

回到深圳，每当看到黄昏时满街流动的车灯，她就想起了彝族的火把。点滴积累的情，在她心中幻化成广博的爱，倾注进彝家山寨。

2007年秋季，正是李亚威奔走彝山最繁忙时，她被检查出患了肿瘤。单位领导和同事一再劝她："你是特殊津贴获得者，可以选择

好医院就医。"可李亚威主意已定:"我就觉得楚雄医院好。我相信他们爱我,哪怕真的回天无力,我也愿意选择楚雄作为我的最后归属地。"

手术十分顺利。老木坝村老乡得知后,拼凑了780元钱,派出代表抱着两只鸡专程从200公里外赶来看她,"这是全村人的心意,你不收下,我就不回去了"。板凳山小学的孩子们利用假期上山采蘑菇给她寄来。暑立里村老村长赶着毛驴将火红的石榴、刚摘下的核桃驮来,辗转送到她手里……

2009年在武定罗婺国际民歌节颁奖晚会上,时任县委书记的李怡将当地山区傈僳族姑娘郎芯萍推荐给李亚威,她把小姑娘当作自己的女儿,给她取名玛嘉加朵,从音乐、文化、生活、见识等多方面加以培养。"现在,玛嘉的音乐修养已经提高到了新的水平。"李亚威欣慰地说。她用了两年时间,专门为小姑娘做了《山间回音·玛嘉加朵》专辑,由中国唱片深圳公司出版发行;为她创作的电视音乐片《火塘》——"阿朵玛西",荣获云南省广播电视一等奖。

"妈妈,遇到您是我一生最大的幸福,您使我的人生出彩、梦想成真。"李亚威从"女儿"的话语中,得到了最好的回报。

(原载《云南日报》2013年6月3日,记者:李毅铭)

香九妹
——梅里雪山下的"好门巴"

香九妹简介

2013年云岭楷模。云南省迪庆藏族自治州德钦县云岭乡西当村乡村保健员。获"第四届全国道德模范"评选候选人荣誉。

50余年奔走在德钦县雪山峡谷之中,她背烂了6个药箱,接生了三代人,而她的两个儿女却出生在出诊途中。人们称69岁的香九妹为村民健康的"守护神"……

50余年,她从妙龄少女变成了两鬓斑白的老人,治愈的村民自己数都数不过来;50余年,她用大爱换来了方圆百里村民的赞誉,诠释了医生"救死扶伤"的正能量……

4月的迪庆乍暖还寒,但在德钦县梅里雪山脚下的云岭乡西当村委会,一个温暖人心的赤脚医生香九妹的事迹在当地被传颂着:她放弃跳"农门"做"大医生"或"吃公粮"的机会,50余年默默守护着澜沧江两岸上千村民的健康。

如今,69岁的香九妹,依然背着药箱,奔走在云岭乡高山峡谷间。

在西当村委会荣中村民小组,记者一提及香九妹,村民们纷纷竖

香九妹——梅里雪山下的"好门巴"

起大拇指连连夸赞:"好门巴(藏语"好医生"之意)！她不但是西当村大慈大悲的'活菩萨'，而且还是云岭乡村民生命健康安全的'守护神'！"

乡亲们送我学会本领，走了怎么对得起他们
——放弃跳"农门"，甘作乡村赤脚医生

1958年，香九妹跟随开垦农场的父母从德钦县城来到西当村，15岁被原云岭人民公社聘为"保健员"。16岁那年，这位花季少女

香九妹（左）给群众看病

和两个藏族姑娘一起到公社卫生院参加为期15天的临床培训，此后又到云岭德钦石棉矿医院跟随3名外来知青医生学习。

20世纪70年代以前，西当村村民看病都要到县城，由于不通公路，从村里到县城有20多公里山路，途中必须经过架设在澜沧江上的溜索，爬上3400米的飞来寺山垭口后，来到国道214线公路，再坐车行驶14公里才能到县城。村里70岁以上的老人们感触颇多，"我们村有了'小香九'后，大家心里踏实了！"

尽管香九妹曾有机会成为一名机关干部或一名县医院的医生，但当机会来临时，她也犹豫不决——去了，生活条件、工作条件自然会得到改善；不去，就意味着要继续过农村的"土"日子。最后，她决定："虽然赤脚医生很辛苦、挣钱少，但我毕竟是大家送去培训、学习的，如果学到本事就走，怎么对得起父老乡亲们！"从那以后，她背着药箱年复一年、日复一日地行走在澜沧江两岸的高山峡谷间。

随喊随到，我只知道乡亲们的病情拖不得
——50余年无怨无悔，坚守高山峡谷治病救人

云岭乡大部分村寨分布在澜沧江两岸的高山峡谷间。香九妹出诊最远的是雨崩村民小组，每次到雨崩村出诊，她背着药箱，翻越海拔4120米的雪山垭口后，在狭窄的山路上急匆匆地奔走着。渴了，她就掬起路边的一捧山泉；累了，她在树荫下稍做休憩后又出发；饿了，她从口袋里拿出丈夫和儿女们为她准备的干粮；冷了，她将身上的腰带再紧一紧……

"妈九，我阿妈头疼，还有点发烧，麻烦你来一下。"正在吃晚饭的香九妹立即放下饭碗背起药箱就走。

"在我们德钦农村，感冒、肚子痛、头疼和关节炎等，是农民最

常见的病状。所以，我阿妈的电话在当地人眼里就是大家的'120'！"香九妹的儿子说。谁家有个头疼发热的，不管是阴天、下雨天，还是冰天雪地，她总是随叫随到。

说起 50 余年的坚守，香九妹淡淡地说："说实话，我也曾经埋怨过、后悔过，但每当我面对乡亲们的连声道谢和急切求助时，我的良心就不让我产生那些埋怨与后悔之类的想法了，只知道乡亲们的病情拖不得。"

给家庭困难的村民看病，香九妹总是帮他们先垫付医药费，有时一年垫付的医药费就达几千元。有人说她傻，可她却说："救死扶伤是医生的天职。"

只要还走得动，我会一辈子干下去
——她的誓言，就是像梅里雪山一样守护乡亲

在 1.8 万多个日日夜夜里，香九妹用双脚丈量每一个村落，曾背烂 6 个医疗药箱，但到底穿烂多少双鞋，步行过多少山路，为多少村民看过病，接生过多少孩子，她全然记不清楚了。她只是说："我只记得这里的孩子基本都是我接生的，很多家庭祖孙三代都是我接生的。"

1971 年 8 月 22 日，已有孕在身的她即将分娩临盆。当时，她挺着大肚子到离家 8 公里远的西当上村出诊，一直忙到下午 3 点才准备回家。可是，刚走到村口就腹痛难忍，她就走到一条人迹罕至的小路边分娩。她强忍疼痛脱下身上的羊皮褂子，包住刚出生的婴儿，拖着疲惫不堪的身体走到附近的人家求救。

香九妹给这个儿子取名叫路生。1995 年，路生从迪庆藏族自治州卫生学校毕业后，也继承了母亲的衣钵，在云岭乡澜沧江东岸的红

坡村当了一名村卫生员,至今已经有 17 个年头了。她还经常告诫路生:"你一定要做一个乡亲们满意的门巴。"香九妹的 4 个孩子中,除老二路生外,老三春生也是在出诊途中诞生的。

"这辈子我最对不起的人就是他了!"说起老伴,香九妹满脸愧疚。去年有一天早上,老伴起床后发觉身体有些不适,她正准备给他输液时,突然接到电话称"我阿妈咳嗽不止"。她二话没说,抓起药箱就出门了。等她回家时,发现老伴倒在地上不省人事。她扔下药箱,将不幸中风、半身瘫痪、不能言语的老伴紧紧抱住,泪水夺眶而出。

香九妹说:"我从 21 岁入党时,就在党旗下宣过誓,只要乡亲们需要我,只要还走得动,就会一辈子干下去。因为我的世界就是澜沧江两岸的上千村民,我的职责就是像梅里雪山一样,永远守护着乡亲们的健康。"

(原载《云南日报》2013 年 5 月 8 日,记者:尤祥能、吴霄)

谢樵
——忠诚战士青春不朽

谢樵简介

2014年云岭楷模。生前系云南省公安边防总队医院战士，武警中士警衔。

任凭岁月流逝，人们记忆中的谢樵永远都是英姿飒爽、意气风发的模样。

2014年8月4日13时，云南省公安边防总队医院战士谢樵在鲁甸6.5级地震救援中为营救受困群众，横渡堰塞湖时不幸被山上滚落的石块击中，献出了年仅24岁的宝贵生命。

那天下午1时，武警云南边防总队救援队接到鲁甸地震重灾区龙头山镇光明村村民刘远玉的求救，称其所在的大林村因地震发生泥石流，老人泪流满面地恳求救援队伍到山体滑坡处看看，帮忙寻找妻子的下落。

救援队官兵冒着余震、滚石的危险，经过1小时急行军，终于看到了大林村。此刻暴雨如注、山体滑坡，巨石、泥沙、大树卷着一辆大巴车在河水中不断聚集，堰塞湖越聚越大。湖水暗流涌动，巨石、漩涡、树枝在貌似平静的水面下奔涌翻滚，在堰塞湖的终端形成巨大的瀑布，挡住了队员进入大林村唯一的去路。

带路的刘远玉老人开始解衣扣，准备跳进堰塞湖，救援队员一把拉住了他。谢樵等几位水性好的战士主动请缨："我年轻，身体好，懂水性，我先来！"说话间，他们跃入堰塞湖，向对岸游去。距岸边仅5米时，余震袭来，一块块石头从山上坠落水中，巨石激起巨大的浪花，形成深深的漩涡，岸边的战友惊呼声还未出口，就看到谢樵被一块石头击中。"当时，我看到他两只胳膊在水面奋力挣扎，但很快被急流卷入水中。那一刻，我的心都碎了……"目击谢樵遇险的战友万艳梅泣不成声。

战友们记得，去光明村救援的路上，有位老太太小腿被滚落的山石砸伤，坐在路边呻吟。院长陈本善看过伤势后，说了几味草药，其他人还没回过神来，谢樵已经蹿上山坡，快速采回草药，用石块捣碎，再用纱布绷带裹到老人腿上。

谢樵（左一）热心服务群众

乡亲们记得，去光明村救援的路上，谢樵一次次掰下自己仅有的一块压缩干粮，分给沿途的老人和孩子，再递上自己的水壶。事实上，谢樵也需要这些干粮和饮用水。那天，他们经过一天一夜400公里的急行军，早已饥肠辘辘、体力透支。有了这些干粮和饮用水补充体力，他也许能在堰塞湖里游得更快些，也许就躲过了滚落的巨石，也许现在依然活力四射、生机勃发。

陈本善院长至今对谢樵念念不忘。2011年，他从昆明边防士官学校把这名让人眼前一亮的小战士收至麾下时，是想培养一名出色的中医药人才。他特别喜爱这个能吃苦、有担当的年轻人。云南公安边防总队医院中医科卫生员的工作很苦，要求又高，上山采一次药少则两三天，多则一周，每次采回的中药有四五吨重，有人坚持不到3天就打了退堂鼓，谢樵却一干就是3年。当年一起从昆明边防士官学校来医院的13人，后来只剩下他一个。

战士的忠诚，青春的不朽，谢樵用生命写就了最好的注解。

（原载《云南日报》2016年3月30日，记者：程三娟）

李伯藩
——救死扶伤是我的信仰

李伯藩简介

2014年云岭楷模。大理白族自治州宾川县人，宾川县中医院名誉院长。获"民族地区先进科技工作者""全国离退休干部先进个人""云南省第三届道德模范"提名奖等荣誉。

现年74岁的李伯藩在宾川县是名人，退休后，他在自家小院里，为群众义诊9年。他总是说："祖辈传下的医德，责任和使命就是支撑我生命不息、奋斗不止的力量，生命至上，关注健康，关爱生命，救死扶伤的中医美德就是我自始至终坚持义务的信仰。"了解他的人都说，李医生这样做不图名不图利，更不是为了作秀，而是真心实意为患者服务。

他每天义诊10小时，9年如一日

2014年2月28日上午10时，在宾川县城一条普通的小巷深处，一间30多平方米的平常小院里，挤满了等待看病的人。

一位衣着朴实、头发花白、面容清瘦的老人正为患者把脉,他个不高可双目有神,精神矍铄。经过一番望、闻、问、切后,他和蔼地对病人说:"病已好多了,我重新开了7服药,还是每天煎1服,7服药吃完后有什么变化给我打电话。"

"谢谢李医生了,这3年没有你的关心和药,我怕早就起不来了。"患者张志林感激地说。

为患者把脉就诊的就是在宾川县城的有名老中医李伯藩。

李伯藩祖上是中医世家,祖父母、父母亲都是医生,自幼即受到耳濡目染的中医教育,他18岁就是能独当一面的医生。2006年,65岁的李伯藩延期了5年才正式从县中医院退休。退休后每天有患者来家里找他看病,他也便同上班一样,白天在家义诊8小时,晚上9时至11时,电话义诊2小时,每天都要工作10多个小时,9年如一日。

李伯藩的这9年义诊既不要挂号费也不为卖药,只看病开处方,患者可以持药方到任何一家中药店抓药,这样的义诊不仅在县里传为

李伯藩(左一)与同事研判病人情况

美谈,甚至在州里、省里也传为佳话。

听说要出诊,他没顾上吃年饭就去出诊了

从李医生的诊所出来,张志林细心地吹干处方上的墨迹,这可是救命"良方"啊。这3年来,他自己都记不清李伯藩医生为他开过多少张这样的药方。

3年前,家住宾川金牛镇的张志林患上了肌纤维炎,开始只是四肢疼痛,没想到病越拖越严重,几个月后,他已不能行走。大年初一这天,他家人来到县城请李伯藩出诊,李医生心想,如果不是病情严重,患者家属是不会在过年时来找他的,于是,他没顾上吃年饭就赶往30多公里外的病人家中。

"他这病是长期的慢性炎症引发的,又被耽误了最佳治疗期,有点病变了,先开几服药吃吃看,有什么情况马上来找我。"家属拿出钱付给李医生,被他拒绝了,"看病不要钱,出诊也应收点出诊费嘛。"躺在床上的张志林哽咽地看着李医生远去的背影。

半个月后,张志林已经可以下地走路了,来到李医生诊所看病时,李医生告诉他"看到你们的病好转,比收到黄金都高兴"。这3年,张志林每隔十天半月就来诊所看病,每次看到小院内里三层外三层坐满等待李医生看病的人,他对李医生的敬佩又多了几分。

财务人员送上了酬劳,没想到他婉言谢绝了

在同一时候,同样拿着李医生开出的处方的患者王树文正在德宏

中药店里抓药。"没有李医生的救治，我怕两年前就已经死了。"王树文庆幸自己能遇到李医生，遇到了一个把他从死亡的边缘"拉回来"的人。

两年前，李伯藩在昆明医学院第一附属医院刚看完一位癌症患者，正准备离开时，只听见有人苦苦地哀求声："李医生，请你给他看看，救救他吧，我们没钱请车到宾川去接你，就请你顺带给我们看看吧。"原来住隔壁病房的王树文是德宏弄樟糖厂的工人，41岁的他不幸患了黑色素瘤，瘤长在了嘴唇上。王树文经德宏的医院医治无效后转到昆明，医了一个多月，病情仍无明显好转，医生说，病很难治好，建议家属将其带回家休养。正在王树文夫妇俩抱头痛哭之时，听一位医生说，有位宾川来的老中医就在隔壁病房看病，可以去找他看看。

"你们不要哭，更不要急，吃几服中药看看，一定要有信心，也许会有希望的。"李伯藩边安慰边诊看，然后给王开了药方，并留下自己的电话。

一个星期后，王树文惊奇发现瘤子好像有点变淡了，夫妻俩便打电话给李医生。"继续吃药，一定要有信心。"李医生在电话里鼓励道。

这之后，王树文的病大为好转，当听说是宾川的李伯藩医生治好了王树文的病，厂里一些职工都要请假去看病。厂里研究后，让工会出面到宾川去请李伯藩前来，没想到李伯藩爽快地答应了，带着徒弟来到了糖厂。

消息不胫而走，保山、梁河、腾冲甚至来自缅甸的病人从四面八方赶来。李医生每天从早上开始工作，晚上10点才能看完，可病患还是越集越多，本计划在此停留一周，没想到，师徒一待就是半个多月。

临走时，糖厂的财务人员送上了一笔钱作为酬劳，没想到李伯藩说:"我看病是为职工的健康着想,不是来赚外快的,祖辈也常说,当医生不能仅为钱,我不能违背教导。"他婉言谢绝了。

9年多来,慕名前来求医的既有高官富人,也有普通老百姓,李伯藩医生都一视同仁。有人这样估算过,这9年按每天为60名患者诊病来算的话,李伯藩已诊疗国内外患者10多万人,哪怕每位患者只收取5元挂号费,也是一笔不少的收入。

可是李伯藩却一直安贫乐道,他说:"祖辈传下的医德、责任和使命就是支撑我生命不息、奋斗不止的力量,生命至上,关注健康,关爱生命,救死扶伤的中医美德就是我自始至终坚持义务的信仰。"

(原载《云南日报》2014年3月20日,记者:曾滨、朱绍云)

大理州洱源县三营镇郑家庄
——六看郑家庄生动样本

大理州洱源县三营镇郑家庄简介

2015年云岭楷模。郑家庄是大理洱海之滨一多民族居住的村庄，这里美丽富足，各民族和睦相处、亲如一家。

郑家庄，一个由汉族、白族、藏族、彝族、傣族、纳西族、傈僳族7个民族组成的村庄，500多名村民相处融洽，童叟怡然自乐，成为民族团结进步的样本村。第三次深入大理白族自治州洱源县三营镇郑家庄采访，我们试图通过"6看"看出其"7个民族一家亲"的奥秘。

从一条路看一种力量

从三营镇通往郑家庄的公路有些颠簸，而一拐入郑家庄，入村道路平坦宽阔，车子也立刻平稳了下来。

道路的两旁，行道树一人多高，整齐排列。太阳能路灯耸立着，像在欢迎每一个入村客人。

"要是没有村民的团结一心，这条路修不起来。"村民小组长王庆荣凭着回忆给我们讲述修建这条路的经过。

2006年，郑家庄被评为省级民族团结示范村，省里拨下来25万元建设经费。如何用好这笔钱？村民议事小组反复开了几次会，又开了户长会，经过民主投票，最后决定重修入村道路。

这条路长2.4公里，工程巨大，村里本打算请个施工队来修，可到施工队一问价格，25万元只够买材料，这可急坏了村干部。

"路一定要修，钱不够我们就自己干。"村民们主动找到了村干部，表示要投工投劳，决心坚定。说干就干，全村群众积极参与进来。王庆荣记得，村民们拿上工具，不分昼夜地干起来，有的人家全家出动，连老人都来了。在大家的共同努力下，硬是只用了1个多月就把这条进村路修了起来。如今，整洁的水泥路直通村里，连接每家每户。

郑家庄各民族亲如一家

点评：一条被全村人用汗水筑起来的路，不但改善了村里的交通环境，也连接了人心。事实证明，只要民族团结、勇于拼搏，形成的力量能战胜任何困难。

从一支联防队看一种追求

每天晚上 8 时左右，郑家庄都会出现 3 名身穿制服、手拿齐眉棍和强光电筒的人，他们排成小队沿村中道路巡逻。

这是郑家庄治安联防队队员在巡村。这一治安联防制度，在郑家庄已坚持 23 年。

20 世纪 90 年代初，当地农村偷盗频发，村民们提心吊胆。1991 年，郑家庄村民小组党支部决定组建"护村队"。起初，"护村队"只是一支民间队伍。1993 年村党支部向当地派出所递交了成立村治安联防队的正式申请，经公安部门依法审定和培训指导，"郑家庄治安联防队"挂牌成立。

郑家庄有 125 户 525 人。村民们商定：每户出一名年轻劳动力，每三户一组、每组一周，全村分为 36 个小组，轮流值班。每晚 7 时至次日早 8 时，沿村巡逻 3 遍以上。

近几年，村里外出经商、打工的人增多，为保证每家都为治安出力，村民们讨论决定，不能参与巡防的农户每户每晚出资 20 元，用来聘请村内其他人员代为巡防。

当地干部介绍，附近的村子也曾组建过治安联防队，但都没有坚持下来。郑家庄为何能坚持至今？村民小组长王庆荣给出的回答是："我为全村守一周，全村为我守一年，值得！"

23 年来，郑家庄没有发生过一起治安和刑事案件，没有发生过一起社会不稳定事件。

点评：23年坚持治安联防巡逻制度，这是村民自治的典范，源于民族高度融合之后，村民对和谐村庄的共同价值追求。

从一支药材商队看一种境界

2014年，郑家庄的经济总收入为437万元，其中中草药经营收入就达到270万元。

郑家庄人做中草药生意历史悠久。在和村民的交谈中，大家都提到一个人——村党支部书记和国祥，是他带头经营中药材，并从村里带出了很多"徒弟"，让郑家庄走出了这条致富路子。

和国祥家是藏族，多年前迁入郑家庄，得到了原住村民的巨大帮助。他子承父业做起了藏药生意，率先致富。出于感恩，和国祥毅然带着各族村民出去经商。

王洪康就是和国祥的"徒弟"之一。和国祥带领王洪康走南闯北卖药，手把手地教。几年后，王洪康有了卖药经验，和国祥又自掏腰包让他"自立门户"。经过7年的打拼，王洪康收入可观，2008年在家里盖起了30万元的楼房。

"没有和书记的倾囊相助，我哪里会有今天的好日子。"在感激和国祥之余，王洪康也从他身上学会了如何帮助别人。如今，村里村外跟着他出去做药材生意的人已经有10多人。

村民小组的藏族小组长杨秀弟、汉族小组长王庆荣也都带富了一批村民。如今，村里超过60%的人忙时务农、闲时经商，把药材生意做到了北京、上海、新疆等地，很多人家靠此富裕起来。

点评："一人致富不算富，全村致富才算富。"一个人带动一群人，形成了这支中草药经商队伍，不仅增加了村子的财富，也让郑家庄与外部世界紧紧相连。

从一个湿地公园看一种奉献

郑家庄位于洱源县，洱源即洱海的源头，流经郑家庄的三营河，最终汇入洱海，也是洱海的源头活水之一。

保护好源头水，洱源县高度重视，郑家庄人更是高度自觉。这要从村里那个优美的湿地公园说起。

正值盛夏，站在村边的广场上，阵阵荷香飘来。放眼望去，不远处有亭台水榭、栈道走廊。村干部介绍，那就是村里的湿地公园，占地17.6亩，不但增添了村里的美景，还发挥着净化污水的重要作用。

几年前，为响应保护洱海源头的号召，郑家庄决定对生活污水进行处理，但是如何处理，想来想去，只有建湿地公园这个办法能够一举两得。

可拨下来的钱不够，该怎么办？在和群众的沟通过程中，大家一致表示，愿意无偿拿出土地。建湿地公园总共涉及10户群众，大家都自愿捐出土地，最多的一户拿出了近两亩地。捐地群众说："建湿地既美化了村庄，又造福了子孙，捐点土地出来不算什么。"

如今，郑家庄每家每户都建了三格化粪池，生活污水经处理后流入湿地公园，再经湿地公园的净化后流入三营河，确保了河流的清澈干净。

点评：集体的事再小也是大事，无偿捐地建湿地公园，郑家庄人的大公无私令人敬佩和感动。为了大家共同的利益，每个人都有高度的责任感，都愿意为之付出和担当。

从一个本主庙看一种和谐

在郑家庄村南,一座红墙石瓦的本主庙刚刚修葺一新,庙前台阶处,红香慢慢燃烧。

本主崇拜是白族独有的宗教信仰,是一种多神崇拜,各地或各个村寨本主庙内都塑有自己的本主神。

郑家庄的本主庙距今已经有250多年的历史,最早为白族所建。后来,藏族、彝族、傣族、傈僳族、纳西族迁入村里以后,在相互学习、相互包容中,这个本主庙也成了大家共同供奉祭拜的地方。

本主庙里面不但供奉着白族的本主,还供奉着佛教的菩萨和藏族的喇嘛。村中的老人介绍,每到初一和十五,他们会一起到本主庙上香祭拜。尤其是大年三十,全村7个民族都会到本主庙进行祭祀活动,祈求来年风调雨顺、五谷丰登、健康平安。已婚的男女,无论是哪个民族都会在新婚的第七天到本主庙里祭拜,成双成对磕头烧香,祈求本主保佑,一生幸福美满、平平安安。

点评:包容,体现在郑家庄的方方面面。在不到50年的时间里,郑家庄人在文化上相互包容、相互借鉴,各民族之间实现了深度融合。包容产生了共同的文化认同,建造了村民休戚与共的心灵家园。

从一个帮扶小组看一种担当

郑家庄有村民525人,其中党员就有38人。在村里人和村外人看来,这个党支部凝聚力战斗力强,是村子发展的坚强堡垒。

为了不让一户人家掉队,党支部经过商量决定实行党员挂钩联户制度，把有能力和条件的 20 个党员聚拢起来，组成党员帮扶小组，重点挂钩帮扶村里的困难户。

村民小组长王庆荣的帮扶对象是王八妹、王东初、王金花家，隔三岔五，他都要到这三户人家里坐坐，喝喝茶、聊聊天，了解每户人家的生产生活情况以及存在的困难。

从 1997 年开始，王庆荣就挂钩联系王东初家至今，当时王东初家比较困难，只有 3 间土坯房，靠种水稻和玉米维持生计。王庆荣建议他家养奶牛，结果当年就增加了近万元收入。后来经济逐渐好起来，王东初准备盖砖房，但由于预算不足，房子盖了大半就没钱了。王庆荣知情后，先后拿出好几万元，帮助王东初把房子盖了起来。

多年来，党员帮扶小组帮助困难群众的例子不胜枚举。在相互帮助下，困难群众逐渐甩掉了贫困的帽子，村庄也变得更加团结、和谐了。

点评：充分发挥党员的带头示范作用，先富带后富，共奔富裕路。郑家庄党组织通过党员帮扶小组，心手相牵、互帮互助，不让一个群众掉队，在推进村子全面发展的同时也凝聚着党心、民心。

（原载《云南日报》2015 年 6 月 8 日，记者：尹瑞峰）

召存信
——"老州长"的故事说不完

召存信简介

2015年云岭楷模。担任西双版纳州州长时间长达40年，是全国人民代表大会一至七届代表，全国政协八届、九届委员会常委。

2019年7月26日起，以西双版纳傣族自治州"老州长"召存信为原型的红色傣风英雄史诗剧《版纳风云》，开始在北京电视台的影视频道正式播映。召存信的光辉形象再次展现在世人面前。

"在历史转折关头、大是大非面前，召存信总是选择正确的道路。""他对党的绝对忠诚已经融入血液。""他是民族团结进步的楷模。"……记者采访中，当地干部群众对召存信这样评价。

召存信曾是一名土司。在旧时代，他敢于同苛政和兵匪抗争。边境抗日战火燃起时，年轻的召存信毅然奉命到勐捧镇组建抗日武装，1949年5月，召存信与鲁文聪一起北上普洱，寻找党组织。1950年2月，他带领当地群众，协助解放军部队顺利渡江，解放了西双版纳全境。

新中国成立后，召存信从封建领主转变为人民公仆。1953年至1992年，他一直担任西双版纳州州长。他带领全州各族人民，投入到如火如荼的社会主义建设中，在西双版纳修建了第一条公路、办起第一家

召存信——"老州长"的故事说不完

银行、成立第一个邮局、投建第一个糖厂、第一个水电站实现装机发电……

改革开放新时期,召存信紧跟时代潮流,抢抓机遇谋发展,带领西双版纳的干部群众打好农业、交通、科教三个基础,巩固发展粮胶茶糖等传统优势产业,开发旅游、边贸等新产业,抓好生态环保,扩大对外开放……

召存信老州长

"老州长为西双版纳人民所奉献的说几天几夜都说不完。"

召存信卸任时,西双版纳与新中国成立前相比发生了翻天覆地的变化,偏远蛮荒之地变成了开放、文明、发展的新边疆。通过他的过问和出面做通被征地农民的思想工作,西双版纳开通了民航线路,为当地旅游业插上了腾飞的翅膀。

"父亲从小教导我们,'要爱民千寨,不要爱财千袋'。"召存信的小儿子召亚平说,父亲的这句家训影响了他的一生。

当州长期间,召存信走遍了村村寨寨,没有一点架子。离休后常有来自全州各地、各个民族的老百姓到他家里看望他。

"乡亲们到老州长家就是走亲戚、拉家常,想去就去,没有等级区分。"景洪的傣族村民岩庄说。

一生传奇的召存信,永远是深受西双版纳各族人民敬仰和爱戴的"老州长"。

(原载《云南日报》2019 年 8 月 5 日,记者:戴振华)

耿家盛
——敢于创新的"一把刀"

耿家盛简介

2015年云岭楷模。昆明重工机械厂高级技师,云南省总工会兼职副主席。曾获"全国劳动模范""中国好人""最美职工""全国道德模范"提名奖等荣誉称号。

全国劳动模范、云岭首席技师、国家级技能大师工作室带头人……翻开耿家盛的履历,30多项省级以上的荣誉称号诠释了这位"大师"不断奋斗的人生轨迹。从油漆工到车工,从骨干到技能大师,再到跨界研究环保厕所的新手,工作30多年来,耿家盛转换了不少角色,但是信念却从未变过。"在时代面前,很多东西不发展就会被淘汰。"他坦言,在自己看来,人生就是用来奋斗的,必须不断挑战自己才有意义。

他是这么说的,也是这么做的。1984年,在昆明铣床厂当油漆工的耿家盛调入昆明重机厂,改行学习车工技术。"车工就靠一把刀",零基础的他,以磨刀起步,靠手工在每分钟3000转的砂轮机上勤学苦练打磨车刀,磨到双手起血泡,结成厚茧,终于练就了一手磨刀的绝活。善于钻研和挑战自己的他,几乎每年都会有几项技术"改革",不断改造车刀、改进工艺。他带领工友研究的塔机主弦杆T68加工法及四件双"V"形铁工装夹具,让每四件一组的主弦杆加工工效提高 3 倍;他制作的 10 余种 150 吨至 1000 吨摩擦压力机丝杆和螺母,为企业带来了可观的经济效益;他发明的螺纹加工快速返程法,在加工大公制螺纹时,实现了反车快速返程,提高工效 40% 以上,且更加安全可靠。

多年来,耿家盛带领团队完成了产品工艺编制和图纸改进 500 余项,改进生产工艺 400 余项。

2016 年,传统车工行业因受数控技术冲击不断萎缩。昆明重工将生产移动式生态环保厕所作为企业转型的突破口,这个重担落在了敢于担当的耿家盛身上。"当时受命开始零排放智能环保厕所的研发,我完全是个门外汉。但是既然交给我,我就下定决心一定啃下硬骨头。"敢为人先,耿家盛带领团队成员从零基础学起,在只有原理图,没有设计图的情况下,仅用 3 个月就完成高 3.5 米、长 3.2 米、双厕

耿家盛(左一)操作器械

位的第一代环保厕所产品试制，获得了云南省创新创意成果奖金奖。

"感触最深的就是他不怕苦不怕脏。研究环保厕所，经常需要把粪便掏出来做实验，检测菌群的情况。我们年轻人刚开始都不敢掏，他却不怕。"耿家盛刻苦钻研的精神感染了身边的人，也带动了一批勇于实践、乐于创新的年轻人。以工作室为平台，耿家盛带领工作室成员每月开展一次"传绝技"交流活动，将一身的绝招、绝技、绝活毫无保留地传授给年轻工人，传授青工500余人次，一半以上的一线职工获得高级工以上资格证书，最顶尖的技术在一线得以传承。

如今，耿家盛团队研发的环保厕所已进入规模化生产阶段，成为企业发展的重大项目。年近半百的他，依然坚守着操作台不断奋斗，磨就着云岭"一把刀"的传奇。

（原载《云南日报》2019年7月30日，记者：李承韩）

王展飞
——老骥伏枥　志在马列

王展飞简介

2016年云岭楷模。现为云南省高校思政课教学指导委员会副主任、省哲学学会名誉会长。荣获"全国高校'两课'百名优秀教师"等荣誉，享受国务院政府特殊津贴。

有人说王展飞是"老骥伏枥，志在千里"，他却说自己是"老骥伏枥，志在马列"。

有人问王展飞，87岁高龄为何还充满活力，他回应说，因为自己是爱生活、爱马列。

每个岗位上，都有默默耕耘的劳动者。昆明理工大学教授王展飞就是一位在马克思主义哲学领域有显著学术成果的劳动者。日前，王展飞教授荣获2016年第三批"云岭楷模"荣誉称号。

7日，记者来到王展飞家中，已是满头银发的王老先生正用放大镜对准备提交教育部社科司的学术专著《亲历与思考：高校马克思主义理论课建设与改革研究》进行最后一次校对。"近年来患上眼病，这本30万字的书稿花了我很长时间。"刚见面，王老先生就将话题引向了马列主义哲学。

王展飞家中，挂着他不同时期的照片。透过照片追寻他的人生轨迹，可看出哲学、社会科学名师地位的确立，绝非一朝一夕之功。

60 余载倾情教育事业

1949 年，王展飞考入重庆大学法律系，同年年底参加中国人民解放军。1951 年，他撰写了学习毛泽东《实践论》的体会文章，受到部队领导表扬，被调到政治处从事宣传工作，从此开启了一生从事马克思主义哲学教育的道路。

1956 年转业后，王展飞一直奋斗在马克思主义理论宣传教育第一线。从 1974 年起，他先后担任云南工学院、云南工业大学社科部主任，昆明理工大学社会科学学院马克思主义学院教授，从事马克思主义哲学的教学工作。党的十一届三中全会后，他和昆明工学院的同事一起联合西南、西北 16 所大学一起编写了改革开放以来工科院校的第一本哲学教材。1983 年，他参加了中央召开的纪念马克思逝世 100 周年大会和理论研讨会，在人民大会堂聆听了胡耀邦同志的报告。

1992 年，王展飞被评为"云南省有突出贡献的科技人员"。邓小平视察南方的讲话发表后，他努力学习和研究邓小平理论，推进邓小平理论进教材、进课堂、进学生头脑，增强了教学内容的现实性，提高了教师的教学水平。1997 年，他被评为"全国高校'两课'百名优秀教师"。1998 年，他代表云南省理论界参加了中央召开的纪念党的十一届三中全会 20 周年大会和理论研讨会，聆听了江泽民同志的重要讲话。

王展飞主编的《马克思主义哲学原理》被教育部评为全国高校优秀教材。2004 年，他作为论文作者参加了中央召开的纪念邓小平诞辰100周年大会和理论研讨会，聆听了胡锦涛同志的重要讲话。

同时，王展飞积极参加云南省干部培训和理论宣讲，曾被省委宣传部聘为教学组组长、云南省委宣讲团成员。其间，为全省干部群众近10万人进行了理论宣讲。

只争朝夕培养人才

1986年，王展飞被选为省社会科学界联合会兼职副主席、省高校马克思主义理论课教学研究会会长，并担任省高校系统、党校系统、社科研究系统高级职称评审委员会委员。此时，他已年近花甲，深感年华似水、时不我待，应当只争朝夕、多做工作。他首先想到的

王展飞（前左二）给学生细心讲解

是教师队伍建设。

当时，全省高校 200 多名马列课教师中只有两名教授，他便是其中之一，培养学术带头人和骨干教师是当务之急。王展飞通过教学、科研活动锻炼年轻教师，在职称评审方面支持中青年教师和理论工作者，通过教学研究会协助教育厅举办教师研究生班以及其他形式培训教师，使一大批中青年同志脱颖而出。1987 年云南省全面开始职称评审时，我省还没有 30 岁左右的副教授。在王展飞的支持下，这一年破格晋升了两名马列课副教授。到 20 世纪 90 年代初，全省高校马列课教师中已有近 20 名教授。

老骥伏枥发挥余热

2005 年，中央实施马克思主义理论研究和建设工程，省教育厅积极组织专家参与申报。这时，王展飞被遴选为"马克思主义基本原理概论""中国近现代史纲要"课题组首席专家，参与中央"马工程"重点教材的编写工作。这在西部省份仅此一例。

王展飞清楚记得，从 2005 年至 2007 年，年逾 70 岁高龄的他先后前往北京 28 次参加教材研究和编写。王展飞告诉记者，有一次，省委宣传部组织王展飞等专家到新疆考察哲学社会科学规划，下午 5 点刚从乌鲁木齐到喀什就接到教育部通知，要求第二天上午赶到北京参加教材编写会议。于是乘坐凌晨 1 点的飞机赶到乌鲁木齐，又从乌市赶到了北京。

2015 年初，为使《马克思主义基本原理概论》教材更好地贯彻习近平总书记系列重要讲话精神，中宣部、教育部组织了 2015 年教材的修订工作。王展飞由于身体欠佳不能到北京参会，但他仍然坚持以书面的形式参与了教材修订。他借助放大镜深入学习研究，认真阅读教材修订提纲，并提出了书面的修改意见。

尽管年至耄耋，王展飞仍精神矍铄。重温往事，他感到自豪、幸福、光荣。

感到自豪，因为他以科学的理论培育了成千上万的莘莘学子，帮助他们成为社会主义事业的建设者和接班人。

感到幸福，因为他作为一个普通教师先后三次步入庄严的人民大会堂，聆听了三位总书记的重要讲话。

感到光荣，因为他在耄耋之年还能为党的理论教育尽绵薄之力，遴选为马克思主义理论研究和建设工程的首席专家。

（原载《云南日报》2016 年 8 月 10 日，记者：陈鑫龙）

丁莲
——"好人记者"的大爱人生

丁莲简介

2016年云岭楷模。红河哈尼族彝族自治州红河日报社记者中心原记者,获"云南省道德模范"等称号,其家庭被评为"全国最美家庭"。

丁莲是红河日报社原记者,也是中国消除贫困奖的获得者。从当记者的那天起,她始终将笔触对准基层民众,写百姓的生活,吁百姓的困苦,帮百姓的所急。更可贵的是,她以职业初心积淀扶贫助困的大爱,18年来始终致力于帮贫、助困、助学、修桥、修路等公益活动,为被贫困绊住的人送去了一个又一个希望,被群众誉为"平民记者""好人记者"。

红河县垤玛乡的孩子忘不了丁莲。2009年,因一次采访得知了垤玛乡的情况,丁莲发起了对当地贫困学生的资助,当年便有96名小学生得到资助,她自己资助了其中的5名。

个旧市鸡街镇布底寨的群众一直感激着丁莲。2014年11月,丁莲发起在布底寨建"爱心桥"的倡议,并动员亲友带头捐款,一条长8米、宽4.5米的钢筋水泥"爱心桥"让村民出行的路更加顺畅。桥建成后,丁莲又联系到了13万元捐款为村民修起了路。

放弃建水县人民医院的工作,选择到偏远乡镇卫生院工作的高查庆传递着丁莲的爱心。多年前,丁莲结识了家庭贫困的她,就一直资助她考入昆明医学院完成学业。高查庆告诉丁莲:"我要感恩你的帮助,去帮助更多的父老乡亲。"

这样的例子不胜枚举……

18年来,丁莲的脚步遍及红河的山山水水,经她发起捐款或主动联系后,建成的爱心桥达11座,通过她发起资助的贫困学生就达千余人之多,她本人先后持续资助贫困学生20多名。

她的义举感染着家人、被她帮助的人和素未谋面的陌生人。包括上海、广东、安徽、甘肃、黑龙江等20多个省市及云南省内爱心人士积极响应、广泛参与她发起的爱心活动,甚至有来自湖南、广州的癌症患者,放弃化疗把钱省下来资助贫困学子和困难家庭。

公益路上,她坚守初心,虽然曾与死神擦肩而过,遭遇车祸、泥

丁莲(右一)与孩子们在一起其乐融融

石流，也曾被人误解而蒙受委屈，银行账户一度被冻结，但一颗"忍不住要管闲事"的心、一份执着的担当让她从未改变。

在播撒爱心的同时传递爱心。丁莲还定期在学校、机关、社区和监狱开办"爱心讲坛"，多次在省内举办"感恩，让社会更美丽"主题讲座，还把"道德讲坛"讲到了上海、山西等地。她的大爱情怀让听众一次次感动落泪。

丁莲荣获"民盟社会服务工作先进个人""云南省道德模范"等称号，荣获"第六届全国道德模范"提名奖。

（原载《云南日报》2017年11月23日，记者：郎晶晶）

陈桂仙
——"五心"社区好管家

陈桂仙简介

2018年云岭楷模。安宁市金方街道新村社区党委书记、居委会主任,荣获省、市级荣誉33项。

从昆钢集团退休后,陈桂仙一头扎进安宁市新村社区担任社区党总支书记、主任。7年来,她扎根基层,管百家事、操千家心,把昔日工作排名倒数第一的新村社区,变为今天环境优美舒心、文化娱乐开心、居住安宁放心、经济繁荣欢心和生活方便称心,远近闻名的"五心"社区。她曾多次被授予"优秀共产党员""最美基层干部"等荣誉称号。

在党的群众路线教育实践活动中,陈桂仙更是充分发挥基层党总支书记的核心作用,扎实做好联系服务群众工作,真正打通了"最后一公里"。

管百家事 关心帮助困难群体

上任伊始,陈桂仙夜以继日地走访社区4500余名退休职工。这一走访让她着实吃了一惊：4500余名退休职工中有孤寡老人9人，精神病人15人，80岁以上老人138人，久病卧床、瘫痪、双目失明49人，伤残1—10级的216人，伤残军人7人，独居老人258人，空巢家庭356户，380余人属于特困群体……

如何更好地帮助困难群体，让他们感受社区关爱？经过深思熟虑，陈桂仙决定成立社区志愿者义务团，发挥党员的先锋模范带头作用，实现互帮互助。

2007年6月，新村社区成立了由30名党员组成的先锋志愿者义务团，对辖区内的孤残、久病卧床、空巢、80岁以上老人发放"连心卡"，实行"一帮一""二帮一"甚至"三帮一"的结对帮扶。时至今日，志愿者队伍已发展到13支1366人，形成了困难群体关怀、综合治理社会治安、和谐社区建设、妇女维权和流动人口计生服务、社区文化建设5个网络和1个残疾人爱心驿站的"五网一站"格局。

陈桂仙（前中）耐心帮助老人

同时，还建立了一系列的志愿者招募、管理、激励制度。

新村社区老龄化问题十分突出，为让老人们"老有所养、老有所医、老有所为、老有所乐"，陈桂仙在社区成立了安宁市首家居家养老服务站，为老人提供托管、家庭病床看护、医学心理咨询、送餐上门等服务。

孤寡老人何汝霖查出胃癌晚期，变卖完家具后，拒绝再治疗。陈桂仙一次次上门劝他不要放弃，又辗转找到老人的侄儿侄女，还联系好医院，陪护老人做手术。3年过去了，如今老人身体日渐硬朗，还找了一个老伴。蒋普维老人生病了，考虑到老人的儿女工作太忙，陈桂仙和几个经常照顾老人的志愿者每天中午都给老人送饭……

自掏腰包　丰富居民精神文化生活

1954年出生的陈桂仙看上去总有使不完的劲，但同事们都知道，她患有糖尿病。一次，连续几日加班后，陈桂仙病倒了。到医院测血糖，高出正常值10个点，医生"命令"她住院。

陈桂仙虽然住进医院，但她心里仍惦记着社区的大小事务。她一边左手打着针，一边用右手打电话安排工作："小王，低保户龚红云的廉租房申请早就交了，一直没有得到回话，得赶紧帮他问问。""小李，下周的健康讲座准备得怎么样了？"……

新村社区每年要举行上百次大大小小的活动，社区办活动主要依靠政府下拨的活动经费，可报批需要一段时间。一天，陈桂仙悄悄塞给财务小朱一张存折，打开一看上面竟有5万元的存款。"小朱，今后经费短缺，你就从这张卡上取钱，活动一定不能停。"就这样，陈桂仙的存折摆了整整两年。直到有一次小朱说漏嘴，大家才知道书记自掏腰包为大家办活动的事。

由于群众对丰富精神文化生活的期待越来越热切，陈桂仙在新村社区成立了文化沟通协会，在小区内设立"爱心沟通栏"，居民可张贴各种文化需求和需要社区解决的问题。在重大节日开展文艺汇演，定期组织读书交流、诗书画鉴赏、网络信息及电子技术沟通，"社区·家庭·幼儿"亲子活动，"百家宴"食品文化品尝，藏物易物交换展示等。不同类型的活动针对不同年龄段的居民，让所有居民都能参与到社区活动中，以构建"人人参与"的社区文化氛围。

工作之余，陈桂仙还忙里偷闲撰写了《国企属地社会化管理与社区党建思考》《远程教育拉开全民教育素质序幕——新村社区远程教育实践》等文章，总结归纳出的一套工作方法和创新管理服务机制，为新型社区管理服务机制的探索提供了许多鲜活的成功经验。

创新机制　拓展居家养老服务领域

群众路线教育实践活动开展以来，陈桂仙从加强基层党员、干部理想信念和党性观念教育入手，组织社区班子成员、10个党支部书记、工作人员，围绕"如何提升服务能力"进行大讨论，以学习型党组织建设为突破口，抓好社区干部、党员的学习培训工作，全面提升其履职能力和服务水平。

工作中，陈桂仙以身作则，要求社区工作人员联系服务群众"四必访"，做到包保的低保居民年节必访、包保的单亲家庭必访、居民家发生较大事情必访、邻里纠纷家庭矛盾必访。

陈桂仙还组织成立了"有困难，帮到家"服务队，为社区居民提供周到服务。服务队设有管道疏通、电气维修、修理服务、送餐服务、送学送报、居家服务、爱心理发、邻里互助、钟点服务、医疗服务10个帮扶小组。居民遇到难题可以联系服务队,由具有技术特长的服务队成员对居民提供低偿服务,对于一些空巢老人及困难家庭实行免费服务,帮助解决居民管道疏通、电器维修等物业问题。

为进一步拓展居家养老服务站服务领域,陈桂仙在社区服务站内开设日间照料室、医疗保健室、书画室、阅览室、足疗按摩室等,实行协议服务机制,由社区60岁以上的老年人服务对象根据自身实际情况签订不同的服务协议,志愿者服务和政府适当临时补助购买服务等,提供托管、家庭病床看护、医学心理咨询、送餐上门、营养与运动指导、健康咨询和健康促进等方面的服务。同时,组织巾帼志愿者成立"爱心编织队",为久病、高龄、独居老人编织帽子、袜子等物品,受到了社区居民的好评。

(原载《云南日报》2014年7月28日,记者:孙伟)

迪庆州德钦县羊拉派出所
——薪火相传　历久弥新

迪庆州德钦县羊拉派出所简介

2018年云岭楷模。羊拉派出所位于云南最北端,荣立集体一等功1次、集体二等功1次、集体三等功2次,荣获集体嘉奖1次。

"梦想如同雨后春笋,总会在历经风雨之后,才会义无反顾地成长。做一名警察,不仅是我的梦想,也是我家祖孙三代警察情的延续。"27岁的德钦县羊拉交警中队中队长扎史品初在笔记中写下的这句话,折射出"特别能吃苦、特别能奉献、特别能战斗、特别能协作"的老羊拉公安精神薪火相传,历久弥新。

什么叫初心至上、使命如磐、艰苦奋斗、坚韧不拔、无私奉献……历经半个多世纪,几代羊拉派出所民警虽然没有什么铮铮誓言,但他们筑牢忠诚警魂,耐得住高寒,亲民近民尽心尽力,忍得住寂寞,为民护民尽职尽责,靠双脚走遍了辖区1087平方公里的每个角落,在雪山峡谷间留下了一串串"扎实推进德钦和谐发展和长治久安"的爱民足迹。

20世纪60年代羊拉派出所建立时,所里只有一名民警,民警办案、巡查靠的就是双腿。扎史品初的爷爷是一名离休干部,曾在羊拉剿过匪,后来参加了公安工作。他的父亲阿柱1988年至1990年期间,曾任羊拉派出所所长,全所唯一的交通工具就是一匹马,是"马背上的派出所"见证者。阿柱说:"我接任的时候,老所长叮嘱我,马的褡裢两边放的米面油和被子千万要保管好,没有这些东西,所里的很多工作都无法开展。"

据阿柱介绍,当时的羊拉派出所是一幢土木结构的两层小楼,每层各有三间房。房子逢雨必漏,民警们就在床上架起铁架,再铺上塑料布,艰难地度过一个又一个雨夜。

阿柱说:"我们派出所还有一位每月由县政府发30元工资的重要成员,它就是警马玉卓。玉卓在非紧急情况下,不是民警的脚力,而

羊拉派出所获"云岭楷模"荣誉称号,图为表彰现场

是运输办公用品和生活物资的工具。"每次外出办案和进村走访，他们就在马背上驮上干粮和一套行李，奔走几天几夜。晚上睡觉时，3名民警横着盖一床被子，脚都露在外面。这样的画面长年累月印在羊拉乡的崇山峻岭中。为此，羊拉派出所被称为云南最后一个"马背上的派出所"。

在阿柱的印象中，羊拉派出所的民警随时都奔走在雪山峡谷间。"一年能回一次家就不错了，很多民警几年都不能与家人见上一面，想家也没办法。外出办案，在雪山上住了多少个夜晚也记不清了。"阿柱回忆起往事心酸地说，"我现在退休了，晚上做梦经常会梦到派出所并肩作战的同事和可爱的玉卓。"

薪火相传是一场没有终点的接力。2017年1月，地处滇川藏三省区交界处的罗仁检查卡点成立后，那两顶侧立于悬崖边的帐篷，便成了阿柱的儿子扎史品初固定的工作地点。无论是风吹日晒，还是雨雪交加，每天早上8点，他都准时到岗展开一天的工作。有时候，他也会找个有信号的地方，给父亲打个电话，向他"取经"。

冰寒长夜，荒芜山谷，罗仁检查卡点帐篷内一团火正在升腾。交警中队值勤民警围拢在火堆旁，烤去一身的疲惫。火在呼啸的寒风中越烧越旺，他们的斗志也在温热的火光中越涨越高。在羊拉派出所民警的手上、眼里、心中，永远都有一团火。它可以点燃信念、激扬斗志，也可以传递温暖、积蓄力量。

"三四月份的时候，峡谷的风特别大，坐在帐篷里就像坐在船上，摇摇晃晃的，感觉随时都有可能被大风吹走。"扎史品初向记者描述晚上住在帐篷里的情境时，脸上还带着腼腆的笑容。对于儿子的选择，阿柱自豪地说："羊拉虽然条件艰苦，但越是艰苦的地方越能磨炼一个人的意志力。我希望儿子传承和弘扬老羊拉公安精神，用坚守与奉献去实现新时代警察的梦想。"

20世纪90年代，民警们的交通工具变成了摩托车。在村民自发挖掘的山路上，摩托车轰鸣了20多年，无数个遇险的故事也留在了大山深处。

2005年，民警们终于用上了越野警车。第一次开警车出警，大家满心喜悦。但是，车子还没行驶半小时，在雨后的路上打滑，大家全变成了泥人。

古语云："指穷于为薪，火传也，不知其尽也。"在羊拉派出所让我们深刻感受到，薪火相传不仅仅可以是高深的学问和精湛的技术，传的更是不朽的精神，铸就的是让人感动、暖心的故事。

现在，接力棒交到了7名民警和5名辅警身上，大家工作、吃住和休息都在所里，扎根在雪山旁。所长顿珠培楚带病坚守工作8年；教导员品楚与家人两地分居，一年仅回家探望一两次；辅警鲁茸扎西每月工资仅2800元，但他的工作热情依然高涨……"老一辈书写了'以所为家、不畏艰险、爱岗敬业、艰苦奋斗'的公安精神。现在，我们每位民警在传承和发扬的基础上，努力践行着'扎根基层、不畏艰辛、勇于吃苦、敢于胜利'的新羊拉公安精神。"顿珠培楚说。

2018年6月22日下午，记者来到静悄悄的羊拉铜矿，见到昔日贫瘠的山腰间拔地而起的一幢幢现代化厂房，但矿山上却看不见轰鸣的机器和尘土飞扬的运货车。站在半山腰上，抬头看山顶，只感觉头晕目眩；低头俯视，则是深不见底的峡谷，大吼一声，山上满眼的碎石仿佛就会稀里哗啦地滚落下来。

与里农和路农两个藏族村落相邻的羊拉铜矿，是羊拉乡流动人口最多的地方。这里约2000人的流动人口管理、企业与当地村民之间的矛盾解决和矿区的生产安全，成了羊拉派出所工作的重点。当地村民尼布说："大山是我们祖先留下来的，我们怕企业把矿挖完走后，我们就什么都没有了。"经派出所民警多次耐心地做工作，当地村民才明白，开发矿山的目的是为了让他们早日走上脱贫致富路。

"由于矿区情况特殊，以前停电、停工期间，经常发生工人喝酒闹事的情况。近几年来，这样的情况就没有出现过了，这完全与派出所的宣传教育和加强管理、服务密不可分。"云南迪庆矿业开发有限责任公司党委书记、总经理和继圣高兴地说，"矿区从2004年至今，能在当地获得稳定发展，离不开羊拉派出所的辛劳付出。如今，我们跟两村的关系情同手足，每逢重大节庆，三地党组织还会聚在一起开展活动。"

为监管好矿区各个部门的生产安全，羊拉派出所还专门创建了一个矿山宣传交流微信群，要求各部门和矿区下属公司，每天下午6点左右汇报当天的相关情况。而像这样的微信群，羊拉派出所一共创建了35个，有的用来与辖区群众沟通交流，有的宣传相关安全知识和普法教育。如今，辖区群众更喜欢接受这类创新的沟通和宣传方式。

走进命运多舛的47岁甲公村只木格村民小组建档立卡贫困户农布家，只见他正忙着脱青稞粒。谈及病情康复情况，他喜笑颜开地说："要是没有派出所民警的真心帮助，我早就瘫痪了。"2005年底，农布在山上不小心砍伤了脚，因家境贫寒，再加之治疗不当，伤脚发炎，导致瘫痪在床。派出所民警在走访农户中发现了这个情况，就劝他尽快到医院医治。2017年11月农布手术成功，现在已能下地走路。他花去的18万元医疗费已报销16万多元，欠下的费用也由派出所民警和当地干部捐款。他指着自家长势喜人的当归说："从2014年开始，因为我做不了农活，民警不管是种玉米、青稞、当归，还是收庄稼，都会挤出时间来帮我家干。"农布觉得羊拉派出所民警更像自家的亲人。

一年之中，羊拉只有春、冬两季，近处的清寒刺入苍穹，远山的白雪亘古不化。但是，50多年来，羊拉派出所民警都一如既往地执行着警徽下的使命，家常便饭式地设卡、巡逻、出警，顶风冒雪行走入户路，只为了给云端上的乡亲保一方平安、保社会和谐稳定。

聚是一团火，散若满天星。羊拉公安精神的内在动力，已成为一代又一代民警永不磨灭的灵魂烙印，鼓舞着、激励着、鞭策着他们。在他们不断追求卓越和崇高的征途中，是这烙印让他们永不服输、永不止步，无论是离开的，还是留下的，最终都化为熠熠闪耀的群星。

（原载《云南日报》2018年7月9日，记者：尤祥能）

张从顺、张子权
—— 一门两忠烈　英雄父子兵

张从顺、张子权简介

2021年云岭楷模。张从顺，镇康县公安局军弄派出所原所长；张子权，临沧市公安局禁毒支队民警。张从顺、张子权父子先后被追授"全国公安系统二级英雄模范""云南省优秀共产党员""云岭楷模"等称号。张子权获评"第八届全国道德模范"提名奖、"中国好人"。

在祖国西南边陲、禁毒前沿临沧市，有这样一个家庭——一家5口，4人从警，两代英烈。父亲张从顺是镇康县公安局军弄派出所原所长，1994年在侦办一起跨国贩毒案中勇斗毒贩，遇毒贩暴力反抗引爆手榴弹，为保护战友不幸壮烈牺牲，被追授"二级英雄模范""革命烈士"等称号。张从顺牺牲后，妻子彭太珍含辛茹苦将3个儿子培养成为人民警察。2020年12月15日，身为临沧市公安局禁毒支队民警的小儿子张子权，在办理一起跨国境跨省区重大涉疫专案中突发疾病牺牲。这对戍守边疆的警察父子用宝贵生命书写了为党和人民尽忠职守、无私奉献的家国情怀。

张从顺、张子权——一门两忠烈 英雄父子兵

身为人民警察
父子俩舍生忘死、前仆后继

在人民的利益受到威胁时,张从顺、张子权父子挺身而出,把个人生命安危置之度外,用生命捍卫忠诚。

1994年8月31日深夜,一个境内外相互勾结的武装贩毒团伙准备到内地贩毒,正在热水河村查处赌博案件的军弄乡派出所所长张从顺接到情况报告后,带队设伏抓捕毒贩。9月1日凌晨1时许,张从顺带领战友与毒贩展开殊死搏斗,不料毒贩在黑夜中拉响藏在腰间的手榴弹,身受重伤的张从顺因失血过多而壮烈牺牲。

张从顺牺牲后,妻子彭太珍一人含辛茹苦将3个儿子培养成才,考进了公安队伍。然而命运多舛,2020年12月15日,小儿子张子权在"11·04"重大涉疫案件发生后,主动请战加入专案组,连续坚守20多个日夜,终因劳累过度突发疾病不幸牺牲。"如果重新选择,我仍然支持他们当警察。"小儿子张子权牺牲后,彭太珍依然坚定地说。

"要怕死,如何做警察?"张子权生前常这样说。他曾多次卧底毒贩身边,在枪口利刃下周旋,在野外风餐露宿蹲守,经历过数次命悬一线的生死考验。

在军弄乡,哪里有情况、有危险,哪里就有张从顺的身影。一次,他接到群众报告发现两名毒贩,一口气赶了10多公里山路,追上手持匕首企图夺路逃窜的毒贩,并赤手空拳制服对方,缴获毒品1400克。

在查办案件时,父子俩总是冲锋在前。在查获一起盗窃耕牛案时,张从顺三次走山路沿途寻访到耿马县孟定镇,步行路程300余公里,被群众称为"铁腿公安"。为侦办一起生产制造K粉原料的

团伙案件，张子权冒着生命危险在原始森林蹲守跟踪 20 余天，终于找到制毒窝点。在禁毒岗位的 9 年里，他先后参与缴获毒品 27.7 吨，用青春和热血践行了"边疆多缉一克毒，内地少受一分害"的铮铮誓言。

"一门两忠烈、忠勇荡乾坤。"这是对父亲遗志未竟事业的继承，更是对忠诚警魂红色基因的传承。正如张子权生前所说："我没有刻意去选择这条（从警）路，感觉自己就是要当警察，这份职业相当神圣，一定要做好。"

身为戍边卫士
父子俩用生命筑起安全屏障

临沧是云南禁毒前沿阵地，边境管控任务艰巨。张从顺、张子权父子俩不惧危险、不畏牺牲，扎根边疆、为国戍边。

张从顺从小就有一颗赤诚的报国之心。1969 年，他响应号召参军入伍，在部队历任副班长、班长。1975 年从部队复员后在镇康县中心商店工作，尽管已担任到了主任，却毅然放弃优渥条件，于 1982 年主动申请调到镇康县公安局工作，成为一名光荣的人民警察。他只身来到军弄乡创建军弄派出所，并且一待就是 12 年，为守护祖国边疆安宁作出自己的贡献。

军弄乡靠近边境线，治安复杂，跨境违法犯罪时有发生，特别是武装贩毒分子更是穷凶极恶。张从顺长年累月奔走在村村寨寨，踏遍军弄乡的山山水水，全乡 8 个村公所 71 个村寨，方圆 352 平方公里的土地上，到处都留下他的足迹。

"不坚守，哪有安宁？"在国家利益面前，在祖国边境线上，张子权坚守一线、不畏艰险。2020 年，面对突如其来的新冠肺炎疫情，

张从顺、张子权——一门两忠烈 英雄父子兵

出差在外的张子权得知单位要组建抗疫禁毒先锋队,第一时间主动请缨,毫不犹豫在请战书上签上名字、按下红手印,义无反顾奔赴临沧市任务最重、条件最艰苦的防疫卡点,在那里连续坚守了30余天。

在侦办一起重大涉疫跨国违法犯罪案件时,张子权与战友辗转多地,日均行程达2000多公里,在30多摄氏度的高温下身着防护服和尿不湿,连续奋战22天,成功突破关键人物,快速查清案情。战友们一度发现他脸色发白、面容憔悴,劝他休息,他却摆手拒绝,随即又投入工作。超强度的连续作战,让他倒在了岗位上,匆匆走完了自

张子权(右一)与母亲和大哥、二哥的合影

己36年短暂而壮烈的一生。张子权用生命中最后的坚守,诠释了人民警察的神圣含义。

身为共产党员
父子俩始终铭记初心使命

无论是早年牺牲的张从顺,还是刚刚离去的张子权,他们都有一个共同的身份:中共党员。

临沧市公安局禁毒支队是国务院首批授予"模范禁毒支队"称号的单位,在其党建室里张贴着张子权的党员承诺"高标准、严要求、争进取"。短短9个字,诠释了他对党的事业的执着追求。

张从顺生前是军弄乡党委委员,在抓好治安工作的同时,积极为军弄乡的经济发展献计出力。在他的倡导和推动下,军弄乡的橡胶种植初具规模,柚木种植方兴未艾。他牺牲时,全乡已种植橡胶9000余亩,优势逐步显现。

相似的故事也在儿子张子权身上重现了。脱贫攻坚战刚刚打响,张子权就申请驻村工作,与两名同事住在仅10平方米的房间里,一干就是13个月。他带领群众想办法、找出路、谋发展,劝说并协助近600户村民拆除危房重建新房,积极协调申请扶贫贷款,大力发展养殖种植业,发动亲友为贫困学生捐资助学。他离开时,帮扶村的村容村貌、群众生活都发生了明显变化。得知他牺牲的噩耗后,村民们伤心不已。

任何时候都不忘自己是共产党员,是人民警察。张从顺在担任军弄派出所所长期间,一手抓法制教育,一手抓治安治理,扎根派出所10余年期间,军弄乡治安、刑事案件查破率均在90%以上。儿子张子权也一样,在扫黑除恶专项斗争中,他疾恶如仇、除暴安良,为彻底铲除当地的黑恶势力，走遍了 37 个村、58 个村民小组，辗转多个市县，走访千余名群众，最终成功侦破全市涉案人数最多、情况最复杂的黑恶大案。

"一定要做一个好人"，这是张子权在父亲张从顺墓前立下的誓言。生活中，母亲彭太珍也用实际行动教导儿子们自觉为社会作出贡献和表率。无论身在哪个岗位，只要人民群众有需要，张从顺、张子权父子总是主动伸出援手。在人民群众生命财产受威胁时，总是挺身而出、不畏艰险，甚至不惜付出生命，用俯首甘为孺子牛的精神践行着共产党员的初心和使命。

（原载《云南日报》2021 年 4 月 3 日，记者：陈晓波）

怒江州脱贫攻坚"背包工作队"
——传承"背包"精神　筑梦全面小康

怒江州脱贫攻坚"背包工作队"简介

2021年云岭楷模。他们以身边的楷模高德荣为标杆，背上行囊，自带干粮，用自己的"脱皮"乃至生命换取群众的脱贫和幸福。

在波澜壮阔的脱贫攻坚战中，怒江傈僳族自治州涌现出一支有情怀、有血性、有担当，不畏艰难、不惧牺牲、特别能攻坚、深受群众信赖的脱贫攻坚背包工作队。他们牢记习近平总书记的殷殷嘱托，背上行囊、自带干粮，走最远的路、爬最高的山、吃最多的苦，组织群众搬出大山，让每一个辍学学生重返校园，帮助群众外出就业，建设美好新家园，啃下了一个又一个深度贫困"硬骨头"，同社会各界各方的力量一起，创造了怒江"一步跨千年"的减贫奇迹。

2021年9月1日，省委宣传部举行"云岭楷模"专场发布会，表彰怒江州脱贫攻坚背包工作队的先进事迹。奋进新征程，怒江广大干部群众纷纷表示，将传承好背包工作队精神，鼓足干劲加油干，努力创造新的辉煌。

怒江州脱贫攻坚"背包工作队"——传承"背包"精神　筑梦全面小康

最能打硬仗的人打最硬的仗

怒江集区域性贫困、条件性贫困、素质性贫困为一体，各族群众生活在山高坡陡、交通不便的高山峡谷，生产难、行路难、看病难、就业难交织。

脱贫攻坚战打响以来，怒江州坚持派最能打硬仗的人打最硬的仗，作出"万名干部下基层，进村住户攻脱贫"部署，5000多名干部主动请战，背上行囊，跋山涉水，攻关键堡垒、啃最硬骨头。聚集住房安居、产业建设、饮水安全、控辍保学等短板弱项，一茬接着一茬干，一批跟着一批上，合力攻坚，不达目的不罢休，不破楼兰终

背上行囊，跋山涉水，奔赴扶贫一线

不还。

2019年12月23日，背包工作队员、泸水市称杆乡赤耐乃村委会副主任何光忠在护送群众搬迁的路上，因车祸不幸去世。69天后，妻子唐玉珍接过丈夫接力棒，代理村委会副主任，将"背包扶贫"之路延续下去。

在这场波澜壮阔的脱贫攻坚战役中，怒江先后选派8690名干部到一线奋战，有120多名干部受伤或致残，40名干部倒在了脱贫攻坚战场上。

怒江背包工作队是数百万扶贫干部"为有牺牲多壮志，敢教日月换新天"战贫斗困精神的生动写照，背包工作队和无数干部群众的辛勤付出甚至牺牲，换来了怒江"一步跨千年"的脱贫奇迹。

背上行囊守边固疆"我先上"

"我是共产党员，抗疫一线我先上。"怒江州卫健委干部王晓垚与队友们背上行囊，告别家人，参加泸水市强边固防突击队，奔赴片马口岸疫情防控第一线，合力筑牢疫情防控最前线钢铁长城。

在疫情防控最紧要时刻，怒江州广大干部群众立下军令状，纷纷参加疫情防控突击队，奔赴第一线，以"镇守边关、视死如归"的决心意志，勇当先锋，维护边疆稳固、边境安宁。

独龙江乡马库村党总支书记马成华主动报名参加疫情防控突击队，日夜奔走在边境便道和卡点上。在他的带领下，全村党员纷纷报名，自发参与到村里的党员志愿服务队中，构筑了一条群防群治的严密防线。

"疫情不灭，我们不退。"片马村党支部书记普三才主动让出自己的 4 亩耕地，修建难民安置点，连续 500 多天，带领群众在卡点执勤，上山巡查，守护美丽家园。

目前，怒江州 19 支疫情防控突击队、23 支服务队立下军令状，奔赴 15 个抵边乡镇、69 个抵边村，筑起一个又一个疫情防控"战斗堡垒"。

接力奋斗携手共筑全面小康

"脱贫只是第一步，更好的日子还在后头。"

怒江脱贫摘帽，实现了从贫困封闭到幸福美丽的历史性巨变，独龙族、傈僳族、怒族、普米族等少数民族整族脱贫，10 万贫困群众下山进城。但怒江广大干部仍未停下攻坚的脚步，他们传承发扬"背包精神"，重整行装再出发，坚决贯彻落实党中央"四个不摘"要求，奔走在巩固拓展脱贫攻坚成果接续推进乡村振兴的新战场上，日夜坚守在边境疫情防控的战线上，与各族人民携手共绘同心圆，合力共筑小康梦。

在大兴地镇担任了 5 年脱贫攻坚实战队大队长的黄玉露，重返岗位还不满 1 个月，就主动报名到石头寨疫情防控卡点值守。

背包队队员、驻村工作队队长波玉花到昆明领奖后，就急着赶回怒江。"要做的事情太多了，花椒、草果产业和村民新技能培训、村容村貌提升，一样都不能落下，一刻也耽误不得。"波玉花说，她将传承、发扬好脱贫攻坚精神，扎根基层，带领乡亲们发展好生产，过上更美好的生活。

兰坪白族普米族自治县兔峨乡背包队又出发了。这支由乡党委书记带队，乡党委政府干部职工、村干部等 25 人组成的背包队伍，奔走在大华村各小组，他们访农户、打地铺，与群众面对面商量如何推进标准化设施农业用房和特色产业发展，点燃乡村振兴新引擎。

"让老百姓的日子越过越好，就是我们工作的出发点和落脚点。"

告别贫困，怒江广大干部，特别是曾经奋战在脱贫攻坚一线的基层党建和脱贫攻坚实战队员、驻村工作队员、百日攻坚战背包队员、疫情防控突击队员们，接过历史的接力棒，以顽强的斗志、百折不挠的精神，昂首开启新征程，奋进续写新辉煌。

（原载《云南日报》2022年2月11日，记者：李寿华）

吴志宏
——坚守初心　绽放生命光彩

吴志宏简介

2021年云岭楷模。生前为红河州党史和地方志办副主任。

"大爹""老人家""大哥"……每次进村，吴志宏总是这样与乡亲打招呼，亲切的称呼让群众感到亲和。他总是与群众和风细雨地聊家常、问情况、讲政策。"他从不摆架子，像一家人一样，让人感觉很实在。""他脾气好，是个好人。""他从不嫌我家凳子脏。"这是红河县三村乡党委副书记、三村乡驻村扶贫工作队队长兼补干村第一书记、工作队队长吴志宏给群众留下的深刻印象。

1992年7月吴志宏从云南民族大学历史系毕业分配到红河州地方志编纂委员会办公室工作，一干就是27年。27年中，吴志宏4次到基层挂职、任职，有5年多的时间在基层工作，其中三进红河县，与红河县结下不解之缘。

2018年3月，吴志宏到红河县三村乡驻村扶贫，担任三村乡党委副书记、三村乡驻村扶贫工作队队长兼补干村第一书记、工作队队长。

红河县三村乡位于红河县境最西端，这里远离城市，交通不便，是少数民族集聚区,是红河州深度贫困乡,有6个深度贫困村、57个贫困自然村,脱贫攻坚任务十分艰巨。作为三村乡扶贫工作队队长兼补干村委会第一书记、工作队队长,吴志宏不仅要负责全乡的脱贫攻坚工作,还要具体负责补干村委会6个村民小组的脱贫攻坚工作。与此同时,身为红河州地方志编纂委员会办公室的一名党员干部,他还要负责单位安排的红河县架车乡牛威村委会弄普村民小组7户建档立卡贫困户的帮扶工作。吴志宏肩上的担子十分沉重。

驻村第二天,吴志宏就开始进村入户,一天走了3个村。他在朋友圈感叹:"为了及早认家门晓村情,好顺利开展工作,1天走了车同、坝木和补干3个村委会。深感任务重、时间紧、责任大。"此后,吴志宏经常走村串寨,调查研究,访贫问苦。他遍访补干村委会贫困户,摸清了贫困对象家底、贫困状况、致贫原因,哪家有困难、哪家最困难、哪家已脱贫,他都一清二楚、明明白白、熟记在心。

三村乡补干村委会气候、水土适合种植花椒、辣椒、茶叶,养殖牛蛙等。吴志宏驻村后,在深入调查研究、听取专家意见及组织村委会干部、贫困户意向种养殖带头人外出学习考察的基础上,结合实际组织制定了具体可行的产业发展计划。他积极鼓励建档立卡贫困户发展花椒、辣椒、茶叶等产业,目前已覆盖400余户。

通过改善和优化种植技术,补干村茶叶、花椒品质提升,农户增加了收入。吴志宏和其他工作队员积极推广"公司+基地+农户"的养殖模式,在补干村成立专业合作社养殖牛蛙,有效带动周边村寨发展养殖。到2019年10月,三村乡共建成23个牛蛙养殖池,投放养殖牛蛙23万余只,出栏16万余只,以30元/公斤出栏,使26户159人脱贫致富。如今,三村乡的产业扶贫已结出硕果累累。

"搬迁新居的农民已在新家里生火做饭,还热情邀请我们去吃饭,看到他们的笑脸,看着热气腾腾的一桌美味,听到他们感恩的亲切话语，我们深感欣慰，所付出的一切都值了！"这是吴志宏在驻村日记中的记录。到2019年10月，补干村委会709户易地扶贫搬迁建档立卡贫困户已全部搬迁入住，近3000名贫困人口受益。

在吴志宏的心里，解决群众的困难是头等大事。在日复一日的走访中，一点一滴的帮扶中，逐渐搭建起与贫困群众之间的桥梁，拉近与群众之间的距离。

为解决南哈上寨、中寨、下寨3个村民小组饮水流量过小的问题，吴志宏与村干部一起，一面查看管道线路，一面拨开灌木荒草，爬上南哈上寨甫灯哈脚山头，查看山头水池情况。"来回近7公里啊，吴队长跑了好几趟。"南哈上寨村民小组长杨石黑红着眼圈说。现在，补干村委会人饮和人居环境提升工程正在进行，南哈上寨、中寨、下寨3个村民小组正在准备实施加密管道工程，以加大饮水流量，群众

吴志宏（中着黑色T恤者）在村中商议工作事项

饮水问题很快就能得到解决。

"作为驻村扶贫工作队员，要沉得下身、静得住心，关注民生，用一点一滴的实事好事赢得群众信赖，带领群众致富奔小康。"这是吴志宏驻村日记里铭记的初心。在他100多页的驻村日志中，字里行间无不流露出对工作认真负责的态度，为贫困群众排忧解难的情怀。他在脱贫攻坚一线倾情投入、默默奉献，奋斗至倒下的最后一刻。他时时把百姓冷暖放在心上，用实际行动赢得了群众的赞许。群众说："我们老百姓最需要的就是这样的好干部。"

2019年11月8日，吴志宏因病不幸去世，倒在了脱贫攻坚一线。永远离开了他时刻牵挂的贫困群众，离开了他战斗到生命最后一刻的脱贫攻坚工作岗位。2019年11月12日，红河州委印发《中共红河州委关于追授吴志宏同志为"红河州优秀共产党员"称号的决定》，追授吴志宏为"红河州优秀共产党员"。

吴志宏生前曾对家人说："人去世后把器官捐献掉，能让别人的生命得以延续。如果自己有一天离世，也会选择这样做。"在他救治无望之际，家属经过商议，一致同意满足他生前捐献器官的愿望。2019年11月8日上午，经过3个多小时的手术，器官获取成功。杭州、昆明等地5名器官受捐者均已成功手术，其中3名器官衰竭者重获新生，2名失明者重见光明。在生命的最后时刻，吴志宏用自己的大爱献上了一份沉甸甸的生命厚礼，让生命的价值得到了灿烂地绽放。

（原载《云南日报》2020年3月8日，记者：胡晓蓉）

怒江州独龙江边境派出所
——峡谷深处铸忠诚　独龙江畔党旗红

怒江州独龙江边境派出所简介

2021年云岭楷模。曾荣立集体二等功2次、三等功14次，获授"中国青年五四奖章集体""全国先进基层党组织"等荣誉。

自1952年进驻怒江大峡谷深处的独龙江乡以来，云南出入境边防检查总站怒江边境管理支队独龙江边境派出所党支部带领一代代戍边民警继承和发扬光荣传统，始终让对党忠诚的旗帜飘扬在祖国西南边陲，用青春、热血甚至生命谱写出"扎根独龙江、一心为人民"的壮丽篇章。独龙江边境派出所先后2次被国务院评为"全国民族团结进步模范集体"，被国务院、中央军委授予"独龙族人民的贴心人"荣誉称号，被共青团中央、全国青联授予"中国青年五四奖章集体"称号，被公安部命名为全国首批"枫桥式公安派出所"，荣立集体二等功2次、三等功14次。

多年来，独龙江边境派出所党支部坚持以提升党支部组织力为重点，在组织生活上高标准，在理论学习上走前列，在纪律作风上做表率，让支部班子率先强起来。党支部创新打造独龙江边境党建品牌，创新实施执行党支部决议反馈机制和党小组工作月督导、季讲评、年考核机制。聚焦学习贯彻习近平新时代中国特色社会主义思想，党支部开设"独龙江卫士讲坛"，搭建"党员夜课"平台，抓实"红色教育""党性教育""党史教育"三项教育，创新主题引导、党员发言、民主讨论"三段"式学习模式，不断增强民警辅警"建设好家乡、守护好边疆"的责任感、使命感。党支部一班人叫响"看我的、跟我上"口号，刚性落实作风建设各项规定，定期组织开展警民恳谈会，自觉接受监督。在重大任务中，班子成员当先锋、打头阵，全时全程坚守岗位，"带头干、务实干"蔚然成风。

独龙江边境派出所民警在村子中巡逻

怒江州独龙江边境派出所——峡谷深处铸忠诚　独龙江畔党旗红

独龙江边境派出所党支部坚持以激励党员担当作为为目标，让党员队伍全面强起来。创新实行党员民警"承诺践诺、积分评议"制度，并配套实施"党员示范岗"评比办法，激励党员民警始终铭记党员身份、奋勇争先。制度化开展"红心向党、守边固防""铭记历史、砥砺前行"等主题党日活动，把对党员的党性锤炼抓在经常、融入日常，不断铸牢"扎根独龙江、一心为人民"的坚定信念。疫情防控工作期间，先后组建党员突击队、疫情防控服务队5个，设立党员先锋岗11个，累计走访群众8000余人次，18名党员骨干长时间驻守在条件艰苦的执勤点开展工作。

独龙江边境派出所党支部以深化警地联创联建为引擎，让作用发挥切实强起来。在基层党建上，积极构建"警地党建一体化"格局，健全完善党组织工作联席会议制度，在基层组织建设、思想政治教育、独龙文化培育等方面实行全方位的联创联建。在维护稳定上，组建以警地党员为主体的社区警务队、矛盾纠纷调解队5支，警灯常亮、区域驻点、辖区遍巡，全面构建实时联动的"一村一哨所""十户联防""十铺联防"工作格局，年内化解各类矛盾纠纷180余起，28个村民小组连续2年实现"零报警"。在促进发展上，全面助力脱贫攻坚工作，累计捐资30余万元助学。设立便民利民服务站、流动办证服务平台等"绿色通道"，为380名群众上门服务、流动办证、送证上门，受到各族群众广泛好评。

（原载《云南日报》2021年8月22日，记者：张寅）

王昌群
——初心如磐　无悔一生

王昌群简介

2021年云岭楷模。原云南省粮食厅粮油运输公司职工。曾获"全国三八红旗手"称号。

她，一位巾帼英雄。15岁参加革命队伍，20岁跟随部队挺进西南边疆，转业到地方，在语言不通、道路不通的民族地区和各族群众苦在一起干在一起，垦荒造田、改天换地，建设新中国的新云南，一干就是一辈子。

她，一位伟大母亲。20世纪七八十年代西南边境自卫还击作战，国家有难之时，含泪送子上战场，全家上阵卫疆土，两儿牺牲婿上阵，满门忠烈、正气浩然！

她就是2020年度全国"最美退役军人"、云南省粮油运输公司退休干部王昌群。

革命青年　背着家人加入解放家乡的队伍

1949年12月，新中国成立的宣言早已传遍海内外，可祖国的大

王昌群（右）在表彰现场发表感言

西南还没有完全解放，人民军队正所向披靡挥师大西南。

彼时，王昌群15岁，还是重庆秀山县女子中学的一名初中生，她和同学们经常参加进步活动。有一天，中国人民解放军来到学校宣讲政策、招收学员，她和同学们既高兴又紧张，怀着对革命的憧憬向组织报了名。从此，王昌群开启了她的革命之旅。

"那时候，我住校，离家还有几十里路，我就背着家人加入了队伍。"王昌群回忆起那一刻的决定还很激动。

"那个时候我们家乡附近的涪陵地区还没解放，很多地方十七八岁的姑娘还没衣服穿，那种生活，苦啊。"老人家说："在学校就听说解放军是为穷苦百姓谋幸福的队伍，我就加入了。"

1950年10月，王昌群被安排到当时的西南军区陆海空通讯学校学习无线电报务专业，因为学习刻苦、进步快，她学习了半年后就提前毕业，被分派到组建不久的西南军区空军司令部气象处从事报务工作。

"上班时,我们都是削好一大把铅笔,抄写电报时,笔芯断了赶快换一根铅笔接着抄,那是争分夺秒呀!"王昌群回忆。

王昌群负责的报务安全准确,很快成为所在连队业务骨干,后来因执行某次重要报务任务,她荣获三等功。家里珍藏的各类奖状证书,见证了当年这位热血女青年的进步追求。

燃情岁月　跟着部队走向祖国西南边疆

1954年7月17日,王昌群永远忘不了这一天。经组织批准,她和在部队相识相恋的革命青年刘斌举行了简单的婚礼。第二天收拾行装,第三天就跟随大部队出发,从重庆向云南挺进。

部队一路辗转,从川南山区到西南边陲。"我们的目的地是孟连(今孟连傣族拉祜族佤族自治县),当时还没有建县,路也不通,语言也不通,我们从昆明坐车到思茅,又骑马7天才到达孟连。"王昌群说,那时候大家的革命理想比天高,什么困难都不怕。

到达孟连后,王昌群被分到云南边防公安72团,仍然负责报务工作。后来,随着形势变化,大批军人需转业到地方,有机会转业到大城市的王昌群选择和丈夫一起扎根南疆,就地转业到孟连工委担任统计员职务,投身经济建设第一线。

此后30多年里,王昌群一路辗转,服从组织安排,从孟连、江城、勐海,到思茅、文山、保山、昆明,岗位从国营商店到地方商业局再到粮油运输公司,每到一地,都任劳任怨、勤勤恳恳工作。韩跃平曾与王昌群共事过一段短暂的时光。她说,当年王昌群阿姨工作特别认真,800多人的工资表,一个字一个字工工整整地手写造册,从来不会有差错。

英雄母亲　含泪送子上战场两儿牺牲婿上阵

20 世纪 70 年代末 80 年代初，我国改革开放刚刚起步，祖国南疆却烽烟骤起。

边境自卫还击作战打响后，作为军人家庭，王昌群一家人几乎先后都上了阵。大儿子刘光牺牲，二儿子刘明牺牲，二女儿刘丰和女婿参加前线救护队，时任文山军分区副司令员兼参谋长的刘斌还担任了前线局部战场指挥员，王昌群自己也参加了支前服务队……

"爸爸曾在战场上出生入死，妈妈您也是 15 岁就参加了革命。我想，你们一定会慢慢理解儿子的。"大儿子刘光上前线前给妈妈写信，言语之中赤子情深。1981 年 12 月 5 日，担任副连长的刘光带队侦察敌情，触雷牺牲。

一家人怀着无比悲痛的心情处理完孩子后事，得知组织正在办理二儿子刘明撤回后方手续的消息后，身为司令员的父亲刘斌马上制止，他强忍悲痛却语重心长地对工作人员说："组织对我家的关心我理解，可干部子女阵前都往后撤，这不是共产党的作风啊！"身边的王昌群早已哭成个泪人。

3 年后，1984 年 7 月 13 日，二儿子刘明在前线壮烈牺牲。王昌群一夜白头，多次恸哭至休克，被送到医院抢救。

一家人还未从巨大悲痛中缓过神来，身为医生的二女儿和女婿又要申请上前线……

"他们是我的儿女，也是党培养的革命战士，能在祖国需要时挺身而出，作为母亲，我为他们骄傲。"王昌群一边抹眼泪一边说。

无悔晚年　不忘初心传承红色基因不停步

多年来,王昌群常常受邀到全国各地作报告,向各界人士和年轻人讲述革命故事……

新中国成立50周年、60周年,王昌群都受邀到北京出席国庆观礼,感受共和国的进步和荣光!

"老人家一心向党、满门忠烈,是我们身边的模范榜样。"王昌群所在的昆明市五华区虹山南路社区居委会主任陈兴慧为老人的执着和忠诚感动。

今年疫情防控最为艰难的时期,王昌群老人拄着拐杖来到了社区办公室找到陈兴慧要为武汉捐款,把平时省吃俭用的一万元钱捐给了武汉。

云南省军区昆明第二离职干部休养所政委时玉逢年过节都会来看望王昌群,他还经常拿王阿姨家的事例给部队的同志们讲党课,教育大家向英雄学习,向英雄汲取力量。

(原载《云南日报》2020年12月20日,记者:左超)

蔡晓东
——警魂不朽　浩气长存

蔡晓东简介

2021年云岭楷模。生前为西双版纳边境管理支队执法调查队副队长。获"云南青年五四奖章""云南省优秀共产党员""2021年度法治人物"等荣誉。

3月30日，西双版纳傣族自治州景洪市勐龙烈士陵园内，"人民英雄纪念塔"7个金色大字熠熠生辉，肃穆的横幅、洁白的鲜花格外显眼，解放军官兵和公安民警身着制服整齐列队、庄严肃立。缉毒英雄蔡晓东将安葬在他最熟悉的边境线上。

下午3时，安葬仪式开始，礼兵托举着盖有国旗的烈士骨灰盒，从陵园大门迈向纪念塔前。两侧官兵、干警、地方单位代表，以及烈士亲属代表静静注视着这一庄严时刻。随着雄壮的国歌声

蔡晓东

响起，蔡晓东的音容笑貌仿佛又浮现在人们眼前。

蔡晓东的一生，既有惩恶扬善、热血为民的忠肝义胆，又有敢于担当、舍生忘死的铮铮铁骨；既有求真务实、埋头苦干的奋斗精神，又有横刀立马、勇往直前的勇气担当。

从事缉毒工作13年，蔡晓东多次参与侦破大宗毒品案件，成绩突出，屡立战功。他参与侦办毒品案件247起，参加缉毒专项行动358次，抓获犯罪嫌疑人249人，缴获毒品1609.56公斤。因缉毒成绩突出，他先后荣立一等功、二等功、三等功各1次，多次荣获嘉奖，被评为"优秀警官""执法执勤先进个人"。

蔡晓东长期奋战在西双版纳966.3公里的边境线上，奋战在缉毒战场的最前沿，守护边疆稳固、社会安宁和人民幸福。2021年12月4日，在边境一线抓捕毒贩过程中，蔡晓东与持枪歹徒殊死搏斗，身负重伤，经抢救无效壮烈牺牲。

骨灰入土，英雄又回到了他奋斗一生的边境线上。

蔡晓东牺牲后被云南省人民政府评定为烈士，追授"云南省优秀共产党员""云岭楷模"等称号，被共青团云南省委、云南省青年联合会追授"云南青年五四奖章"。中央政法委印发通知，号召广大党员干部要向蔡晓东同志学习，学习他坚守初心、热血为民的公仆情怀，学习他恪尽职守、无私奉献的高尚情操，学习他舍生忘死、英勇无畏的斗争精神，学习他勤政务实、苦干实干的优良作风。要以蔡晓东同志为榜样，对党忠诚、勇于牺牲、甘于奉献，干一行、爱一行、钻一行、精一行，尽忠尽智、尽职尽责、尽心尽力，以实际行动践行党的宗旨。

2021年12月8日上午，蔡晓东遗体送别仪式在景洪市泼水广场举行时的场景，至今仍深深地印在西双版纳干部群众的脑海中。赶来为他送行的人们拿着黄色或白色的菊花，站了里三层外三层。一位当地人说，这是除了每年4月15日举办的泼水节活动外，广场上人最多的一天。

一位身穿军绿色短袖衬衣的中年人红着眼睛三鞠躬，敬完礼后匆匆离去；穿城管制服的年轻女孩轻声啜泣，说趁上班间隙送他最后一程；一位大娘双手合十，轻声诵读"晓霞如血映征衣兮前路艰险，东方已白人不还兮空见马革！不为功名为人民兮无怨无悔，朽毒未摧身先卒兮泪流成河！"蔡晓东牺牲后，他的英雄事迹得到了高度评价和广泛传颂，社会各界通过诗歌、散文、歌曲等方式表达对英雄的哀思。

2022年2月23日，"碧血丹心映边关"——蔡晓东烈士先进事迹报告会在西双版纳州举行。每位讲述者的演讲都声情并茂、直击心灵，让闻者肃然起敬，如潮的掌声一次次为英雄响起。

"人生最悲痛莫过于白发人送黑发人，人生最大的悲哀莫过于子女的未来没了父亲。38岁风华正茂，晓东却永远地离开了我们……"蔡晓东的领导、现任西双版纳边境管理支队政治处主任李军深情讲述蔡晓东生前的成长历程。

"晓东从警15年，从事缉毒工作13年，先后参加专项缉毒行动358次，侦办毒品案件247起，缴获各类毒品1609.56公斤……"

"他对身边的战友说，舍不得离开这支队伍，舍不得一起出生入死的兄弟，舍不得挚爱的禁毒事业。"2018年，公安边防部队改革，蔡晓东毫不犹豫地选择留下，把转业机会留给了身边家庭困难的战友。面对困难，他从不向组织提要求，面对荣誉，他总是将机会让给兄弟。

"是晓东队长手把手把我领进门，在我被嫌疑人袭击时一把推开我，而他自己却受了伤……"当讲述到该支队执法调查队民警王云与队长蔡晓东的交集时，正端坐在会场中的王云，泪水早已模糊了双眼。

　　工作中，蔡晓东时常忙碌着、奔跑着、奋斗着，加班熬夜、摸排线索、设伏堵卡、蹲守抓捕，分析毒品犯罪规律特点。他总结提炼的"晓东毒品查缉技战法"屡破大案要案。

　　"我们会继承晓东遗志，传承晓东精神，坚定不移打赢禁毒人民战争，不获全胜决不收兵！"李军铿锵有力的誓言迎来现场阵阵掌声。

　　"他答应我，结婚10周年纪念日会送我一枚纪念钻戒，一起陪孩子去看海……"

　　蔡晓东的妻子肖娟强忍泪水，哽咽着讲述与丈夫的点点滴滴，颤抖的声音中带着刚强，每个字都让人感到钻心的疼，每句话都饱含着对丈夫深沉的爱。

　　3月8日，看到街头"庆祝三八国际妇女节"的条幅，正在执行安保任务的西双版纳边境管理支队民警小左猛然想起，每年妇女节蔡晓东都要为妻子送上一束鲜花。今年，小左特别为肖娟精心挑选了一束康乃馨。

　　"我们替东哥把花送给你，嫂子，你一定要照顾好自己，我们一直都在……"小左小心地将康乃馨送给肖娟。

　　"虽然东哥走了，但我觉得他从未远去，因为有你们在，我感觉他一直在我身边，谢谢。"肖娟流着泪说。

　　"我们会踏着晓东用鲜血染红的道路继续前行，守好祖国边境的一草一木……"蔡晓东牺牲的苏腊大山上，党员先锋队在防区开辟了戍边道路，每天巡逻两次，守牢边境线。

　　"缉毒事业非常伟大，我和战友将沿着晓东同志的路，在缉毒道路上继续奋发有为，斩断毒源发散通道。"蔡晓东生前战友、西双版纳边境管理支队景洪大队民警杨建说。

"记起你微笑的模样,泪水就止不住滂沱。"战友为蔡晓东创作了歌曲《丰碑》。"没有人知道你是谁,都熟悉你的哨位,从岁月静好到黎明天黑,你无畏地前行划破眼泪……"如今,这首激动人心的英雄壮歌已在当地广为传唱。

(原载《云南日报》2022年4月3日,记者:戴振华)

后 记

"纪录小康工程"是党中央交给宣传思想战线的一项重大政治任务，出版丛书是"纪录小康工程"的重要组成部分。

《全面建成小康社会云南奋斗者》作为省级丛书之一，由中共云南省委宣传部统筹，云南日报报业集团、云南出版集团有限责任公司共同编撰出版。

本书编撰工作，由中共云南省委常委、宣传部部长曾艳同志任组长的"纪录小康工程"丛书领导小组领导指导；中共云南省委宣传部副部长、云南省人民政府新闻办公室主任彭斌，省委宣传部一级巡视员杨安兴牵头负责；云南日报报业集团党委书记、社长何祖坤，云南日报报业集团总编辑田静分工组织；云南日报报业集团副总编辑王雪飞，省委宣传部新闻处处长张莹、新闻处二级调研员王松具体负责。

《全面建成小康社会云南奋斗者》大纲拟定和全书统稿工作由余国鹏负责，龙敏飞、杨苑同志参与编写工作。

本书因篇幅有限，同时为了统筹兼顾、突出全国重大典型，在先进个人和先进集体的选择上，除全国脱贫攻坚先进个人、全国优秀共产党员和云岭楷模三类只收录部分代表外，其余均为全部收录。云南112名全国脱贫攻坚先进个人兼顾16个州市、各行业领域和其他全国性荣誉，结合云南脱贫攻坚重点工作，突出基层一线这三个标准，

后 记

从中选取37名为典型代表。全国优秀共产党员部分收录党的十八大以来的荣誉获得者。云岭楷模部分统筹考虑典型性、代表性、影响力及覆盖面等因素，选取先进个人和先进集体共20个作为代表。本书在编写中采用了云南日报报业集团所属《云南日报》、云南网、云报客户端、《春城晚报》、《民族时报》、《云南经济日报》及云南其他新闻媒体、州市新闻媒体的新闻报道，以及相关单位提供的事迹材料。中共云南省委组织部、中共云南省委宣传部、云南省文明办、云南省乡村振兴局等单位为本书提供了大量素材和宝贵意见。

殷筱钊、柳文娟、王成、朱海涛、高婧婕、连惠玲、刘蕊、陈飞等同志做了大量的工作，为本书的出版提供了保障。云南人民出版社黄灿同志对本书进行了编辑加工整理。

本书图片由谢宇、王靖生、李秋明、杨萌、禹江宁、范丽苹、和平辉、胡超、陈明凯、李双梅等同志，以及云南省文明办、云南省乡村振兴局、云南日报报业集团、华坪县融媒体中心等单位提供。

在此谨对所有给予本书帮助支持的单位和同志表示衷心感谢。

本书编写时间较紧，不足之处，敬请批评指正。

本书编写组
2022年6月